FOURTH EDITION

¡A que sí!

Cuaderno

Mª Victoria García Serrano
University of Pennsylvania

Cristina de la Torre
Emory University

Annette Grant Cash
Georgia State University

HEINLE
CENGAGE Learning·

Australia • Brazil • Japan • Korea • Mexico • Singapore • Spain • United Kingdom • United States

For product information and technology assistance, contact us at **Cengage Learning Customer & Sales Support, 1-800-354-9706**

For permission to use material from this text or product, submit all requests online at **www.cengage.com/permissions.** Further permissions questions can be emailed to **permissionrequest@cengage.com**

ISBN-13: 978-1-111-83801-0

ISBN-10: 1-111-83801-1

Heinle
20 Channel Center Street
Boston, MA 02210
USA

Cengage Learning products are represented in Canada by Nelson Education, Ltd.

For your course and learning solutions, visit **www.cengage.com**

Purchase any of our products at your local college store or at our preferred online store **www.cengagebrain.com**

Printed in the United States of America
3 4 5 6 7 15

Palabra por palabra / Mejor dicho

Repaso gramatical

Unidad III: Patria/Nación: Acercamientos   171

Espacios: Públicos y privados

Capítulo 1 **Primeras impresiones**

Hospitalidad, boleros y café recién colado

REPASO
GRAMATICAL
página 70

Palabra por palabra

la advertencia	el hogar	el orgullo	prestar, pedir prestado
al + infinitivo	emocionarse	pese a	el (la) vecino(a)
chismoso(a)	humilde	la pobreza	la vivienda

1-A Lee primero las preguntas de la columna A, y luego selecciona la respuesta más apropiada de la columna B. Escribe la letra en el espacio en blanco.

COLUMNA A

_____ 1. ¿Te sientes bien en mi casa?
_____ 2. ¿Cómo eran las viviendas de entonces?
_____ 3. ¿Le vas a pedir prestada la sierra eléctrica?
_____ 4. ¿Te diste cuenta de lo contento que estaba?
_____ 5. ¿Pese a la pobreza salió adelante?
_____ 6. ¿No te hablas con ellos?

COLUMNA B

a. Sí, con la ayuda de unos vecinos.
b. Sí, esa era su advertencia.
c. Sí, se emocionó mucho al vernos.
d. No, son unos chismosos.
e. Bastante humildes.
f. Sí, lo haré luego, al terminar con esto.
g. Por orgullo.
h. Sí, como en mi propio hogar.

Mejor dicho

| saber | saber + si/qué/quién/cuándo/... | saber + infinitivo | conocer |

1-B Completa el diálogo siguiente con los verbos **conocer** o **saber**, según convenga. Utiliza el presente de indicativo o el infinitivo.

RAQUEL: Paloma, ¿_____ (tú) quién es esa mujer?

PALOMA: No, (yo) no lo _____. ¿Y tú, Raquel?

RAQUEL: Sí, es profesora de antropología. (Yo) La _____ desde hace dos años.

PALOMA: ¿Qué más _____ (tú) de ella?

RAQUEL: (Yo) _____ que su especialización es la cultura precolombina. (Ella) _____ mucho sobre las divinidades aztecas.

PALOMA: Y seguramente (ella) _____ hablar alguna lengua indígena.

RAQUEL:	La verdad es que (yo) no lo _____. Sus colegas del
	departamento lo deben _____.
PALOMA:	¡Te está mirando! Vamos a hablar con ella, pues la quiero
	_____.
RAQUEL:	De acuerdo. Ella te querrá _____ a ti también.
PALOMA:	Pues adelante, vamos.

Mejor dicho

> realizar   darse cuenta de (que)

1-C Escoge la(s) palabra(s) entre paréntesis que complete(n) correctamente las frases siguientes.

1. ¿_____ lo rápido que pasó el tiempo? (Te diste cuenta de / Realizaste)

2. Todavía no sabemos cuándo podrán _____ las obras de la carretera. (darse cuenta de / realizar)

3. Cada vez que trato de hablar con Valentina, _____ que es inútil. (me doy cuenta de / realizo)

4. Espero que _____ su error a tiempo. (hayan realizado / se hayan dado cuenta de)

5. ¿En qué laboratorio piensan _____ esos experimentos científicos? (realizar / darse cuenta de)

6. _____ que era demasiado temprano para llamarlos. (Nos dimos cuenta de / Realizamos)

Picar a la española

Palabra por palabra

apetecible	el horario	resultar + adjetivo	soler (ue)
enterarse (de)	mostrar (ue)	ser capaz de + infinitivo	tener sentido
evitar	probar	la servilleta	

1-D Selecciona las opciones de la columna B que completen correctamente las oraciones de la columna A. Escribe la letra en el espacio en blanco.

COLUMNA A

1. Si no escuchas las noticias, no vas a enterarte de _____.
2. Antes de almorzar, ellos suelen _____.
3. Hay un error en esta receta; _____ no tienen sentido.
4. Uno de los camareros nos mostró _____.
5. Lo siento, pero esta semana nos resulta imposible _____.
6. Le ponemos una servilleta alrededor del cuello porque _____.
7. Con el té lo más apetecible es _____.
8. No somos capaces de _____. No tenemos práctica.
9. Para evitar que entren las moscas por la ventana, _____.
10. El resultado de la encuesta sobre las drogas muestra que _____.

COLUMNA B

a. tomarse un aperitivo
b. el menú y la carta de vinos
c. un pastelito de limón
d. lo que pasa en el mundo
e. se ensucia mucho cuando come
f. preparar un plato tan elaborado
g. cenar con Uds.
h. su consumo sigue aumentando
i. ciérrala
j. las instrucciones

Mejor dicho

gratis	estar libre	ser libre

1-E Completa las oraciones con **gratis** o **libre(s)** según corresponda. Incluye los verbos **ser** y **estar** en el presente de indicativo cuando sea necesario.

1. ¡Qué suerte! Ese taxi _____. Parémoslo.
2. Alguien me acaba de dar unos libros _____ en la calle.
3. Los nachos _____ en algunos restaurantes mexicanos.
4. Hoy día todos los países _____ e independientes, ¿no?
5. Dice que las llamadas telefónicas le salen _____, pero no es cierto. Tiene que pagarlas como todo el mundo.

Mejor dicho

pedir	preguntar	preguntar por

1-F Escoge las palabras entre paréntesis que completen correctamente las frases siguientes.

1. _____ lo que quieras y te diré la verdad. (Pregúntame / Pídeme)
2. Les van a _____ algunos videojuegos a los Reyes Magos. (pedir / preguntar)
3. ¿A quién buscan Uds.? ¿Por quién _____? (preguntan / piden)
4. Nuestros vecinos nos _____ que no hagamos tanto ruido. (preguntan / piden)
5. _____ una solución inmediata al conflicto. (Preguntamos / Pedimos)

Capítulo 2 Celebraciones

El mexicano y las fiestas

REPASO GRAMATICAL
página 86

Palabra por palabra

burlarse de	emborracharse	gritar
el desperdicio	la fiesta	el lujo
disfrazarse de	gastar	la revuelta

2-A Escribe en el espacio en blanco una de las palabras del vocabulario. Haz los cambios necesarios: conjuga los verbos en el presente de indicativo y usa el singular o el plural de los sustantivos, según convenga.

1. Cuando mi hermano de tres años _____ por las mañanas, despierta a toda la familia.

2. Las _____ estudiantiles son cada vez menos frecuentes, ¿verdad? Los estudiantes ya no protestan como en los años sesenta.

3. Si (nosotros) _____ todos los pesos ahora en la feria, ¿qué vamos a hacer después?

4. Cuando esos dos _____ juntos, se vuelven insoportables. Es por culpa del alcohol.

5. La próxima vez quiero _____ de árbol. Tengo el traje preparado y todo.

6. Sabes que soy una persona muy seria y nunca _____ de nadie.

7. Para poder asistir a la _____ que da la embajada, debes presentar una invitación.

8. Comprar un reloj de oro es un _____ que ahora mismo no podemos permitirnos.

9. ¿Para qué necesitas algo tan caro? ¿No te parece un _____ de dinero?

Mejor dicho

conocer (en el pretérito)	encontrarse (ue) con	reunirse

2-B Elige la mejor traducción para la expresión entre paréntesis.

1. Nunca esperé _____ con alguien tan famoso como él en Puerto Vallarta. *(to run into)*

   a. encontrarme   b. reunirnos   c. conocer

2. Generalmente los estudiantes _____ después de la ceremonia de graduación. *(get together)*

   a. se conocen   b. se reúnen   c. se encuentran

3. Armando y yo nos _____ durante las últimas elecciones presidenciales. *(met)*

   a. conocemos   b. conocíamos   c. conocimos

4. Si nos volvemos a _____ alguna vez, no pienso decirle nada. *(to come across)*

    a. reunir   b. encontrar   c. conocer

5. Se casaron justo al mes de haberse _____. *(met)*

    a. encontrado   b. conocido   c. reunido

Mejor dicho

pasarlo bien	divertirse (ie, i)	disfrutar (de), gozar (de)

2-C Elige la opción que complete la oración correctamente.

1. Nosotras _____ mucho en los carnavales de Mardi Gras en Nueva Orleans.

    a. nos divertimos   b. lo pasamos bien

2. ¡Cómo _____ de la vida Carlos y Elena!

    a. disfrutan   b. se divierten

3. Sí, la verdad es que algunos invitados _____ durante la cena a causa de sus burlas.

    a. no tuvieron buen tiempo   b. lo pasaron mal

4. Recuerdo que cuando tenías veinte años, _____ bailando los sábados por la noche.

    a. gozabas   b. divertías

5. ¡Qué día! Primero el bote se rompió, luego Perico se desmayó y por último yo perdí las gafas, pero al menos no llovió; _____.

    a. lo pasamos bien   b. tuvimos buen tiempo

Palabra por palabra

la actuación	la corrida de toros	la plaza de toros	la suerte
el (la) aficionado(a)	defraudado(a)	la sangre	
la barbaridad	la muerte	la sensibilidad	

2-D Llena el espacio en blanco con la(s) palabra(s) del vocabulario que mejor complete(n) la oración. Presta atención a la concordancia, y usa el singular o el plural de los sustantivos, según convenga.

Sol o sombra

Durante la temporada taurina, los _____ llenan las

_____. Son grandes conocedores del arte de torear y muy severos en sus

críticas. Si durante una _____ notan que un torero no torea bien, se

sienten _____ y protestan. Sólo cuando están satisfechos con la

_____ del torero es posible que este salga por la puerta grande. Cuestión

de suerte.

2-E Elimina la palabra que no pertenezca al grupo.

1.	crueldad	barbaridad	sensibilidad	atrocidad
2.	frustrado	satisfecho	defraudado	desilusionado
3.	corridas	espectadoras	aficionadas	público
4.	muerte	suerte	sangre	dolor
5.	actuación	afición	acción	presentación

Mejor dicho

asistir a	atender (a)

2-F Elige la opción que complete la oración correctamente.

1. No, no _____ a la sesión de repaso. ¿Era obligatoria la asistencia?
   (asistí / atendí)

2. Si _____ al congreso de psicología que se celebra este fin de semana,
   aprenderás mucho. (atiendes / asistes)

3. No todos los actores _____ a lo que les decía el director.
   (atendían / asistían)

4. Cuando os expliqué las reglas del juego, tú no estabas _____.
   Parecías distraído. (asistiendo / atendiendo)

5. No quiero _____ sola al cóctel. ¿Me acompañas?
   (asistir / atender)

Mejor dicho

| sensible | sensato(a) |

2-G Escribe en el espacio en blanco una de estas palabras. Presta atención a la concordancia de género y número.

1. Ser _____ no significa llorar a cada rato.

2. No sé bien cómo tratar a las personas extremadamente _____ y tímidas. No quiero que se sientan mal.

3. Tus consejos para invertir dinero les parecieron _____ y prácticos.

4. Sin duda mis hermanas son más _____ que yo; ellas nunca le prestarían su tarjeta de crédito a nadie.

5. En nuestros días, comprar un carro eléctrico es bastante _____.

Mejor dicho

Capítulo 3 Recorridos por la ciudad

El Museo del Oro de Bogotá

REPASO GRAMATICAL
página 97

Palabra por palabra

al final	encontrarse en	representar	varios(as)
al parecer	la joya	respirar	
costar + infinitivo	la orfebrería	sencillo(a)	

3-A Escribe en el espacio en blanco una de las palabras del vocabulario. Haz los cambios necesarios: conjuga los verbos en el imperfecto, usa el singular o el plural de los sustantivos y concuerda los adjetivos con los sustantivos.

Clipart deSIGN/Shutterstock.com

En la joyería

El otro día acompañé a mi amigo Jorge a una joyería porque quería regalarle una

_____ a su novia. La joyería _____ una zona

bastante elegante de la ciudad. Una vez dentro, le dijo al joyero que buscaba un anillo no muy elaborado,

sino más bien _____. Nos mostró _____

anillos. Pero como Jorge es una persona muy indecisa, le _____ decidirse.

Por fin vio uno que le gustó —_____ dos serpientes juntas— y preguntó el precio. Cuando oímos la cantidad, los dos casi nos quedamos sin aliento. En serio, casi dejamos de _____. _____, era una antigüedad *(antique)*: una obra de _____ realizada por una tribu que yo desconocía. _____, salimos de la tienda con las manos vacías.

Mejor dicho

tomar(se)	tomar	llevar	traer

3-B Completa las oraciones con **tomar**, **llevar** o **traer**. Conjuga los verbos en el presente de indicativo cuando corresponda.

1. ¿Por qué _____ a tu hermana pequeña contigo a todas partes?

2. Florencia, ¿te importa recoger las gafas que dejé olvidadas en el salón? ¿Me las puedes _____? Estoy en la cocina.

3. ¿_____ un taxi todos los días para llegar al trabajo? Te debe salir carísimo, Bernardo.

4. Déjeme ayudarlo. Si Ud. _____ una de las cajas, yo puedo _____ la otra.

5. ¡Cómo me duelen las rodillas! Me voy a _____ una aspirina ahora mismo.

6. —¿Quién tiene los boletos?

   —Yo no; pensaba que los ibas a _____ tú.

Mejor dicho

quedar(le) a uno(a)	quedarse (en)	quedarse + adjetivo o participio

3-C Escoge la opción que complete la oración correctamente.

1. Después del accidente, Arnaldo _____ quedó sordo. (le / se)

2. _____ quedamos en el hotel Meliá la última vez que estuvimos en la Costa del Sol. (Nos / Ø)

3. No puedo darte más dinero porque _____ quedan sólo cien euros. (me / Ø)

4. Al niño no le gusta mucho _____ en casa de los abuelos. (quedarle / quedarse)

5. Y cuando Fernando vea lo grande que es la playa, _____ quedará sorprendido. (se / le)

Las Plazas Mayores: ayer y hoy

Palabra por palabra

el (la) antepasado(a)	cumplir (con)	la esquina	tener en cuenta
el banco	los (las) demás	la población	
contar con	destacar	el rincón	

3-D Llena el espacio en blanco con una palabra del vocabulario. En algunos casos tendrás que poner el sustantivo en plural o conjugar los verbos en el presente de indicativo.

1. Ya sabes lo que pienso sobre ese asunto, pero ¿qué opinan los _____?

2. Si no me equivoco, la _____ del Cono Sur es predominantemente de origen europeo.

3. Hay que _____ todos los hechos antes de tomar una decisión tan drástica.

4. He puesto un sillón rojo en un _____ de mi habitación.

5. En el Parque del Retiro de Madrid hay muchos _____ alrededor del estanque.

6. No, no van a reelegir al gobernador, porque nunca _____ su palabra.

7. Mis _____ eran de Paraguay, pero ignoramos de qué región exactamente.

8. Esta biblioteca _____ una extraordinaria colección de libros sobre arquitectura colonial.

9. La _____ más popular de Los Ángeles es Hollywood y Vine.

10. ¿Qué quería _____ Jaime en la carta que pensaba escribir a la senadora?

Mejor dicho

la actualidad	actualmente	en realidad	realmente

3-E Escoge la opción que complete la oración correctamente.

1. En la _____, hay tres candidatos para la presidencia de los EE. UU., pero _____ sólo hay dos —uno demócrata y otro republicano— porque el tercero no tiene mucho apoyo. (actualidad / realidad) / (actualmente / realmente)

2. _____ vivimos con mis suegros ya que no hemos encontrado apartamento todavía. (En realidad / Actualmente)

3. Te mentí: te dije que tenía veinticinco años, pero _____ tengo treinta. (realmente / en la actualidad)

4. Los he visto paseando por la plaza un montón de veces, pero _____ no los conozco. Nunca he hablado con ellos. (actualmente / en realidad)

5. Nuestra situación económica ha mejorado significativamente en _____. Antes no podíamos ni salir al cine. (la actualidad / realidad)

Mejor dicho

la mitad	medio(a)	el medio

3-F Escoge la opción que complete la oración correctamente.

1. ¿No te mencioné que yo era el hermano _____? (del medio / de la mitad)

2. A las ocho y _____ tenemos que estar en el centro. (media / medio)

3. ¿Y por qué sólo quieren remodelar la _____ de la mansión? (mitad / media)

4. Han dicho que el estado de _____ ambiente resulta bastante preocupante. (nuestro medio / nuestra mitad)

5. Sólo pude hacer _____ de lo que me pidieron que hiciera. (el medio / la mitad)

Técnicas de mercado

Palabra por palabra

conseguir	fingir	el (la) mendigo(a)	por lo visto
dirigirse a	ganar	ocultar(se)	sonarle a alguien
disculpar	la limosna	pretender	el (la) usuario(a)
fijarse en			

3-G Escribe en el espacio en blanco la palabra del vocabulario que corresponde con las definiciones dadas.

1. Esconder o tapar algo o alguien para que no se vea _____

2. Que usa frecuentemente algo _____

3. Dinero, alimento o ropa que se da a los pobres y necesitados _____

4. Alcanzar, obtener, lograr lo que se pretende o desea _____

5. Intentar; querer ser o conseguir algo _____

6. Dar a entender lo que no es cierto; simular o aparentar _____

7. Persona que habitualmente pide limosna _____

8. Al parecer, aparentemente _____

9. Atender, reparar, notar _____

10. Pedir perdón o permiso _____

Mejor dicho

lograr + sustantivo	tener éxito en/con + cosas
lograr + infinitivo	tener éxito con + personas

3-H Escoge la palabra o expresión que complete la oración correctamente.

1. Por más que estudio no _____ entender la física.
   (logro / tengo éxito en)

2. A los treinta años Felipe ya había _____ su carrera política.
   (logrado / tenido éxito en)

3. Beatriz estuvo dos meses buscando un puesto de trabajo y por fin _____
   encontrarlo. (logró / tuvo éxito en)

4. Hasta ahora no he _____ mi vida profesional. (logrado / tenido éxito
   con)

5. En la vida, para _____ la suerte es muy importante.
   (lograr / tener éxito)

6. ¡Qué raro! Mi vecina es muy mona pero aparentemente no _____ los
   chicos. (logra / tiene éxito con)

Mejor dicho

haber que + infinitivo	tener que + infinitivo
deber (de) + infinitivo	necesitar + sustantivo

3-I Traduce la expresión entre paréntesis y escríbela en el espacio en blanco.

1. Algunos lugares _____ verlos personalmente para apreciarlos. *(one needs to)*

2. Uno _____ prepararse cuidadosamente para un viaje. *(ought to)*

3. Para entrar en Cuba _____ tener un permiso especial. *(one must)*

4. En mi opinión, los chicos menores de dieciséis años _____ viajar solos. *(should not)*

5. Los turistas que viajan en grupo no _____ preocuparse de los planes del día. De eso se encarga la agencia de viajes. *(don't have to)*

6. Si Uds. _____ direcciones para llegar a la catedral, hablen conmigo. *(need)*

UNIDAD II

Encuentros y desencuentros

Capítulo 4 Nosotros y ellos

REPASO GRAMATICAL
página 121

El eclipse

Palabra por palabra

aislado(a)	digno(a)	la prisa	todavía no
confiar en	engañar	sentar(se)	valioso(a)
el conocimiento	el fraile	todavía	

4-A Para cada una de las palabras de la columna A, busca otra en la columna B con un significado similar y escribe la letra en el espacio en blanco.

COLUMNA A

_____ 1. confiar en
_____ 2. digno
_____ 3. aislado
_____ 4. todavía
_____ 5. prisa
_____ 6. sentarse
_____ 7. engañar
_____ 8. valioso
_____ 9. fraile
_____ 10. conocimiento

COLUMNA B

a. tomar asiento
b. mentir, falsear, falsificar
c. aún
d. cotizado, apreciable
e. monje
f. apuro, rapidez
g. merecedor
h. desconectado, separado
i. sabiduría
j. fiarse de

Ayelet Keshet/Shutterstock.com

John T Takai/Shutterstock.com

Davi Sales Batista/Shutterstock.com

Mejor dicho

el tiempo	la hora	la vez

4-B Busca en la columna de la derecha la reacción apropiada para la situación mencionada en la columna de la izquierda y pon la letra en el espacio en blanco. Presta atención al uso de **hora**, **tiempo** y **vez**.

_____ 1. El peluquero que me recomendaste me cortó muy mal el pelo.

_____ 2. No quise ir a pasear por el campo porque estaba nublado.

_____ 3. Las hermanas Benavides están demasiado ocupadas esta semana para ir de compras.

_____ 4. Timoteo siempre llega tarde a todos lados.

_____ 5. Nos vemos a las dos en el restaurante.

_____ 6. El conde Drácula volvió a llamar anoche.

_____ 7. Siempre que visito a mi cuñada me hace una tarta tres leches.

a. Para saber la hora, debería consultar su teléfono móvil más a menudo.

b. No vuelvo otra vez ni aunque me paguen por hacerlo.

c. Trataré de llegar a tiempo.

d. Es tan golosa como yo, y la hace todas las veces que encuentra una excusa.

e. Prefiero estar en casa cuando hace mal tiempo.

f. Y ya son ocho las veces que me despierta de madrugada.

g. No tienen tiempo para nada últimamente.

Mejor dicho

el cuento	la cuenta	la historia

4-C Escribe en el espacio en blanco **historia(s)**, **cuento(s)** o **cuenta(s)**, según corresponda.

1. Algunos estudiosos (scholars) se especializan en ese tema. _____

2. Mi prima es muy melodramática. Siempre tiene muchas. _____

3. Cuando compras algo, te dan una. _____

4. Es un texto de ficción más corto que una novela. _____

5. Se puede pagar en efectivo, con tarjeta de crédito o con cheque. _____

6. Es algo que los padres leen a sus hijos pequeños. _____

7. Las recibes todos los meses. _____

8. La de la conquista de América es fascinante. _____

9. Una autora lo ha escrito. _____

10. Relato cronológico de los hechos sucedidos en una nación. _____

Gitanos

Palabra por palabra

el asunto	cobrar	el (la) dueño(a)	más bien
chocante	desde luego	la entrada	la medida

4-D Llena el espacio en blanco con la palabra correcta del vocabulario.

LALO: Hola, Lola. No te había visto hasta ahora. ¿Cuánto tiempo llevas en la piscina?

LOLA: Una media hora. Todavía no me he metido porque el agua está _____ fresquita.

LALO: Oye, Lola, ¿qué has averiguado sobre el festival de música?

LOLA: Pues, según dice la _____ del local, van a _____ ochenta dólares por las _____. Es muy _____ tener que pagar tanto, pero ¡qué le voy a hacer si los Van Van son mi grupo favorito! Y tú, ¿qué? ¿Te animas a venir también?

LALO: _____, me apunto con gusto. ¿Te importaría comprarme dos? Tengo una reunión toda la tarde sobre un _____ importante y no voy a poder conseguirlas.

LOLA: Vale. No te preocupes; ya me encargo yo. Y te espero afuera para entrar juntos. Me han dicho que las _____ de seguridad van a ser tremendas.

Mejor dicho

el derecho	derecho(a)	correcto(a)	tener razón

4-E Selecciona la palabra que complete correctamente la oración.

1. Manuel pensaba que él siempre tenía _____. (derecho / correcto / razón)

2. Sus parientes no tienen ningún _____ a imponerle su opinión. (derecho / razón / correcto)

3. ¿Quién sabe la respuesta _____? (derecho / derecha / correcta)

4. Enrique acaba de entrar en la facultad de _____. Quiere ser juez. (razón / derecho / correcto)

5. Dicen que el partido de la _____ va a ganar las próximas elecciones. (razón / correcta / derecha)

Mejor dicho

molestar	acosar	abusar de	maltratar

4-F Elimina la palabra que no pertenezca a cada grupo. Busca en un diccionario las que no conozcas.

1. molestar	importunar	encantar	fastidiar	incomodar
2. respetar	abusar	forzar	violar	aprovecharse
3. maltratar	hacer daño	brutalizar	parir	golpear
4. acosar	intimidar	perseguir	defender	presionar

Capítulo 5 **Ellas y ellos**

Eva

REPASO GRAMATICAL
página 138

Palabra por palabra

cazar	fastidiar	por culpa de
coser	hacer caso	portarse bien/mal
encargarse de	llevarse bien/mal	tener ganas de + infinitivo

5-A Primero, llena los espacios en blanco con una de las palabras del vocabulario, prestando atención al tiempo verbal. Después, relaciona cada una de las imágenes siguientes con la oración que la describe. Escribe la letra correspondiente bajo la imagen.

a. Nuestro equipo siempre pierde los partidos _____ los árbitros (*referees*).

b. La vida doméstica resulta muy difícil cuando los hermanos _____ entre sí.

c. Si el niño no _____, no va a poder ver la televisión.

d. ¡Qué divertido! _____ jugar a los cocineros y mamá nos ha dejado.

e. Este chico siempre _____ a su amiguita; le quita sus cosas.

f. Mi hija mayor _____ la pequeña muy a menudo.

g. Esperanza diseña y _____ toda la ropa que tiene.

h. Lo mejor de ir a _____ es pasar el rato con mi perro.

1. _____

2. _____

3. _____

4. _____

5. _____

6. _____

7. _____

8. _____

Mejor dicho

| educar | criar | crear |

5-B Escoge una de las palabras entre paréntesis para completar la oración correctamente.

1. El año pasado llevaron a sus hijos a un pueblo pequeño para _____ en un ambiente saludable y tranquilo. (criarlos / educarlos)

2. Mi abuela y yo _____ conejos en el jardín. (criábamos / creábamos)

3. A Mariana la _____ las monjas. Por eso es así. (criaron / educaron)

4. Esos técnicos han _____ un producto revolucionario. (criado / creado)

5. Nos _____ con una disciplina espartana. (educaron / criaron)

Mejor dicho

la discusión	el argumento

5-C Escribe en el espacio en blanco las palabras que completen correctamente la oración.

1. Los teólogos conocen _____ para probar la existencia de Dios.
   (muchos argumentos / muchas discusiones)

2. ¿Cuál es tu _____ principal? ¿Que los inviernos frígidos corroboran la hipótesis del calentamiento global? (discusión / argumento)

3. Mi familia y yo no estamos de acuerdo con respecto al aborto. Este tema es el motivo de la mayoría de _____. (nuestras discusiones / nuestros argumentos)

4. No recomiendan tener _____ continuamente con nuestra pareja sentimental. (discusiones / argumentos)

5. Que yo recuerde, _____ de todas sus novelas son muy simples.
   (las discusiones / los argumentos)

Palabreo

Palabra por palabra

atento(a)	burgués/burguesa	la rodilla	tomar conciencia
el brazo	hermoso(a)	la ternura	

5-D Escribe en el espacio en blanco la palabra del vocabulario que mejor corresponda. Incluye el artículo definido o indefinido cuando sea necesario, y presta atención al uso del singular y del plural en tu respuesta.

1. Cuando Tito se cayó, se lastimó la pierna izquierda, sobre todo _____.

2. Me miraba con tanta _____ que lo besé.

3. Mis empleados casi siempre están _____ cuando yo hablo.

4. De niños, José Julio y Juan Manuel eran más _____ que ahora de adultos.

5. El brazalete es una cinta que rodea _____ por encima del codo y que sirve de distintivo; o, si es negra, indica luto.

6. Seguramente sus antepasados no eran _____ sino proletarios.

7. Es urgente _____ de la crisis alimentaria de los países africanos.

Mejor dicho

rechazar	no querer	negarse a

5-E Completa las oraciones con una de las palabras entre paréntesis. Conjuga los verbos en el pretérito.

1. Por mucho que le insistí, mi hermano _____ cooperar.
(rechazar / negarse a)

2. ¿Por qué _____ llamar a la policía los colegas de los culpables?
(no querer / rechazar)

3. Sandra, ¿por qué _____ tú la beca Fulbright para el año próximo?
(negarse a / rechazar)

4. Como era de esperar, ayer todos los vecinos _____ las propuestas del presidente de la comunidad. (no querer / rechazar)

5. Casi diez mil personas _____ evacuar el estadio a pesar de la alarma.
(negarse a / rechazar)

Mejor dicho

la cuestión	cuestionar	la pregunta

5-F Escribe en el espacio en blanco una de estas palabras. Decide si debes utilizar el singular o el plural de los sustantivos y si debes conjugar el verbo.

1. No vale la pena enfadarnos por esta _____, ¿verdad?

2. En el examen escrito no tuve tiempo de contestar dos _____.

3. A Genoveva no le importa que le hagan _____ personales.

4. No siempre es bueno _____ las reglas.

5. Es una _____ de principios.

6. Queremos llegar al fondo de la _____.

7. ¿Qué tipo de _____ hacen en el examen para la ciudadanía?

El hipnotizador personal

Palabra por palabra

animarse	darle vueltas (a un asunto)	hacer (la) cola	regañar
borracho(a)	despedirse de	la marca	suceder
dar vueltas (por un lugar)	despreciar	el rato	

5-G Completa los párrafos siguientes con las palabras del vocabulario. Decide si debes cambiar la forma de los verbos y usar el singular o el plural de los sustantivos.

A) El otro día estaba _____ por el centro con un grupo de amigas cuando nos enteramos de que una boutique tenía ese día una fabulosa liquidación de ropa de _____. Estuvimos un largo _____ esperando bajo el sol, pero después de _____ durante dos horas, Carola y yo nos moríamos del hambre. Entonces, nosotras dos _____ las demás y nos fuimos a comer.

B) Un adolescente puede causar tensiones familiares a causa del alcohol. Es algo que _____ con bastante frecuencia, lamentablemente. Recuerdo que durante algún tiempo mi hermano mayor, Octavio, llegaba a casa muy tarde y bastante _____. A mí no me gustaba su comportamiento y lo _____ severamente por haberse pasado con la bebida. Yo no _____ a decírselo a mis padres porque sabía cuánto (ellos) _____ a los adictos de cualquier tipo. Después de _____ al asunto, por fin se lo conté a ellos. Fue una decisión muy difícil para mí.

Mejor dicho

salir con	la cita	el (la) acompañante	el (la) novio(a)	el (la) amigo(a)

5-H Escoge la palabra que complete la oración correctamente.

1. No se puede entrar solo en ese club; hay que tener _____. (cita / acompañante)

2. Javier y Raúl son muy buenos _____ desde hace veinte años. (amigos / acompañantes)

3. No tengo _____ con él, pero necesito verlo. Es una emergencia. (una cita / un acompañante)

4. Algunas _____ nunca comparten los gastos. No tienen ninguna consideración. (novias / citas)

5. Mi vecina del quinto piso es _____ de un socio del club. (acompañante / amiga)

6. Esta noche Rosa _____ su novio, Rodrigo. Van a ir al teatro. (sale con / una cita)

Mejor dicho

| amar | querer | desear | encantar |

5-I Escoge el término correcto en español para expresar la palabra entre paréntesis. Cuidado con el tiempo verbal.

1. Ante el altar, el novio le juró a la novia que la _____. *(loved)*

2. Susana _____ mucho a sus animales. *(loved)*

3. Marcelo creía que yo lo _____, pero se equivocaba. *(desired)*

4. A Leticia le _____ la manera como Gertrudis se reía. *(loved)*

5. ¿Por qué será que a todo el mundo le _____ los viernes? *(love)*

6. ¿A quién _____ más, a tu abuelo o a tu abuela? *(loved)*

Capítulo 6 En familia

La brecha

REPASO GRAMATICAL
página 154

Palabra por palabra

arreglarse	dar a luz/parir	nacer	el parto	el refugio
así	la luna de miel	el pañal	por lo tanto	el riesgo

6-A Llena el espacio en blanco con una palabra del vocabulario, después de hacer los cambios necesarios.

1. ¿Ves este traje de novia? Pues _____ me gustaría que fuera el mío.

2. Los recién casados fueron de _____ a Acapulco.

3. Sabíamos que estaba embarazada, pero no cuándo iba a _____.

4. Josefina y Javier han decidido que el bebé debe _____ en la casa.

5. ¡Qué raro! El marido no se desmayó durante el _____.

6. ¡Qué suerte tengo! Mi esposo le cambia los _____ al niño tantas veces como yo.

7. Después de _____ la primera vez, es natural no querer tener más hijos.

8. No sé cómo nos vamos a _____ para dar de comer a tantos niños.

9. "La pastilla del día después" es un método anticonceptivo, y _____ la Iglesia católica la considera igualmente inadmisible.

10. Todos los estudios indican que los fumadores corren muchos _____.

11. ¿Dónde están los _____ para las mujeres víctimas de la violencia doméstica?

Mejor dicho

embarazada	embarazoso(a)	avergonzado(a)	vergonzoso(a)

6-B Llena el espacio en blanco con una de las palabras entre paréntesis.

1. Rosalía se cayó en medio de la calle y se sintió _____. (embarazada / avergonzada)

2. El uso de anticonceptivos evita que las mujeres se queden _____. (avergonzadas / embarazadas)

3. Tú te pondrías roja también en una situación tan _____. (embarazosa / avergonzada)

4. ¿No te parece _____ que el gobierno malgaste el dinero de esa manera? (vergonzoso / avergonzado)

5. Algunas escenas de la película me parecieron _____. (vergonzosas / embarazadas)

Mejor dicho

| cuidar | importar | tener cuidado |

6-C Completa las oraciones con estas palabras. Conjuga los verbos cuando sea necesario.

1. Mis cuñados trabajan mucho y dejan a sus niños pequeñitos en la guardería desde las siete de la mañana hasta las siete de la noche. Algunos creen que a ellos sus hijos no les _____ mucho.

2. Voy a estar con mi hermana, a quien operaron de apendicitis ayer. La quiero _____ para que se mejore pronto.

3. Después de graduarse, mi compañero de cuarto planea escalar solo el monte Aconcagua. Es un plan muy arriesgado y debe _____.

4. Gerardo va al trabajo en coche todos los días, tarda dos horas o más en cada dirección y aun así está contento. Parece que no le _____ el lío del tráfico.

5. En Inglaterra, cruzar la calle es peligroso, pues los autos vienen en la dirección opuesta a la que estamos acostumbrados. Hay que _____.

Un niño de la mano de su padre

Palabra por palabra

bobo(a)	ganar	mimar	rezar
cariñoso(a)	hondo(a)	pegar	saludar

6-D Lee primero las preguntas de la columna A, y luego selecciona la respuesta más apropiada de la columna B. Escribe la letra en el espacio en blanco.

COLUMNA A

_____ 1. ¿Quieres jugar a las damas?

_____ 2. ¿Por qué estaba llorando Laura?

_____ 3. ¿Por qué no te gustó nunca ese gato?

_____ 4. ¿Qué debes hacer antes de tirarte en paracaídas *(skydiving)*?

_____ 5. ¿Cómo te trata tu abuela?

_____ 6. ¿Te parece cariñosa esa chica?

_____ 7. ¿Tienes miedo de nadar aquí?

_____ 8. ¿Vas a contarle a tu padre lo que pasó?

COLUMNA B

a. Sí, porque está muy hondo.

b. Porque otra niña le había pegado.

c. Me mima muchísimo.

d. No, porque quizá me castigue.

e. Porque parecía un poco bobo.

f. Rezar.

g. Sí, me sonríe siempre que me saluda.

h. No, porque nunca puedo ganar.

Mejor dicho

el pariente	el padre	los padres

6-E Mira la siguiente ilustración y llena los espacios en blanco con palabras del vocabulario.

Alberto y Juana son _____ de Juan. Juan es _____ de Carlitos. Tenemos muchos _____, pero entre todos nuestra favorita es la más pequeñita de la familia: Mimi.

Mejor dicho

| tocar | poner | jugar |

6-F Usando las palabras del vocabulario, llena el espacio en blanco. Cuidado con los verbos. Haz los cambios necesarios.

1. Como ya te dije, mi tío Félix ahora _____ la trompeta en la banda municipal de música.

2. Al final del día me gusta _____ un DVD para relajarme.

3. Estamos encantadas de vivir en esta residencia porque nosotras _____ al bingo todas las noches.

4. Para aprender a _____ bien el violín hay que practicar con devoción.

5. El baloncesto se ha hecho aún más popular desde que el presidente

   _____ a este deporte.

6. Estoy cansada y no quiero _____ al ajedrez pues siempre dura mucho.

7. Siempre que quiero concentrarme, _____ un CD de música clásica.

8. Su ex novio se pasaba todo el rato _____ al póquer en la computadora.

6-G Llena el espacio en blanco con una palabra de las dos secciones de **Mejor dicho**, después de hacer los cambios necesarios. Decide si debes incluir los artículos definidos y si debes usar el singular o el plural.

Todos _____ siempre nos reunimos en una gran casa en la playa durante una

semana en el verano. Somos tres generaciones y tres parejas de _____. Los

mayores _____ música de sus años jóvenes (que tienen grabada en un CD) y

_____ al dominó o a la canasta. Los más chicos hacen mucho ruido

_____ sus instrumentos. Es totalmente caótico con tanta gente distinta, pero

súper divertido.

Patria/Nación: Acercamientos

Capítulo 7 Geografía e historia

Fiera patria

REPASO
GRAMATICAL
página 171

Palabra por palabra

el amanecer, amanecer	entrañable	preguntarse	la salud
asegurar(se)	oler	recoger	sano(a)
el choque	el olor	la risa	
compartir	la patria	el sabor	

7-A Completa los espacios en blanco con una de las palabras del vocabulario. Conjuga los verbos cuando sea necesario.

1. Si uno _____ una vivienda con alguien, debe _____ sus cosas a menudo y no dejarlas tiradas por el suelo.

2. Todos nosotros _____ por qué Julio se especializaría en pediatría si no le gustan los niños.

3. Me encantan las mañanas del verano porque _____ más temprano que en el invierno.

4. Para _____ de la calidad de sus productos, esta compañía los revisa con frecuencia.

5. Según muchos estudios, para llevar una vida _____, hay que hacer algún tipo de ejercicio físico a diario.

6. Tanto Soledad como Pura se preocupan mucho de su _____. Por eso siguen una dieta muy estricta a base de productos naturales y baja en calorías.

7-B Elimina la palabra que no pertenezca al grupo.

1. oler   sabor   olor   motor
2. patria   exilio   nación   país natal
3. amable   cordial   antipático entrañable
4. caricia   golpe   choque   colisión
5. risa   chiste   carcajada   llorar

Mejor dicho

aconsejar	avisar

7-C Escoge la palabra que complete la oración correctamente.

1. Antiguamente, los profesores nos _____ que consultáramos la *Enciclopedia Espasa-Calpe.* (aconsejaban / avisaban)

2. Ya te he dicho que si pasa algo me _____ a cualquier hora. (avises / aconsejes)

3. Constantino, el recepcionista, nos ha _____ por teléfono que ha llegado un paquete. (aconsejado / avisado)

4. Me acaban de _____ que he dejado otra vez el maletín (*briefcase*) en la cafetería. ¡Qué despistado soy! (avisar / aconsejar)

5. De nuevo Amador quiere que le _____ sobre sus problemas amorosos, pero preferimos no hacerlo. (aconsejemos / avisemos)

Mejor dicho

querer decir	significar

7-D Traduce las palabras entre paréntesis según corresponda. Cuidado con los tiempos verbales.

1. La verdad es que no comprendemos lo que (Ud.) _____. ¿Puede explicarlo de otra manera? (*you mean*)

2. Ninguno de nosotros pudo deducir lo que _____ esa palabra. (*it meant*)

3. ¡No te enfades conmigo! No _____ eso. Te lo prometo. (*I meant*)

4. Este premio _____ mucho para mí. Les doy las gracias a los miembros del jurado. (*it means*)

5. Lo que _____ es que deberías ayudar con los gastos de la casa. (*we mean*)

Palabra por palabra

acercarse a	cansarse	echar	honrado(a)
el anochecer	derrotar	el ejército	montar (a caballo)
la bandera	descalzo(a)	la guerra	vencer

7-E Llena los espacios en blanco con una de las palabras del vocabulario, después de hacer los cambios necesarios. Cuidado con los artículos definidos y los tiempos verbales.

1. Al subir las escaleras, doña Eulalia _____ mucho. Es que ya tiene ochenta años.

2. Ocurrió al _____ en el jardín. Diego iba _____ y se clavó algo en el pie (stepped on something).

3. Cuando entramos en el cuarto, el gato de Mario _____ sigilosamente a nosotros.

4. Antes de ayer yo no _____ nunca. Ahora me gusta mucho. Incluso estoy pensando apuntarme a (enroll in) una escuela de equitación.

5. Un bando _____ y el otro es derrotado; así son los enfrentamientos bélicos.

6. ¿Cómo se llamaba el astronauta que puso la _____ de los Estados Unidos en la Luna?

7. Hace dos años la directora _____ a Estela de la escuela por mala conducta.

8. Mi amigo Iñaki devolvió el dinero que encontró en la calle. Eso sí que es ser _____.

9. El conjunto de fuerzas aéreas o terrestres se conoce como _____.

10. _____ son acontecimientos trágicos, violentos y a veces inevitables.

Mejor dicho

pensar	pensar + infinitivo	pensar en	pensar de

7-F Llena los espacios en blanco con una de las expresiones entre paréntesis. Recuerda conjugar el verbo cuando sea necesario.

1. Vanesa, cuando sonríes de ese modo, ¿_____ qué piensas? (en / de / Ø)

2. Laura, te lo digo sinceramente; no sé qué _____ tu sugerencia. (pensar en / pensar de / pensar)

3. Javier, no debes _____ eso demasiado. Seguro que encontraremos una solución. No te preocupes. (pensar en / pensar de / pensar)

4. ¿De verdad quieres que te diga lo que (yo) _____ ti? (pensar en / pensar de / pensar)

5. Desde ayer el telescopio no funciona. Los astrónomos _____ arreglarlo lo antes posible. (pensar en / pensar de / pensar)

Mejor dicho

| la lucha/luchar | el combate/combatir | la pelea/pelear |

7-G Elige la opción que complete la oración correctamente.

1. Lucio, si _____ tanto con Elvira, se va a divorciar de ti.

   a. luchas   b. peleas

2. Han estado _____ lejos de su patria más de cinco años.

   a. peleándose   b. combatiendo

3. A veces hay que _____ por los derechos de los otros.

   a. luchar   b. pelearse

4. Todos estamos dispuestos a _____ con cualquier tipo de armas si nos declaran la guerra.

   a. combatir   b. pelear

5. No logro llevarme bien con mi hermana; siempre _____ sin motivo alguno.

   a. luchamos   b. peleamos

Palabra por palabra

apoderarse de	ileso(a)	las privaciones	la riqueza
el arma (f.)	no tener más remedio que	la represalia	traicionar

7-H Llena el espacio en blanco con la palabra correcta del vocabulario. Conjuga los verbos en el pretérito.

1. Nuestros enemigos _____ de los tanques y (nosotros) _____ rendirnos (*surrender*).

2. Hubo una batalla, pero todos salieron _____. ¡Qué milagro!

3. Todos los norteamericanos saben que Benedict Arnold _____ a sus compatriotas.

4. Un ejemplo de _____ es vengarse por el daño que alguien nos ha hecho.

5. ¿Dónde conseguirán todas esas _____? Son muy potentes y peligrosas.

6. ¡Cuántas _____ sufrieron los sobrevivientes del huracán! Estuvieron sin apenas agua ni comida durante una semana.

7. La familia de Tito posee una de las fortunas más grandes del país. Su _____ es incalculable.

Mejor dicho

aguantar	soportar	tolerar	sostener	mantener	apoyar

7-I Traduce al español las palabras entre paréntesis.

1. ¡Cuidado! Esta mesa no puede _____ mucho peso. (*support*)

2. Margarita y Vicente _____ a toda su familia con su trabajo. (*support*)

3. _____ (Uds.) a los políticos de derecha o de izquierda? (*Do you support*)

4. Ni Ernesto ni Abel _____ que los llamen materialistas. (*put up with*)

5. Sabía que su mejor amiga lo _____ en esos difíciles momentos. (*would support*)

6. En español no existe una palabra equivalente al adjetivo *supportive*; hay que utilizar el verbo _____ para expresar esa cualidad. (*to support*)

Mejor dicho

| (el) hecho | (el) dato | (la) fecha |

7-J Escribe en el espacio en blanco una de estas palabras según corresponda. Incluye el artículo definido o indefinido cuando sea necesario.

1. El 12 de diciembre de 1531 es _____ de la aparición de la Virgen de Guadalupe.

2. Es _____ indiscutible que su aparición tuvo importantes consecuencias.

3. Nuestra empresa garantiza la protección de sus _____ personales. Confíe en nosotros.

4. De _____, pocos libros de historia coinciden en todo.

5. Josep, _____ que has puesto en la carta está mal; hoy no es el 9 de julio.

Capítulo 7 | Geografía e historia   33

© 2013 Cengage Learning. All Rights Reserved. May not be scanned, copied or duplicated, or posted to a publicly accessible website, in whole or in part.

Capítulo 8 **Represiones**

Preso sin nombre, celda sin número

REPASO GRAMATICAL
página 185

Palabra por palabra

acostarse (ue)	débil	el llanto	peligroso(a)
asustar	desnudo(a)	el odio	el secuestro
la cárcel	extrañar	la oración	la soledad

8-A Completa las oraciones siguientes con las palabras del vocabulario. Conjuga los verbos en el tiempo que corresponda y presta atención a la concordancia.

1. Dicen que del _____ al amor sólo hay un paso. ¿Estás de acuerdo?

2. Acaban de informar del _____ de la candidata presidencial y de su ayudante en una zona de la selva amazónica. No se sabe quiénes son los responsables.

3. Ayer (nosotros) _____ a las diez, y a medianoche se oyeron unos golpes en la puerta que nos despertaron y _____ a todos.

4. En los bebés el _____ excesivo puede ser síntoma de aburrimiento, de hambre o de enfermedad.

5. Cuando éramos refugiados, comíamos mal y por eso nos sentíamos muy _____. No podíamos caminar ni estar de pie por más de unos minutos.

6. Hay gente que no soporta la _____ y por eso busca la compañía de otros.

7. Alfonso no quiere trabajar más en la _____. Dice que resulta muy _____ porque a veces los presos atacan a los guardias.

8. Rezaremos una _____ por su alma, que en paz descanse.

9. Goya pintó dos versiones de un mismo cuadro: *La maja vestida* y *La maja* _____.

10. Cuando estoy lejos de casa, de vez en cuando _____ a mi familia y a mis amigos.

Mejor dicho

el sentimiento	la sensación	el sentido

8-B Escoge la palabra que complete la oración correctamente.

1. ¿Tiene _____ recurrir a la violencia para mantenerse en el poder?
   (sentido / sensación / sentimiento)

2. En esa época yo tenía _____ de que alguien me observaba.
   (la sensación / el sentido / el sentimiento)

3. Cuando la paciente se cayó, se golpeó la cabeza y perdió _____.
   (la sensación / el sentido / el sentimiento)

4. Su _____ de patriotismo era tan fuerte que continuó luchando
   aunque estaba herido de muerte. (sensación / sentido / sentimiento)

5. ¡Qué _____ de alivio al terminar los exámenes finales del semestre!
   (sensación / sentido / sentimiento)

Mejor dicho

| sentir | sentir + sustantivo | sentirse + adjetivo, adverbio |

8-C Escoge el verbo que complete la oración correctamente.

1. No sabes cuánto _____ lo que te pasa.

   a. siento   b. me siento

2. Al oír la noticia Malva _____ una tristeza enorme.

   a. se sintió   b. sintió

3. Cuando llega la primavera, todos empezamos a _____ mucho mejor.

   a. sentirse   b. sentirnos

4. Después de escalar cinco horas, _____ muy cansados y decidimos regresar al campamento
   (campground).

   a. sentimos   b. nos sentimos

5. Ya no _____ la presión de tener que llegar tan temprano a la tienda, porque no abrimos hasta las diez.

   a. siento   b. me siento

La Ley de la Memoria Histórica

Palabra por palabra

aprobar	desgarrador(a)	la herida	la prueba
los bienes	empujar	el marco	
el (la) ciudadano(a)	la fosa	el paradero	

8-D Busca el sinónimo de las palabras de la columna A en la lista de la columna B.

COLUMNA A

_____ 1. la prueba

_____ 2. el marco

_____ 3. el paradero

_____ 4. el (la) ciudadano(a)

_____ 5. la herida

_____ 6. la fosa

_____ 7. empujar

_____ 8. desgarrador(a)

_____ 9. los bienes

_____ 10. aprobar

COLUMNA B

a. dar por bueno algo, consentir, sancionar

b. hacer fuerza o presión

c. la sepultura, la tumba

d. la demostración, el testimonio

e. muy triste, que parte el corazón

f. las propiedades, las riquezas, el patrimonio

g. el (la) habitante de una ciudad o un país

h. la pieza que rodea el perímetro de algunas cosas

i. el lugar o sitio donde se encuentra alguien

j. la lesión, la contusión, el traumatismo

Mejor dicho

ser confuso(a)	estar confuso(a)	estar confundido(a)

8-E Escoge la expresión que complete la oración correctamente.

1. Algunos alumnos no entendieron el poema de Luis Cernuda y _____.
   (eran confusos / estaban confundidos)

2. Al leer las instrucciones de la receta (*recipe*), pensé que _____.
   (eran confusas / estaban confusas)

3. Los turistas que llegaron hoy al hotel no sabían mucho español y no comprendieron nuestras
   explicaciones. _____. (Eran confusos / Estaban confusos)

4. No he entendido tus razonamientos pues _____. (son confusos /
   están confundidos)

5. Belén, creo que _____: no fue ayer martes cuando se celebró el
   maratón sino el domingo. (estás confundida / estás confuso)

Mejor dicho

| desde | puesto que | ya que | como |

8-F Llena el espacio en blanco con una de las palabras entre paréntesis.

1. Nunca llego tarde al trabajo. Estoy aquí _____ las ocho de la mañana todos los días. (desde / puesto que)

2. Postergaremos los otros proyectos hasta marzo _____ este nos ocupa tanto tiempo. (desde / ya que)

3. El vuelo _____ Miami hasta San Francisco tiene una duración de cuatro horas. (como / desde)

4. _____ no había clases los viernes, trabajábamos de voluntarios en el hospital ese día. (Como / Desde)

5. ¿Te he dicho que _____ Australia nos llegó una tarjeta postal la semana pasada? (ya que / desde)

Capítulo 9 Denuncias

Con un ramillete entre los dientes

REPASO GRAMATICAL
página 195

Palabra por palabra

a cambio (de)	aterrado(a)	estar dispuesto(a) a + infinitivo	el (la) sicario(a)
alquilar	atreverse a	huir	tener que ver

9-A Completa las oraciones siguientes con palabras del vocabulario. Conjuga los verbos en el tiempo que corresponda y presta atención a la concordancia. No repitas ninguna palabra.

1. Lo que acabas de decir no _____ con lo que estábamos hablando.

2. ¿Sabes si Juan _____ ayudarnos con el programa *Hábitat para la Humanidad* este fin de semana? Vamos a restaurar una casa.

3. Se rumoreaba que el diputado le había ofrecido un puesto político _____ su voto y apoyo en las elecciones del año pasado.

4. Yo no lo haría nunca, pero ¿(tú) _____ lanzarte en paracaídas?

9-B Elimina la palabra que no pertenezca al grupo.

1. alquilar   comprar   vender   esconderse

2. aterrado   sin temor   asustado   miedoso

3. suicida   asesino   sicario   homicida

4. escapar   huir   perseguir   fugarse

Mejor dicho

el papel	hacer/desempeñar el papel	el trabajo (escrito)	el periódico o diario

9-C Escribe en el espacio en blanco la(s) palabra(s) del vocabulario que complete la oración correctamente. Recuerda conjugar los verbos.

1. ¿Vuestro perro no os recoge el _____ por la mañana? Pues el mío sí que lo hace.

2. Cuando jugaba con mi hermano, yo _____ de madre.

3. Antes recibíamos en casa dos _____ los fines de semana: uno local y otro nacional. Ahora están disponibles en la red.

4. Augusto, ¿cuándo tenemos que entregar el _____ para la clase de filosofía?

5. Al usar el correo electrónico ahorramos mucho _____.

6. Dos de los _____ de México son *El Imparcial* y *Reforma*.

7. Las instrucciones que nos dio el profesor decían que el _____ debía tener tres páginas.

8. Para representar bien ese _____ dramático, tuvieron que ensayar horas y horas.

Mejor dicho

| el crimen | el (la) criminal | el delito | el (la) delincuente |

9-D Identifica los **delitos (d)** y los **crímenes (c)**.

_____ 1.   Un hombre entra a robar un banco y mata al guardia.

_____ 2.   Unos delincuentes le roban la cartera a una mujer bien vestida. Ella se desmaya *(faints)*.

_____ 3.   Unos terroristas secuestran *(hijack)* un avión y toman como rehenes a los pasajeros.

_____ 4.   El tesorero de una compañía desvía más de 200.000 dólares a una cuenta bancaria que tiene en Las Bahamas. Con el dinero se compra una casa en Punta Cana.

_____ 5.   En una pelea un hombre mata al amante de su mujer.

_____ 6.   Unos jóvenes de dieciséis años compran cerveza en una tienda norteamericana.

9-E Escribe en el espacio en blanco las palabras del vocabulario que completen el párrafo correctamente.

Mea culpa

Un día en clase estábamos comentando una novela policiaca que habíamos leído y les pregunté a los estudiantes que me dijeran cuántos crímenes habían ocurrido. Por sus respuestas me di cuenta de que no me habían entendido bien, porque mencionaron _____ también. Aproveché el malentendido para advertirles que tuvieran cuidado con esa palabra, pues si alguna vez le dicen a un hispanohablante que han cometido un _____, el hispanohablante va a pensar que han matado a alguien o lo han intentado. Pero si a lo que se refieren es a que los han detenido por conducir muy deprisa, esa infracción los hispanohablantes la denominamos _____.

Ser un _____ es, obviamente, menos grave que ser un

_____.

Palabra por palabra

a duras penas	la carga	meter	el valor
la basura	darle lo mismo a alguien	el montón	
la bolsa	levantar	pesar	

9-F Lee las definiciones que siguen. Luego escribe la palabra del vocabulario a la que se refieren.

_____ 1. Saco de tela, plástico u otro material para llevar o guardar algo

_____ 2. Conjunto de cosas puestas sin orden, unas encima de otras

_____ 3. Con mucha dificultad

_____ 4. Introducir o incluir algo dentro de otra cosa

_____ 5. No importarle a alguien

_____ 6. Residuos desechados

_____ 7. Lo que se transporta en las manos, a hombros o en cualquier vehículo

_____ 8. Cualidad e importancia de una cosa que suele determinar cuánto cuesta

_____ 9. Subir o elevar una cosa

_____ 10. Determinar la masa de algo por medio de la balanza u otro instrumento equivalente

Mejor dicho

el alimento	alimentar	la comida

9-G Escribe en el espacio en blanco la palabra del vocabulario que complete la oración correctamente. Decide si debes incluir el artículo definido o no y si debes usar el singular o el plural de los sustantivos.

1. Los que están a dieta deben evitar _____ como el azúcar y la mantequilla para no engordar.

2. No le des más _____ al perro y acábate lo que tienes en el plato.

3. Leire, ¿qué _____ sabes preparar además de espaguetis?

4. Según los expertos en nutrición, _____ que contienen más fibra son estos dos cereales: el trigo y la avena.

5. A todos nosotros nos encantan _____ picantes (*spicy, hot*) y con mucha sal.

Mejor dicho

| salvar | guardar | ahorrar |

9-H Completa la oración con una de las palabras del vocabulario. Conjuga los verbos en el pretérito cuando sea necesario.

1. Este año no ha llovido mucho, así que deberíamos _____ agua. ¿No te parece?

2. Mi sobrino Roberto no sabía nadar y yo lo tuve que _____ cuando se cayó en la piscina.

3. Mamá, ¿dónde _____ (tú) las fotos de nuestras últimas vacaciones?

4. Sí, nosotros _____ los calcetines y la ropa interior en estas gavetas (*drawers*).

5. El perro _____ a su dueño del fuego. Recibió una medalla por su hazaña (*deed*).

6. El año pasado nuestra empresa _____ muchísimo dinero en electricidad gracias a los paneles solares que instalaron en el edificio.

7. Como Uds. se organizaron tan bien, _____ mucho tiempo.

La Generación Y

Palabra por palabra

al principio	el aumento	la firma, firmar	ponerse de acuerdo
alcanzar	demasiado(a)	la huelga	producir
el anuncio	despedir	jactarse	

9-I Empareja las frases de la columna A con las de la columna B para formar oraciones lógicas. Escribe la letra en la línea.

COLUMNA A

_____ 1. Cuando los conductores de autobuses se ponen en huelga,…

_____ 2. Raúl al principio no entendía el motivo de la manifestación (*demonstration*),…

_____ 3. El dictador se jactaba de que en su país no había conflictos…

_____ 4. Los trabajadores se quejaban de su sueldo…

_____ 5. En las épocas en las que el desempleo es muy alto…

_____ 6. Si a la primera no puedes alcanzar lo que quieres,…

_____ 7. En el último congreso celebrado sobre el medio ambiente,…

_____ 8. Tener demasiados quehaceres…

_____ 9. Para validar nuestro contrato,…

_____ 10. Según el anuncio que vimos en la tele,…

COLUMNA B

a. todos Uds. tienen que firmar aquí.

b. porque hacía tres años que no recibían un aumento.

c. nos produce frustración y estrés.

d. pero después de hablar con la gente le quedó muy claro.

e. despiden a los que no hacen un trabajo excepcional.

f. este medicamento es una panacea y cura todo tipo de enfermedades.

g. los líderes no se pusieron de acuerdo en cuanto a la reducción de los gases contaminantes.

h. mientras que en las calles el pueblo protestaba a gritos.

i. no tengo más remedio que ir andando al trabajo.

j. sigue intentándolo. No te desanimes.

Mejor dicho

tratar a alguien	tratar de + infinitivo	tratar de + sustantivo	tratarse de

9-J Escoge la opción que complete la oración correctamente.

1. Mi programa favorito de televisión _____ la renovación de casas antiguas.

   a. trata a b. se trata de c. trata de

2. —¿Cómo debemos _____ las personas mayores?
   —A mi parecer, con mucho respeto.

   a. tratar de b. tratar a c. tratarse de

3. Cuando tienes acidez o ardores (*heartburn*), ¿qué _____ hacer para sentirte mejor?

   a. tratas b. tratas de c. tratas a

4. Mañana me van a presentar a una duquesa. ¿Qué término debo usar para _____ una persona de la nobleza?

   a. tratar a   b. tratar de   c. tratarse de

5. Por favor avise al doctor o doctora que esté de guardia; _____ una emergencia médica.

   a. trata de   b. se trata de   c. trata a

Mejor dicho

comprobar	probar	probarse

9-K Escoge la opción que complete la oración correctamente.

1. Por favor, ¿podrías _____ si los resultados de estas sumas (*additions*) son correctos? (comprobar / probarse)

2. Aunque parecía imposible, un científico logró _____ su teoría sobre la electricidad del corazón. (probar / probarse)

3. Susana, ¿vas a _____ este vestido o no? Si no, vámonos ya de aquí. (probar / probarte)

4. ¿Te importa si _____ tu pizza? Tiene muy buena pinta. (compruebo / pruebo)

5. En las aduanas _____ que los pasaportes de todos los viajeros estén en regla. (comprueban / se prueban)

De acá para allá

Capítulo 10 Desplazamientos

La santería: una religión sincrética

REPASO GRAMATICAL
página 209

Palabra por palabra

a lo largo de (+ tiempo)	la creencia	el mestizaje	el pecado
el apoyo	el (la) creyente	la mezcla	la raíz
el bien y el mal	hasta	la ofrenda	

10-A Escribe en el espacio en blanco la palabra del vocabulario que corresponda a estas definiciones. Delante de los sustantivos escribe el artículo definido.

_____ 1. Acción, pensamiento o palabra condenada por los preceptos de una religión

_____ 2. Ayuda, respaldo, defensa, protección

_____ 3. Dos entidades abstractas: una constituida por todo lo que es bueno y la otra por todo lo que es malo

_____ 4. Sustancia que resulta de la combinación de otras

_____ 5. Preposición que se utiliza seguida de una expresión de tiempo o un lugar; en otros casos significa **incluso**

_____ 6. Algo que se ofrece con amor y devoción, particularmente algo ofrecido a Dios o a los dioses

_____ 7. Persona que profesa una determinada fe religiosa

_____ 8. Mezcla de razas o culturas distintas que da origen a una nueva

_____ 9. Órgano de las plantas que introducido en la tierra absorbe de ella las materias necesarias para su crecimiento y desarrollo

_____ 10. Religión, doctrina, ideología, dogma, credo

_____ 11. Locución preposicional que significa **durante**

Mejor dicho

ponerse	llegar a ser
volverse	convertirse en
hacerse	

10-B Las ilustraciones siguientes muestran un cambio. Completa los espacios en blanco con uno de los verbos que significan *to become*. Conjuga los verbos en el pretérito.

1. Cuando el joven vio a Marla con su mejor amigo, _____ enojadísimo.

2. La oruga _____ una bellísima mariposa. Fue fabuloso observar la transformación.

3. Aunque nadie se lo esperaba, Roberto _____ un atleta de fama mundial.

4. En menos de cinco minutos Clark Kent _____ Superman.

5. Después de mucho pensarlo, el alumno _____ socio de una organización universitaria.

6. ¿Quién nos lo iba a decir? Nuestra nieta _____ organizada.

7. De repente el cielo _____ nublado y comenzó a llover.

8. Tras beberse un batido de frutas, el cliente _____ muy enfermo.

10-C Elige la opción que mejor complete la oración.

1. Es cierto; mi tía Petra _____ loca durante la guerra de las Malvinas.

   a. se volvió   b. se convirtió en   c. llegó a ser

2. Nada más conocernos, Alfredo y yo _____ amigos.

   a. nos hicimos   b. nos pusimos   c. llegamos a ser

3. ¿Por qué _____ Uds. tan tristes después de escuchar esa melodía?

   a. se volvieron   b. se pusieron   c. se hicieron

4. El sueño de Maribel es _____ decana de alguna universidad.

   a. volverse   b. ponerse   c. llegar a ser

5. Dejé la leche fuera del refrigerador y por eso _____ yogur.

   a. se convirtió en   b. se puso   c. se convirtió a

6. Léeme el cuento del patito feo que _____ un hermoso cisne *(swan)*.

   a. se puso   b. se hizo   c. se convirtió en

7. ¿Te ha contado Milagros alguna vez cómo _____ tan rica?

   a. se convirtió en   b. se hizo   c. se puso

8. Su relación conyugal _____ difícil y al final se divorciaron.

   a. se convirtió a   b. se volvió   c. se convirtió en

9. Kiko nos ha dicho que quiere _____ terapeuta para poder ayudar a los refugiados.

   a. volverse   b. hacerse   c. ponerse

10. Cada vez que recuerdo lo ocurrido, _____ furiosísima. No puedo evitarlo.

    a. me pongo   b. me vuelvo   c. llego a ser

Mujer negra

Palabra por palabra

acordarse de/recordar	olvidarse de/olvidar	rebelarse	el (la) testigo
atravesar	padecer	la sierra	la tierra
el hueso			

10-D Completa las oraciones con una palabra del vocabulario. Utiliza el infinitivo de los verbos.

1. Durante el juicio los _____ declararon todo lo que sabían sobre el accidente.

2. Uno de los síntomas del Alzheimer es no _____ los hechos más recientes.

3. ¿Cómo habrán podido _____ este enorme río si no hay ningún puente en los alrededores?

4. Para no _____ ningún compromiso importante, lo apunta en su agenda electrónica.

5. Además de "conjunto de montañas", ¿sabías que la palabra _____ significa *saw*? Es porque de lejos las montañas se parecen a la herramienta con la que se corta la madera.

6. Sí, tenemos mucha suerte: esta _____ es muy fértil. Podemos sembrar de todo.

7. Los tres _____ de las piernas son el fémur, la tibia y el peroné.

8. ¿Es negarse a hacer lo que alguien nos pide la única manera de _____?

9. El verbo _____ es sinónimo de **sufrir**.

10-E Ordena las letras para formar palabras de esta sección. Después, vuelve a ordenar las letras subrayadas para formar otra palabra del vocabulario.

1. asᵣire _____   5. sitoget _____

2. esrₐbelᵣe _____   6. revtaₛara _____

3. depaᵣce _____   7. rcₐroₔer _____

4. rₒavlid _____   8. suohₑ _____

*La otra palabra del vocabulario es _____.

Mejor dicho

volver, regresar	volver a + infinitivo	devolver

10-F Elige la respuesta que mejor complete los minidiálogos.

1. —Ya lo tenemos todo listo para el viaje a Cuba.

—¿Es la primera vez que _____ a su país? (regresan / devuelven)

2. —Nos encanta el clima de la isla y por eso pasamos todos los veranos allí.

— ¿Por eso _____ tan a menudo? (vuelven a / vuelven)

Unidad IV • Capítulo 10 – PALABRA POR PALABRA / MEJOR DICHO

3. —Todos estos libros son de la biblioteca. Los sacamos para preparar el viaje.

   —¿Cuándo los van a _____? Me gustaría echarles un vistazo antes. (volver / devolver)

4. —Hemos buscado por toda la casa pero no encontramos los pasajes de avión.

   —¿Por qué no _____ buscarlos? (vuelven a / devuelven)

5. —La última vez perdimos el vuelo y llegamos al día siguiente.

   —¿Creen que esto les puede _____ ocurrir? (regresar / volver a)

6. —Todavía tienen la videocámara que les prestamos hace dos meses.

   —¿Es que no nos la piensan _____ nunca? (devolver / regresar)

Mejor dicho

porque	por/a causa de

10-G Utiliza **porque**, **por causa de(l)** o **a causa de(l)** para completar las oraciones siguientes.

1. Retiraron de los supermercados esos juguetes infantiles _____ contenían plomo.

2. Aseguran que el hielo del Polo Norte se está derritiendo _____ calentamiento global.

3. Recuerda que la oficina estará cerrada de lunes a viernes _____ es Semana Santa.

4. No pudimos dormir en toda la noche _____ los ruidos procedentes de la calle.

5. La lucha entre los grupos era feroz _____ se disputaban el mismo territorio.

6. No pienso castigar nunca a mis hijos _____ no quiero traumatizarlos.

7. _____ análisis de sangre que me iban a hacer no pude desayunar.

El Barrio

Palabra por palabra

a gusto	el barrio	inmobiliario(a)	el (la) recién + participio
asequible	disponible	la mayoría	el regreso
barato(a)	la escasez	por un lado… por otro…	

10-H Busca en la columna B las respuestas a las preguntas de la columna A. Escribe la letra en el espacio en blanco. **¡Ojo!** No asignes la misma respuesta a varias preguntas.

COLUMNA A	COLUMNA B
_____ 1. ¿Es barato comer en estos restaurantes?	a. Sin duda, en mi antiguo barrio.
_____ 2. ¿Qué significa "inmobiliario(a)"?	b. Sí, quedan ya muy pocos.
_____ 3. ¿Cuelgo el cuadro en esta pared?	c. En la mayoría, sí.
_____ 4. ¿Podríamos alquilar un automóvil?	d. No, espera; está recién pintada.
_____ 5. ¿Dónde te sientes más a gusto?	e. Lo siento; no hay ninguno disponible.
_____ 6. ¿Hay escasez de medicamentos?	f. No, todas están ocupadas.
_____ 7. ¿Es asequible la ropa de ese diseñador?	g. Por un lado sí, pero por el otro no.
_____ 8. ¿Te preocupa el regreso definitivo a tu país?	h. Sólo cuando hacen descuentos del 50%.
	i. Sí, quieren eliminar los grafitis.
	j. Tiene que ver con la venta y el alquiler de viviendas.

Mejor dicho

mover(se) (ue)	mudar(se)	trasladar(se)

10-I Escoge la(s) palabra(s) que complete(n) la oración correctamente.

1. Nuestro dermatólogo se acaba de _____ a un edificio más moderno y luminoso. (mudar / mover / trasladar)

2. Aunque le desagrada la idea, Roberto _____ a una de las oficinas que tiene su empresa en Alburquerque. (se moverá / se trasladará / se mudará)

3. Vivian, por favor, ayúdame a _____ este sofá. Es muy pesado y yo sola no puedo. (mover / mudar / trasladar)

4. ¿Cuánto tiempo hace que Uds. _____ a este pueblo? ¿Desde que se jubilaron? (se movieron / se trasladaron / se mudaron)

5. Hay algunos peces en la pecera que no _____. No estarán muertos, ¿verdad? (se mueven / mueven / se mudan)

Mejor dicho

echar de menos	extrañar	perderse (ie)	faltar a

10-J Selecciona la oración que mejor represente el significado de la original.

1. Te extraño mucho.

   a. Te ves muy raro.

   b. Te echo mucho de menos.

2. Falté al entrenamiento.

   a. No fui al entrenamiento porque no quise.

   b. No fui al entrenamiento por razones ajenas a mi voluntad.

3. Se perdió cuando salió a pasear por el bosque.

   a. No sabía dónde estaba.

   b. Se extrañó.

4. ¿Las echas de menos?

   a. ¿Sientes lástima por su ausencia?

   b. ¿Notas que te falta algo?

5. Se perdieron el estreno de la película.

   a. No quisieron ir al estreno de la película.

   b. No pudieron ir al estreno de la película.

Capítulo 11 Desarraigos

Usted estuvo en San Diego

Palabra por palabra

adivinar	el destino	estacionar	los papeles
la cobardía	esconder(se)	el (la) jefe(a)	perseguir
desafiar			

11-A Escribe en los espacios en blanco las palabras del vocabulario definidas a la derecha.

_____ 1. Dejar el auto detenido en un lugar

_____ 2. Documentos de identificación

_____ 3. Vigilar a alguien y, si huye, ir detrás de él

_____ 4. Una fuerza desconocida que algunos creen determina la vida

_____ 5. La persona que supervisa a otros o dirige una empresa

_____ 6. Intuir o deducir algo por conjeturas

_____ 7. Falta de ánimo y valentía

_____ 8. Retirar o llevar a alguien o algo a un lugar secreto

_____ 9. Retar, provocar, competir con alguien

Mejor dicho

dejar	dejar de
salir (de)	irse

11-B Escoge la respuesta que complete la oración correctamente.

1. Cuando yo llegaba al apartamento, Hernán _____ del suyo. Siempre nos encontrábamos en las escaleras.

   a. iba   b. dejaba   c. salía

2. El año pasado fui a un balneario *(spa)* maravilloso pero muy estricto. No nos _____ comer más que productos orgánicos.

   a. dejaban de   b. salían   c. dejaban

3. A mi novio le encanta bailar. Siempre es el último en _____ las discotecas.

   a. irse de   b. dejar   c. dejar de

4. No puedo hablar contigo ahora pues estoy arreglándome para _____.

   a. dejar   b. salir   c. irse

5. ¡Qué desastre! Ayer mi hermano _____ su mochila en el tren con todos sus documentos.

   a. dejó   b. salió   c. se fue

Mejor dicho

el personaje	el carácter

11-C Completa las siguientes oraciones con una de estas palabras.

1. Para ser líder de un país o de una organización, hace falta tener un

   _____ muy fuerte.

2. Todos los _____ de esa comedia me parecen antipáticos.

3. Resultaba muy difícil seguir el hilo de esa narración porque había demasiados

   _____.

4. Una de las cualidades que más me importa en un colega es el _____.

5. El padre de los gemelos *(twins)* tiene muy mal _____ y es súper
   controlador.

Los extranjeros

Palabra por palabra

la añoranza	cruzar(se)	la frontera	el recelo
el bolsillo	exigir	el rasgo	rodeado(a)

11-D Elimina el término que no pertenezca al grupo.

1. la manga   el botón   el bolsillo   la mirada
2. la confianza   la duda   la suspicacia   el recelo
3. exigir   reclamar   demandar   producir
4. la cualidad   el rasgo   la malicia   el atributo
5. la nostalgia   la melancolía   el desdén   la añoranza
6. rodear   competir   confinar   limitar
7. el margen   el límite   la frontera   el centro
8. cruzar   confundir   pasar   atravesar

Mejor dicho

parecer	aparecer	parecerse a

11-E Selecciona la(s) palabra(s) que mejor complete(n) la oración.

1. No _____ bien irnos sin despedirnos de los anfitriones.
(nos parece a / nos parece / aparece)

2. La doctora Ramírez _____ enojada hoy, ¿no crees? (aparece /
se parece a / parece)

3. No _____ posible que fuera a nevar. (se parecía / parecía / aparecía)

4. José María _____ por aquí cuando quiere. (parece / aparece /
se parece a)

5. ¡Vaya! ¡Por fin _____! Estábamos realmente preocupados. (te pareces
a / pareces / apareces)

6. Dicen que mi hermana y yo _____ mucho. Somos como dos gotas de
agua. (nos parecemos / aparecemos / parecemos)

7. ¿_____ aceptable nuestra última oferta? (Les parece / Se parece a /
Aparece)

8. ¿Qué _____ el documental sobre la dieta mediterránea? (apareció /
se pareció a / le pareció)

Mejor dicho

el (la) desconocido(a)	el (la) extranjero(a)	el (la) extraño(a)
	extranjero(a)	extraño(a)

11-F Completa estas oraciones usando las palabras del cuadro.

1. Las madres siempre deben enseñarles a sus hijos pequeños a no aceptar caramelos de un

   _____ jamás.

2. Esa chica es muy _____. No habla nunca con nadie.

3. En el verano los pueblos de la Costa Brava se llenan de _____.

4. El chico rubio de la playa insistía en que nos habíamos visto antes, pero a mí me resultaba del todo

   un _____.

Capítulo 12 **En primera persona**

La historia de mi cuerpo

REPASO GRAMATICAL
página 233

Palabra por palabra

asombrado(a)	flaco(a)	moreno(a)	quemar(se)
el cutis	lo de siempre	la muñeca	el tamaño
escoger	medir (i, i)	la piel	

12-A Completa las oraciones con la forma correcta de las palabras del vocabulario. Escribe el artículo definido cuando corresponda. No utilices la misma palabra más de una vez.

1. Las decisiones son un gran dilema para mí. Cuando tengo varias opciones delante, me cuesta mucho trabajo _____ una.

2. Cuando le conté el chisme a mi compañera, se quedó tan _____ como yo de lo chocante que era la situación.

3. Su madre es dermatóloga, es decir, es médica de _____.

4. Dicen que es malo tomar demasiado sol y _____. Es una de las causas de melanoma.

5. Tengo que comprarme un carro en seguida; no me importa ni el color ni _____ pero sí que consuma poca gasolina.

6. De niña a mí no me gustaba jugar con _____ aunque a todas mis amigas les encantaba.

7. ¿Podemos organizar algo distinto para este domingo? Estoy harto de hacer _____.

8. Desde hace un par de años Antonio y Enrique apenas comen carbohidratos y por eso están tan _____.

9. Me gasté una fortuna en esta crema hidratante para _____ pero no he podido apreciar ningún cambio. Y eso que decían que era especial para las pieles _____.

10. Estos dos escritorios son muy grandes; _____ más o menos un metro y medio de largo cada uno.

Mejor dicho

hacer(se) daño	lastimar(se)	doler (ue)

12-B Escoge la palabra o la expresión que complete la oración correctamente.

1. ¡Ay, me _____ muchísimo el hombro! ¿Me das un masaje?

    a. lastima   b. duele   c. hace daño

2. Uno puede _____ hasta con una hoja de papel. A mí me ocurre con bastante frecuencia.

    a. doler   b. lastimar   c. hacerse daño

3. Osvaldo le _____ a Martina sin querer cuando estaban entrenándose.

    a. dolió   b. hizo daño   c. se lastimó

4. Hacía tiempo que no me _____ la vesícula *(gallbladder)* después de comer legumbres.

    a. dolía   b. lastimaba   c. hacía daño

5. Déjalo, que ya lo hago yo; no quiero que te _____ al abrir las ostras.

    a. lastimas   b. duelas   c. hagas daño

Mejor dicho

hacer falta	faltar

12-C Escoge la palabra o la expresión que complete correctamente la oración. Conjuga los verbos en el imperfecto de indicativo.

1. Para poder terminar de pintar la habitación, me _____ dos litros más de pintura y tuve que ir a comprarlos.

2. Pero en esa tienda tan pequeña no había casi nada; _____ de todo.

3. En ese momento yo ya no podía correr más y aún _____ tres kilómetros para finalizar la carrera.

4. Cuando la gata se subía al tejado, nos _____ una escalera para rescatarla.

5. ¿Cuántos cursos le _____ a Jaime para graduarse?

In between

Palabra por palabra

| abrazar | la certeza | deshacerse de | el fantasma | el recuerdo |
| la caricia | coqueto(a) | distraerse | pertenecer a | soltar (ue) |

12-D Completa el crucigrama siguiente con las palabras del vocabulario.

Horizontales

3. dejar de prestar atención, entretenerse, estar como ausente

8. rodeaba algo o a alguien con los brazos

9. en el juego amoroso, muestra interés pero sin comprometerse

Verticales

1. conocimiento claro y seguro de algo, certidumbre

2. fue de la posesión de alguien, correspondió

3. librarse de algo, desembarazarse de algo

4. dejamos de agarrar, no retenemos

5. memoria, evocación

6. señales de cariño que se hacen con la mano

7. aparición, visión, espíritu

Mejor dicho

suponer	asumir

12-E Escoge la palabra que complete la oración correctamente.

1. Después de dos semanas de intensos entrenamientos, _____ que todos Uds. están listos, ¿no es cierto?

   a. suponemos   b. asumimos

2. ¿Quién _____ la presidencia del comité presupuestario? No hay buenos candidatos.

   a. supondrá   b. asumirá

3. El Sr. Lara no tuvo más remedio que _____ el hecho de que su hijo era un alcohólico.

   a. suponer   b. asumir

4. A los doctores los síntomas de Fito les hacían _____ que se trataba de una enfermedad tropical. Pero no estaban completamente seguros.

   a. asumir   b. suponer

5. —Nico, ¿sabes si ya llegó el cartero hoy?

   —Pues, como son las cuatro de la tarde, _____ que sí. Normalmente pasa a mediodía.

   a. supongo   b. asumo

6. ¿En qué año _____ los militares el poder y bajo qué circunstancias?

   a. asumieron   b. supusieron

Mejor dicho

la simpatía	la compasión

12-F Escribe en el espacio en blanco una de las palabras del cuadro para completar la oración correctamente. Incluye el artículo definido cuando sea necesario.

1. A Maricarmen los huérfanos le inspiran una gran _____.

2. Bartolo, es un placer trabajar contigo por tu _____ y buen humor.

3. En las inundaciones muchos animales perdieron a sus dueños, lo cual nos hizo sentir mucha _____ por los dos.

4. ¡Qué bien nos cayó la hija menor de Paulina! Su _____ nos cautivó desde el primer momento.

5. Para realizar bien el trabajo de relaciones públicas, _____ es un requisito imprescindible.

Espacios: Públicos y privados

Preliminares

La concordancia

A. En español, los sustantivos son de género masculino o femenino, y pueden ir en singular o en plural.

B. Los artículos y adjetivos deben ser del mismo género y número que los sustantivos a los que acompañan. Es decir, si el sustantivo que queremos usar es masculino y plural, el artículo y el adjetivo (o adjetivos) que lo acompañen también tendrán que ser masculinos y plurales.

artículo (m., pl.)	sustantivo (m., pl.)	adjetivos (m., pl.)
los, unos	animales	feroces, enormes, hambrientos

C. No siempre aparece el adjetivo al lado del sustantivo al cual se refiere, sino alejado de él e incluso en otra oración. Por eso no podemos olvidar el género del sustantivo que hemos usado previamente.

Unas leonas salieron de detrás de unos arbustos. Parecían **hambrientas**.

D. Aunque la concordancia en español es un punto gramatical fácil de comprender, es sin embargo uno de los que más tiempo lleva dominar *(to master)*.

El género y el número de los sustantivos

A. Generalmente, los sustantivos terminados en **-o** son masculinos y los terminados en **-a**, femeninos:

el mundo	el dinero	el trabajo	el libro
la ventana	la cafetería	la luna	la naturaleza

B. Excepciones a la regla anterior son algunos sustantivos masculinos que terminan en **-a**, **-ma**, **-pa**, **-ta**:

el día	el idioma	el mapa	el poeta
el clima	el problema	el programa	el planeta
el drama	el sistema	el poema	el atleta
el esquema	el diafragma	el tema	el fantasma

C. Los sustantivos terminados en **-d**, **-dad** y **-umbre** son siempre femeninos:

la sed *(thirst)*	la verdad	la universidad	la costumbre

D. Casi todos los sustantivos terminados en **-ión** son femeninos. Observa que el plural no lleva acento.

la conversación	la tensión	la reunión	la diversión
las conversaciones	las tensiones	las reuniones	las diversiones

¡Ojo! **El avión** y **el camión** son sustantivos masculinos.

E. También existen algunos sustantivos femeninos que terminan en **-o**:

la foto(grafía)	la mano	la moto(cicleta)

F. Los sustantivos terminados en **-e** pueden ser masculinos o femeninos.

	MASCULINO		FEMENINO	
	el diente	el vientre	la gente	la calle
	el postre	el rifle	la noche	la muerte
	el coche	el pasaporte	la fiebre	la parte
	el presente	el coraje	la mente	la carne
	el elefante	el padre	la madre	la serie

G. Los sustantivos terminados en **-ista** tienen la misma forma para el género masculino y el femenino. Es decir, la terminación no cambia en el masculino. Observa en los ejemplos siguientes que el artículo definido es el que indica el género de la palabra.

el novelista	**la** novelista	**el** artista	**la** artista
el turista	**la** turista	**el** periodista	**la** periodista

H. La mayoría de los sustantivos terminados en **-sis** son femeninos, excepto algunos como **el énfasis**, **el análisis** y **el paréntesis**, que son masculinos.

la hipótesis	la tesis	la crisis	la osteoporosis

I. El plural de los sustantivos se forma añadiendo **-s** a los que terminan en vocal y **-es** a los que terminan en consonante. Si el sustantivo termina en **-s** y tiene dos sílabas o más, no cambia, pero el artículo indica el número.

la nub**e**	las nub**es**	el luga**r**	los luga**res**
el dio**s**	los dio**ses**	el lune**s**	los lune**s**

J. Los sustantivos terminados en **-z** cambian la ortografía en el plural, pues en español no se usa **-z** antes de **-e** o **-i**, sino **-c**.

el lápi**z**	los lápi**ces**	el pe**z**	los pe**ces**

El género y el número de los adjetivos

A. Los adjetivos que terminan en **-o** tienen cuatro formas diferentes.

	MASCULINO	FEMENINO
SINGULAR	fresc-**o**	fresc-**a**
PLURAL	fresc-**os**	fresc-**as**

B. Los adjetivos que terminan en **-dor**, **-án** y **-ón** forman el femenino añadiendo una **-a**.

	MASC.	FEM.	MASC.	FEM.	MASC.	FEM.
SING.	trabajador *(hardworking)*	trabajadora	juguetón *(playful, frisky)*	juguetona	holgazán *(lazy)*	holgazana
PL.	trabajadores	trabajadoras	juguetones	juguetonas	holgazanes	holgazanas

C. Los adjetivos que terminan en **-e**, **-l**, **-s** y **-z** sólo tienen dos formas: singular y plural. Los terminados en **-z** cambian la ortografía en el plural. Observa que la misma forma sirve para el masculino y el femenino.

	M/F	M/F	M/F	M/F	M/F
SINGULAR	breve	fácil	cortés	feroz	veloz
PLURAL	breves	fáciles	corteses	feroces	veloces

D. Los adjetivos **superior**, **inferior**, **posterior**, **anterior**, **mayor**, **menor**, **mejor** y **peor** también tienen sólo dos formas: singular y plural.

	MASCULINO	FEMENINO
SINGULAR	el mejor actor	la mejor actriz
PLURAL	los mejores actores	las mejores actrices

E. Lo mismo ocurre con los adjetivos que terminan en -**ista**.

	MASCULINO	FEMENINO
SINGULAR	(un escritor) realista	(una historia) realista
PLURAL	(unos escritores) realistas	(unas historias) realistas

F. Todos los adjetivos de nacionalidad cambian en el femenino, excepto los terminados en -**nse** (**canadiense**, etcétera) y en -**a** (**azteca**, **maya**, **inca**, etcétera).

	MASCULINO	FEMENINO	MASCULINO	FEMENINO
SINGULAR	peruano	peruana	uruguayo	uruguaya
PLURAL	peruanos	peruanas	uruguayos	uruguayas
SINGULAR	azteca	azteca	canadiense	canadiense
PLURAL	aztecas	aztecas	canadienses	canadienses

G. Presta atención al uso del acento gráfico (o tilde) sólo en el masculino singular de los adjetivos de nacionalidad terminados en -**es**.

	MASCULINO	FEMENINO	MASCULINO	FEMENINO
SINGULAR	francés	francesa	japonés	japonesa
PLURAL	franceses	francesas	japoneses	japonesas

Práctica escrita

P-1 Presta atención al género gramatical de estas palabras, y luego escribe el artículo definido correspondiente (**el**, **la**, **los** o **las**) en el espacio en blanco.

1. _____ sistemas
2. _____ pianista
3. _____ legumbre
4. _____ nación
5. _____ pueblos
6. _____ coche
7. _____ manera
8. _____ foto
9. _____ peines
10. _____ gente
11. _____ manos
12. _____ ciudades
13. _____ sangre
14. _____ cromosoma
15. _____ canciones
16. _____ pesticida

P-2 Escribe otra vez la expresión, utilizando el sustantivo que aparece entre paréntesis. Recuerda concordar los sustantivos con los adjetivos y los artículos.

Ejemplo: una persona fuerte   (carácter)   *un carácter fuerte*

1. un animal dócil   (personalidad)   _____
2. unas blusas ridículas   (trajes)   _____
3. un hombre cortés   (actitud)   _____

4. una alumna preguntona (clientes) _____

5. unos turistas bilingües (ediciones) _____

6. un novio joven (persona) _____

7. unas pirámides mayas (dios) _____

8. unos vehículos mejores (vida) _____

9. un sombrero cordobés (tradición) _____

10. una pintura expresionista (film) _____

Las preposiciones

A. Algunas de las preposiciones más comunes en español son, en orden alfabético, las siguientes:

a	to	en	at, in, on	para	for, by + time, in order to
ante	before	entre*	between, among	por	because of, for, by + place, through
bajo	under	excepto*	except	salvo*	except
con	with	hacia	towards	según*	according to
contra	against	hasta	until, even	sin	without
de	of, from	incluso*	including	sobre	on, about
desde	from, since	menos*	except	tras	after

*¡Ojo! Las preposiciones que llevan un asterisco (*) van seguidas de pronombres personales y no preposicionales. (Mira la sección siguiente sobre los pronombres preposicionales, página 63.)

B. Una preposición no puede aparecer sola. **Siempre** va seguida de un sustantivo, un infinitivo, un pronombre o un adverbio.

PREP. + SUST.	PREP. + INF.	PREP. + PRON.	PREP. + ADV.
para mis hijos	sin hablar	hacia mí	por aquí

C. Detrás de una preposición sólo puede ir un infinitivo y **nunca** un gerundio (-ing).

Gracias **por venir**. *Thank you for coming.*

D. Se añade la conjunción **que** a una preposición si la sigue un verbo conjugado.

Me doy cuenta **del** problema. Me doy cuenta **de que** el problema **es** serio.

E. Una preposición **nunca** puede aparecer al final de una oración o cláusula. En las cláusulas de relativo (**que**, **quien**, **el cual**...) que requieren el uso de una preposición, esta debe colocarse al principio de la cláusula, esto es, delante del relativo.

Esa es la mujer **de quien** está enamorado Ramón.

That is the woman that Ramón is in love with.

That is the woman with whom Ramón is in love.

F. Muchos adverbios o expresiones adverbiales funcionan como preposiciones al añadirles la preposición **de**.

delante → delante de   cerca → cerca de   enfrente → enfrente de

Compara:

ADVERBIO	**PREPOSICIÓN**
Los invitados vendrán **después**.	Los invitados vendrán **después de** las siete.
Vivimos muy **cerca**.	Vivimos muy **cerca de** ellos.

G. Muchos verbos van acompañados de una preposición. **¡Ojo!** Esta preposición no siempre corresponde con la que se usa en inglés.

depender **de**	*to depend on*	enamorarse **de**	*to fall in love with*
soñar **con**	*to dream about*	consistir **en**	*to consist of*
jactarse **de**	*to boast about*	quejarse **de**	*to complain about*

A veces el verbo en inglés no lleva ninguna preposición y, en cambio, el verbo en español sí, o viceversa.

acordarse **de**	*to remember*	ayudar a alguien **a** + inf.	*to help somebody do something*
buscar	*to look for*	pedir	*to ask for*

Práctica escrita

P-3 Completa el párrafo siguiente con una de las **preposiciones** del cuadro, sin repetir ninguna.

studiots/Shutterstock.com

bajo	con	por	en
entre	contra	de	junto a *(next to)*

Como puedes ver en esta foto, _____ mi cuarto hay una cama, un escritorio y

dos sillas. _____ la cama hay una mesita _____

una lámpara. También tengo una estantería de libros _____ el escritorio y la

puerta del aseo (cuarto de baño). La guitarra que ves apoyada _____ la pared

es _____ mi hermano Sebas. _____ el reloj hay

colgados dos cuadros pequeños. Lo que más me gusta es la cantidad de luz que entra

_____ la ventana.

Los pronombres preposicionales

A. Los pronombres que aparecen después de una preposición (**a**, **de**, **por**, **para**...) son iguales a los pronombres personales (los que aparecen como sujetos de los verbos), excepto en la primera y la segunda persona del singular. Compara las dos columnas siguientes:

pronombres personales		pronombres preposicionales	
yo	*I*	(para) mí	*(for) me*
tú	*you*	(para) ti	*(for) you*
él/ella/Ud.	*he/she/you*	(para) él/ella/Ud.	*(for) him/her/you/it*
nosotros(as)	*we*	(para) nosotros(as)	*(for) us*
vosotros(as)	*you*	(para) vosotros(as)	*(for) you*
ellos(as)/Uds.	*they/you*	(para) ellos(as)/Uds.	*(for) them/you*

Hablaremos **con ellos** primero y luego **con Uds.**

We will talk with them first, and later with you.

Para ti es muy fácil esquiar, pero **para mí** no lo es.

For you it is very easy to ski, but for me it is not.

B. Por el contrario, con las preposiciones **entre, excepto, incluso, menos, salvo** y **según** se utilizan los pronombres personales en lugar de los preposicionales. Es decir, se emplean los pronombres **yo** y **tú** en lugar de **mí** y **ti.**

Entre tú y yo podemos decorar el nuevo apartamento.

Between you and me, we can decorate the new apartment.

Menos yo, todos mintieron.

Everybody lied except me.

Según tú, actualmente el mejor actor español es Javier Bardem.

According to you, the best Spanish actor is currently Javier Bardem.

C. Con los verbos que llevan preposición (**pensar en, hablar de, despedirse de, acordarse de, casarse con, enamorarse de,** etcétera) se emplean los pronombres preposicionales en lugar de los de objeto directo e indirecto (**me, te, lo, la, le**...).

Nadie piensa **en ti.**	*Nobody thinks about you.*
Nos acordamos mucho **de vosotros.**	*We remember you a lot.*
Todas nosotras estamos enamoradas **de él.**	*All of us are in love with him.*

D. Los pronombres preposicionales se emplean también para marcar el contraste entre dos personas, enfatizar o eliminar una ambigüedad.

A ella le interesa la astronomía y **a él**, la arqueología.	
She is interested in astronomy, and he is interested in archaeology.	
Me van a peinar **a mí** primero.	*They are going to do my hair first.*
Estos zapatos son suyos: **de él**, no **de ella.**	*These shoes are his, not hers.*

E. Los pronombres preposicionales aparecen también en estructuras reflexivas, pero la tercera persona del singular y del plural es **sí.** Nota que tienen acento gráfico.

mí	nosotros(as)
ti	vosotros(as)
sí	**sí**

Todavía no puede levantarse de la cama **por sí misma.**

She is not yet able to get out of bed by herself.

No sabían defenderse **a sí mismos.**

They did not know how to defend themselves.

F. Observa que **mismo/a/os/as** acompaña a estos pronombres cuando aparecen en estructuras reflexivas. **Mismo** concuerda en género y número con el sujeto de la oración.

Ese chico sólo se preocupa de **sí mismo**.   *That kid only cares about himself.*

A veces dudamos de **nosotras mismas**.   *Sometimes we doubt ourselves.*

G. Con la preposición **con**, la primera y la segunda persona tienen la siguiente forma: **conmigo**, **contigo**. **Con** + **sí** (pronombre reflexivo) es **consigo** (*with himself, herself, themselves*).

Cuando Esperanza se mudó a Paraguay, se llevó **consigo** todos los muebles.

When Esperanza moved to Paraguay, she took all her furniture with her.

Práctica escrita

P-4 Lee atentamente las oraciones siguientes, y luego llena el espacio en blanco con el **pronombre preposicional** más adecuado.

1. Los nuevos directores son muy optimistas. Según _____, todo saldrá estupendamente.

2. ¿Te decidiste ya? ¿Tomaste la decisión por _____ misma?

3. Eso nos interesa sólo a María Ignacia y a _____.

4. Martín y yo somos buenos amigos. Entre _____ y _____ no hay secretos.

5. Sé que lo hago muy mal, pero por favor no se burlen de _____.

6. Maribel es una mujer fascinante. Estoy enamorado de _____.

7. ¡Cómo eres, Margarita! Todos estamos exhaustos excepto _____.

8. Quiero tanto a Paco que haría cualquier cosa por _____.

P-5 Elige el **pronombre preposicional** que complete correctamente la oración. Presta atención a las preguntas.

1. —¿Viven Uds. con sus padres?

—Sí, vivimos con _____. (nosotros / ellos)

2. —¿Para quién son estas botellas?

—Son todas para _____. (ti / tú)

3. —Según Ud., ¿quién es el más inteligente del grupo?

—Según _____, es Federico Santacruz. (mí / yo)

4. —¿Por quién se preocupa más tu madre: por tu padre o por ti?

—Se preocupa más por _____. (yo / mí)

5. — ¿Se enfada a veces tu compañera de cuarto con sus amigas?

—No, no se enfada con _____ sino conmigo. (ellas / sí mismas)

6. —¿Encima de tu escritorio qué hay?

—Encima de _____ hay cuatro libros, muchos papeles y lápices. (él / lo)

7. —¿Están todos en casa ya?

—Sí, todo el mundo ha llegado excepto _____. (tú / ti)

8. —¿Te acuerdas constantemente de tus enemigos?

—Sí, me acuerdo constantemente de _____. (ellos / Uds.)

Los artículos: definidos e indefinidos

I. Definidos

A. Los artículos definidos son:

el	la
los	las

Se usan:

1. con personas, animales o cosas que representan una categoría o clase, o sea, con sustantivos usados en sentido general

   Los niños tienen derechos también.   *Children have rights too.*

2. con conceptos

   La libertad es un derecho fundamental.   *Freedom is a basic right.*

3. delante de partes del cuerpo o prendas de vestir en vez de los adjetivos posesivos

   Todos los cirujanos deben lavarse **las manos** antes de ponerse **los guantes.**

   All surgeons must wash their hands before putting on their gloves.

4. cuando se habla *de* una persona con su título y apellido, pero **no** cuando se está hablando directamente *con* la persona

   El señor Martínez es mi profesor favorito. ¿Lo conoce, señora Ávila?

   Mr. Martínez is my favorite professor. Do you know him, Mrs. Avila?

   Con **don, doña, san, santo**(**a**) se usa el nombre y no el apellido, así que no se usa el artículo definido con estos títulos.

   Doña Elena mató al soldado.

   Doña Elena killed the soldier.

5. con los días de la semana, excepto después de **ser** cuando indica qué día de la semana es

   Hoy es viernes y tenemos el examen **el** lunes que viene.

   Today is Friday and we have the exam next Monday.

6. en las nominalizaciones, es decir, cuando se ha omitido el sustantivo

   El suéter amarillo es mucho más bonito que **el** verde.

   The yellow sweater is much prettier than the green one.

B. No se usa el artículo definido en español delante de los números de reyes, reinas, emperadores ni papas.

   Enrique VIII de Inglaterra tuvo muchas esposas.

   Henry (the) VIII of England had many wives.

Práctica escrita

P-6 Escribe en el espacio en blanco la forma correcta del **artículo definido** cuando sea necesario. Si no necesita uno, escribe una **x.**

1. En este momento _____ señor Mayo no puede atenderte. Vuelve más tarde.

2. Como dice mi abuela, _____ verdad a veces duele.

3. Estas ofertas son sólo para _____ clientes habituales.

4. Buenas tardes, _____ profesor Araujo. Qué gusto verlo.

5. La reina Isabel _____ I de Castilla es también conocida como Isabel la Católica.

6. Me lavo _____ manos más de cinco veces al día. Soy muy limpia.

7. Acabamos de encontrarnos con _____ don José, el director del banco Mercas.

8. ¿Hoy es _____ martes o _____ miércoles? No me acuerdo.

9. Antes de salir de casa, Elena se puso _____ abrigo y _____ bufanda.

10. Salimos todos _____ viernes a bailar. Bueno, siempre que podemos.

II. Indefinidos

A. Los artículos indefinidos son **un, una, unos, unas**. En plural, **unos** y **unas** equivalen a *some, a few, several* en inglés.

un	**una**
unos	**unas**

B. Se emplean bastante menos en español que en inglés. **No** se usan **nunca**:

1. después del verbo **ser** cuando el sustantivo se refiere a profesiones, religiones, afiliaciones políticas, nacionalidades u oficios *(trades)*, pero sólo si esta palabra **no** va modificada

   Mi hermano Adrián es ingeniero.   *My brother Adrián is an engineer.*

   Nuestra tía es una científica famosa.   *Our aunt is a famous scientist.*

2. antes de **otro(a)**, **cien**, **ciento**, **mil**, y **cierto(a)** *(certain)* y después de **medio(a)** *(half)* y **tal** *(such)*

   Otro muchacho me dijo que tenía mil libros.

   Another boy told me that he had one thousand books.

   Nunca he oído tal cosa.

   I have never heard such a thing.

3. cuando el pronombre exclamativo **qué** va seguido de un sustantivo

   ¡Qué día tan maravilloso!   *What a marvelous day!*

4. con sustantivos no modificados después de **tener, llevar, poseer** y **usar**, ni después de **sin** ni **con**

   Gonzalo salió sin abrigo y ahora tiene fiebre.

   Gonzalo went out without a coat and now has a fever.

5. cuando se expresa una cantidad indeterminada o la parte de una totalidad *(some, any)*

   Tengo dinero, pero no tengo tiempo.   *I have (some) money but no time.*

Práctica escrita

P-7 Escribe en el espacio en blanco la forma correcta del **artículo indefinido** cuando sea necesario. Si no necesita uno, escribe una **x**.

1. Carolina es _____ pianista y su hermano Jordi _____ violinista.

2. Buscamos _____ otra casa desde hace más de seis meses.

3. A veces Marcelo se enfada conmigo sin _____ razón.

4. No sé cómo aprendió, pero mi sobrino es _____ cocinero extraordinario.

5. De Rafael Guzmán siempre tenemos _____ mil quejas.

6. ¿No es Ambrosio _____ catalán?

7. Nosotros vamos a llevar _____ dulces y caramelos a la fiesta de cumpleaños. ¿Y tú?

8. ¡Qué _____ idea tan estupenda has tenido!

9. En la exposición del museo conocimos a _____ artistas hondureñas.

10. ¿Todavía no usas _____ computadora en tu trabajo?

P-8 Traduce estas oraciones, prestando atención al uso (o no) del **artículo indefinido** en español. Escribe el número con palabras.

1. *I am going to the library to take out a few novels.* _____

2. *Elvira is a hardworking student.* _____

3. *Dario, when do you wear a tie? (you:* tú*)* _____

4. *Roberto is a chemist.* _____

5. *We need some help.* _____

6. *Esteban used a hundred sheets of paper.* _____

7. *What a spectacular house you have! (you:* Ud.*)* _____

8. *I don't want to see such a thing!* _____

9. *Who has food here?* _____

10. *Arturo earns a thousand dollars a week.* _____

El gerundio

A. El gerundio se forma sustituyendo la terminación de los verbos acabados en -**ar** por -**ando** y las de los verbos acabados en -**er** o -**ir** por -**iendo**.

-ar → -ando	-er → -iendo	-ir → -iendo
averigu**ar**	volv**er**	compart**ir**
averigu**ando**	volv**iendo**	compart**iendo**

B. Los verbos irregulares terminados en -**ir** (**dormir**, **servir**, **venir**, **decir**, etcétera) y el verbo **poder** tienen la misma vocal en el gerundio (en la raíz del verbo) que en la tercera persona del pretérito.

INFINITIVO	PRETÉRITO	GERUNDIO
d**o**rmir	d**u**rmió	d**u**rmiendo
p**e**dir	p**i**dió	p**i**diendo
p**o**der	p**u**do	p**u**diendo
d**e**cir	d**i**jo	d**i**ciendo

C. Los verbos que terminan en -**aer**, -**eer**, -**uir**, -**oír** (**traer**, **leer**, **construir**, **oír**, etcétera) transforman la **i** de -**iendo** en **y**.

i → y	i → y	i → y	i → y
tr**aer**	l**eer**	h**uir**	**oír**
tra**yendo**	le**yendo**	hu**yendo**	o**yendo**

¡Ojo! El gerundio del verbo **ir** es **yendo**.

D. Si el gerundio va seguido de un pronombre (reflexivo, objeto directo, indirecto, etcétera) o de dos, lleva acento sobre la **a** de -ando o la **e** de **-iendo.** Observa:

explicando   permitiendo

explicándoles   permitiéndolo

explicándoselos   permitiéndoselo

Para los usos del gerundio en español, mira la página 235 *(Capítulo 12)*.

Práctica escrita

P-9 Escribe en el espacio en blanco el **gerundio** de los verbos entre paréntesis.

1. Siguen _____ todas las primaveras a visitarnos. (venir)

2. Yo no los llamaría ahora porque seguramente estarán _____. (almorzar)

3. Los precios de las casas iban _____ poco a poco. (caer)

4. ¿Hasta cuándo continuarán _____ lo mismo? (repetir)

5. Llevan dos años _____ la nueva autopista. (construir)

6. Aunque ya era hora de acostarnos, queríamos continuar _____. (jugar)

7. ¿Por qué no estás tú _____ como los demás? (divertirse)

8. Te lo digo en serio; no entendemos lo que está _____ últimamente en ese país. (suceder)

9. Eran siempre así: andaban _____ de todo el mundo por cualquier cosita. (quejarse)

10. Ahora mismo están _____ el postre y el café. (servir)

Capítulo 1 Primeras impresiones

Hospitalidad, boleros y café recién colado

El presente de indicativo de los verbos regulares

El presente de indicativo de los verbos regulares se forma añadiendo a la raíz verbal las terminaciones siguientes:

-ar		-er		-ir	
-o	-amos	-o	-emos	-o	-imos
-as	-áis	-es	-éis	-es	-ís
-a	-an	-e	-en	-e	-en

enseñ-ar		beb-er		viv-ir	
enseño	enseñamos	bebo	bebemos	vivo	vivimos
enseñas	enseñáis	bebes	bebéis	vives	vivís
enseña	enseñan	bebe	beben	vive	viven

Práctica escrita

1-1 Escribe en el espacio en blanco la forma del **presente de indicativo** de los verbos que aparecen a la derecha.

Mejor que en casa

En el barrio de Malasaña donde (nosotros) _____	**vivir**
ahora, _____ nuestros ratos libres en una cafetería	**pasar**
muy antigua que se _____ *Bob's*. Allí algunos	**llamar**
clientes _____ el periódico del día o una revista,	**leer**
otros _____ con el dueño y otros	**charlar**
_____ mensajes de texto en sus móviles mientras	**escribir**
_____ la llegada de un amigo. Los niños	**esperar**
_____ de un lado para otro,	**correr**
_____ refrescos y a veces	**beber**
_____ helados o cosas parecidas si sus padres se lo	**comer**
_____. Yo _____ con	**permitir / observar**
atención todo lo que _____ a mi alrededor y	**ocurrir**
_____.	**meditar**

Práctica oral

1-2 Un lugar concurrido. En parejas, describan lo que ven en el dibujo de abajo. Si lo prefieren, pueden hacerlo desde el punto de vista de uno de los personajes. Presten atención al uso del presente de indicativo.

© Cengage Learning

1-3 ¿Invitar o no invitar? Cuando sales con tus amigos, ¿quién paga? ¿Se paga cada uno lo suyo? ¿Dividen la cuenta y pagan todos lo mismo? ¿Pagan más unas personas que otras? ¿Paga siempre la misma persona? ¿Y cuando celebran el cumpleaños de alguien? ¿Y cuando sales con tus padres? Explícale a tu compañero(a) cómo acostumbras hacerlo, prestando atención al uso del presente de indicativo.

1-4 En la universidad. En grupos de tres estudiantes, hablen de la vida en la universidad (en general o en la suya en particular). Piensen en lo que le dirían a alguien que no ha tenido esta experiencia.

Ejemplo: Algunos de mis compañeros **trabajan** por la tarde un par de horas.

Nosotras **participamos** en muchas actividades culturales. La universidad **organiza** varias todas las semanas.

El verbo ser

El presente de indicativo de **ser** es:

soy	somos
eres	sois
es	son

El verbo **ser** se usa:

A. para identificar o definir

Aquellos dos señores **son** mis abuelos.

El ave del paraíso **es** una planta tropical.

Observa que en las oraciones anteriores (esto es, en las identificaciones y definiciones) el verbo **ser** va seguido de un sustantivo (**abuelos**, **planta**). Este sustantivo cumple la función de complemento o atributo.

B. en las expresiones impersonales:

Es obvio, cierto, evidente, posible, importante, necesario, imposible, bueno, probable…

C. para expresar:

origen	Este café **es** de Colombia.
nacionalidad	Antonio y yo **somos** salvadoreños.
posesión	Ese refresco **es** de Martín.
profesión	Yo **soy** electricista.
religión	¿**Sois** vosotros protestantes?
política	Tú **eres** socialista.
material	Las botellas **son** de plástico.
estación del año	Por fin **es** verano.
hora	**Son** las dos de la tarde.
día	Mañana **es** jueves.

D. con el significado de *to take place*:

La reunión (fiesta, operación, entrega de premios…) **es** en este edificio.

¡Ojo! Observa que el sustantivo con función de sujeto (la reunión, fiesta…) no se refiere ni a cosas ni a personas sino a una actividad *(event)* que se desarrolla durante un período de tiempo.

El verbo estar

El presente de indicativo de **estar** es:

estoy	**estamos**
estás	**estáis**
está	**están**

El verbo **estar** se emplea:

A. para indicar la posición o situación de una cosa o persona.

Aurora **está** en la oficina.   La oficina **está** en Querétaro.

B. con el gerundio* (-**ando**, -**iendo**) para formar los tiempos progresivos *(to be + -ing)*.

Estamos buscando trabajo.   **Está escribiendo** en su diario.

*Para la formación del gerundio, mira los *Preliminares* del Repaso gramatical, página 68.

C. con participios pasados* para expresar estados emocionales, la posición del cuerpo o el resultado de un cambio:

Estoy preocupado, entusiasmado, agobiado, avergonzado, satisfecho, encantado…

Estamos echadas, acostadas, sentadas, paradas, arrodilladas, agachadas…

Está prohibido, comprobado, demostrado, decidido, resuelto…

*Para el uso de **ser** y **estar** con un participio pasado, mira la explicación de la página 160 *(Capítulo 6)*.

D. en las siguientes expresiones:

estar de acuerdo con	*to agree with*	**estar** de moda	*to be in style*
estar de fiesta	*to celebrate a holiday*	**estar** de viaje	*to be on a trip*
estar de vacaciones	*to be on vacation*	**estar** de buen/mal humor	*to be in a good/bad mood*
estar de guardia	*to be on duty, on call*	**estar** en contra de	*to be against*

E. Muchas veces se puede traducir **estar** con los verbos *to seem, look, taste*.

Jaime, hoy **estás** muy guapo.   *Jaime, you look very handsome today.*

El flan **está** muy rico.   *The custard tastes really good.*

F. Recuerda que para identificar y definir se emplea el verbo **ser**. O dicho de otra manera: cuando el complemento o atributo del verbo es un sustantivo, sólo se puede usar el verbo **ser**, NUNCA **estar**.

Este **es** un lugar ideal para descansar.   *This is an ideal place to rest.*

Contraste: ser y estar + adjetivo

A. Tanto el verbo **ser** como el verbo **estar** pueden llevar un adjetivo como complemento (o atributo), pero esto no significa que los dos verbos sean intercambiables. La elección de un verbo u otro dependerá del significado que tenga la oración. Por eso hay que prestar atención a todos los elementos presentes.

El hielo **es frío**.   *Ice **is cold**.*

Este café **está frío**.   *This coffee **is cold**.*

El granito **es** muy **duro**.   *Granite **is** very **hard**.*

Ese pan **está** muy **duro**.   *That bread **is** very **hard**.*

B. Se emplea el verbo **ser** si deseamos expresar una cualidad esencial o inherente al sujeto.

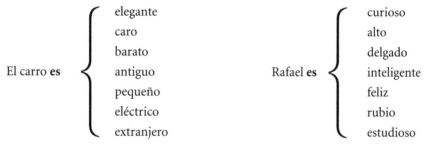

El carro **es**
- elegante
- caro
- barato
- antiguo
- pequeño
- eléctrico
- extranjero

Rafael **es**
- curioso
- alto
- delgado
- inteligente
- feliz
- rubio
- estudioso

C. Se emplea el verbo **estar** cuando queremos expresar una cualidad transitoria o el resultado de un cambio.

El carro **está**
- sucio
- limpio
- vacío
- lleno
- caliente

Rafael **está**
- enfermo
- triste
- hambriento
- de mal humor
- dormido

D. Con los adjetivos **contento(a)**, **cansado(a)** y **muerto(a)** se emplea siempre **estar** porque indican el resultado de un cambio.

Hace un rato **estaba contento**, pero ahora **está triste**.

¡Qué barbaridad! Ellos siempre **están cansados**. No entiendo por qué.

E. Hay un grupo de adjetivos que cambian de significado según se usen con el verbo **ser** o **estar**. Algunos de ellos son:

	SER	ESTAR
aburrido(a)	*boring*	*bored*
alto(a)	*tall*	*high*
despierto(a)	*alert, quick-witted*	*awake*
listo(a)	*smart*	*ready*
libre	*free*	*unoccupied, out of prison*
malo(a)	*bad*	*sick*
verde	*green in color*	*unripe*
vivo(a)	*lively, witty*	*alive*

Haber

A. **Hay** es la forma impersonal del verbo **haber**. Equivale a *there is* o *there are* en inglés. Observa que en español se usa la misma forma para el singular y el plural.

> En la esquina **hay** un restaurante italiano.　　*There is an Italian restaurant on the corner.*
>
> Sobre la mesa **hay** dos tazas de café.　　*On the table there are two cups of coffee.*

B. **Hay que + infinitivo** es una expresión impersonal y significa *one (you, people) must do something, one has to do something.*

> ¿Qué **hay que** hacer para ser feliz?
>
> *What must one do to be happy?*
>
> **Hay que** tomar precauciones cuando hace mucho sol.
>
> *People should take precautions when it is very sunny.*

Práctica escrita

1-5 Escribe en el espacio en blanco el presente de indicativo de **ser**, **estar** o **haber** (forma impersonal) según corresponda. También selecciona la razón por la que has usado ese verbo.

Ejemplo:　El pisco y la chicha *son* dos bebidas alcohólicas típicas de Perú y de Chile.

　　Razón: a. Es una definición.　　　b. Es una expresión idiomática.

1. Hoy (nosotros) _____ pintando el salón; mañana toca la cocina.
   Razón: a. Es el tiempo progresivo.　　　b. Expresa una cualidad transitoria.

2. _____ muchas obras de arte en este apartamento.
   Razón: a. Indica la posición de una cosa.　　　b. Significa *there are.*

3. Sí, para mí el bar _____ un lugar de encuentros.
   Razón: a. Es el tiempo progresivo.　　　b. El complemento/atributo es un sustantivo.

4. ¿Dónde _____ el banquete: en este edificio o en el otro?
   Razón: a. Significa "tiene lugar".　　　b. Indica la posición de una cosa.

5. Claro, Uds. _____ excepcionales en todo.
   Razón: a. Expresa una cualidad transitoria.　　　b. Expresa una cualidad esencial.

6. ¿Por qué _____ la conferencia en San Antonio?
   Razón: a. Indica la posición de una cosa.　　　b. Significa "tiene lugar".

7. En ese sitio siempre _____ gente muy bien vestida, ¿no te parece?
   Razón: a. Significa *there are.*　　　b. Indica el resultado de un cambio.

8. Celebrar el día del santo _____ una costumbre hispánica.
   Razón: a. Es una identificación.　　　b. Expresa el día que es.

9. En este libro _____ datos interesantes; sin duda _____ que leerlo.
   Razón: a. Significan *there are* y *one must.*　　　b. Son expresiones idiomáticas.

10. Hoy todo el mundo _____ de buen humor. ¡Qué bien!
    Razón: a. Expresa una cualidad inherente.　　　b. Es una expresión con **estar**.

11. Nuestro jefe _____ demócrata, pero nosotros _____ republicanos.
    Razón: a. Indica filiación política.　　　b. Indica el resultado de un cambio.

12. No todos los empleados _____ de vacaciones en agosto.
    Razón: a. Es una expresión con **estar**.　　　b. Es la forma progresiva.

13. El maguey _____ una planta de la que se extrae alcohol.

    Razón: a. Expresa una cualidad permanente.　　b. Es una definición.

14. Aquí _____ suficiente limonada para todas las jugadoras.

    Razón: a. Significa *there is.*　　　　　　　　b. Significa *to taste.*

15. Sí, algunos de los invitados _____ panameños.

    Razón: a. Expresa una cualidad transitoria.　　b. Indica la nacionalidad.

1-6 Escribe en el espacio en blanco el presente de indicativo de **ser**, **estar** o **haber** (forma impersonal) según corresponda.

Este café-bar se llama Don Paco y _____ en la Plaza de Oriente de Madrid. _____ un local nuevo y pequeño. Tiene aire acondicionado y _____ muy limpio. _____ abierto desde las doce de la mañana hasta las dos de la madrugada todos los días. Siempre _____ mucha gente joven. Preparan unas ensaladas, espaguetis, patés y ahumados que _____ exquisitos. También los quesos y los postres _____ deliciosos. Los camareros _____ amables y diligentes, pero el servicio _____ lento.

1-7 ¿Está aquí o es aquí? Escribe en el espacio en blanco **es** o **está** según corresponda.

1. La fotografía _____ aquí.

2. El concierto _____ aquí.

3. La película (screening) _____ aquí.

4. La carta _____ aquí.

5. El partido de fútbol _____ aquí.

6. La sala de espera _____ aquí.

7. El aula (classroom) _____ aquí.

8. La iglesia _____ aquí.

9. El baile _____ aquí.

10. La boda (wedding) _____ aquí.

11. La ceremonia de graduación _____ aquí.

12. La conferencia _____ aquí.

1-8 A continuación tienes una serie de oraciones con **ser** y **estar** + **adjetivo**. Decide por qué se ha usado **ser** y no **estar** o viceversa.

1. Elías y yo estamos malos.

    Razón: a. **Malo** significa *bad.*　　　　　b. **Malo** significa "enfermo".

2. Elías y yo somos malos.

    Razón: a. **Malo** significa *bad.*　　　　　b. **Malo** significa "enfermo".

3. Acaban de cumplir setenta años, pero para su edad están jóvenes.

    Razón: a. **Estar** aquí significa *to look.*　　b. Característica esencial de esas personas.

4. Quieren casarse a los diecinueve años. ¿No son demasiado jóvenes?

    Razón: a. Característica transitoria.　　　　b. Característica esencial de esas personas.

5. Por causa de una catástrofe ecológica el mar <u>está negro</u>.

    Razón: a. Cualidad esencial o inherente.   b. Expresa el resultado de un cambio.

6. El petróleo <u>es negro</u>.

    Razón: a. Cualidad esencial o inherente.   b. Expresa el resultado de un cambio.

7. Desde que empezó esa dieta, Javier <u>está muy maniático</u> *(finicky)*.

    Razón: a. Cualidad transitoria, no permanente.   b. Cualidad esencial o inherente.

8. Javier <u>es muy maniático</u>. No le gusta que nadie le toque sus cosas.

    Razón: a. Cualidad transitoria, no permanente.   b. Cualidad esencial o inherente.

9. Todos los accesorios de Barbie <u>son rosados</u>, incluso las sábanas *(sheets)*.

    Razón: a. Expresa el resultado de un cambio.   b. Cualidad inherente.

10. Lavé la ropa blanca con una chaqueta roja y ahora todas las sábanas <u>están rosadas</u>.

    Razón: a. Expresa el resultado de un cambio.   b. Cualidad inherente.

Práctica oral

1-9 Descripciones. En parejas, observen las fotos de estas tres casas y describan todo lo que ven usando principalmente **ser**, **estar** y **haber** (forma impersonal).

Ejemplo: Me parece que la persona que vive aquí debe **ser** muy ordenada.

© Victoria García Serrano

Luis Louro/shutterstock.com

Aleksandar Todorovic/Shutterstock.com

1-10 ¿Cómo soy? Alguien con quien estás chateando quiere saber cómo eres. ¿Qué le vas a decir sobre ti mismo(a)? ¿Vas a decirle la verdad o te vas a inventar algunas cosas? Consúltaselo a un(a) compañero(a) y juntos decidan lo que dirían. Presten atención al uso de los verbos **ser** y **estar**.

1-11 Creación

Describe un lugar donde te encuentras muy cómodo(a) y explica por qué. Puede ser un lugar privado (tu propio cuarto, la cocina de tu casa…) o un lugar público (un bosque, un lago, una plaza…).

- Repasa el presente de indicativo y los verbos **ser**, **estar** y **haber**, pues seguramente vas a tener que emplearlos al describir ese lugar.

- En la primera parte de la composición, describe minuciosamente el lugar: ¿Dónde está? ¿Cómo es? ¿Qué hay dentro? ¿Qué colores predominan? ¿Pasas mucho tiempo allí? ¿Quiénes pueden entrar o ir a ese sitio?

- En la segunda parte de la composición, incluye las razones por las que estás tan a gusto allí.

- Una vez que sabes lo que vas a decir, ordena los detalles que has reunido. ¿Podrías explicar por qué has elegido ese orden? ¿Sería más efectivo o interesante otro orden?

- Las preguntas anteriores son para ayudarte a redactar la composición. No tienes que contestarlas todas, ni seguir el orden en que aparecen. Intenta ser original.

- Revisa el borrador *(draft)* varias veces antes de entregárselo a tu profesor(a).

Picar a la española

El presente de indicativo de los verbos irregulares

A. La raíz de algunos verbos cambia en el presente de indicativo. Los tres cambios principales son: **e → ie**, **o → ue**, **e → i**. Estos cambios vocálicos ocurren en todas las formas verbales, excepto en las de **nosotros** y **vosotros**. La vocal de la raíz verbal cambia cuando sobre ella recae el acento. Las formas verbales de **nosotros** y **vosotros** no cambian, porque el acento recae sobre la terminación (*ending*) y no sobre la raíz. Observa:

	RAÍZ VERBAL + TERMINACIÓN			RAÍZ VERBAL + TERMINACIÓN	
	acento			**acento**	
pensar	**piens-**	o, as, a, an		pens-	amos, **áis**

Los verbos siguientes presentan un cambio vocálico en la raíz. Observa que las terminaciones de los verbos son todas regulares.

-ar

e → ie	o → ue
comenzar	**almorzar**
comienzo	almuerzo
comienzas	almuerzas
comienza	almuerza
comenzamos	almorzamos
comenzáis	almorzáis
comienzan	almuerzan

-er

e → ie	o → ue
entender	**soler**
entiendo	suelo
entiendes	sueles
entiende	suele
entendemos	solemos
entendéis	soléis
entienden	suelen

-ir

e → ie		e → i		o → ue	
preferir		**servir**		**dormir**	
prefiero	preferimos	sirvo	servimos	duermo	dormimos
prefieres	preferís	sirves	servís	duermes	dormís
prefiere	prefieren	sirve	sirven	duerme	duermen

Otros verbos con cambio vocálico son:

pensar (ie)	repetir (i)	jugar (ue)
despertar (ie)	pedir (i)	contar (ue)
recomendar (ie)	vestir (i)	soñar (ue)
querer (ie)	medir (i)	volver (ue)
defender (ie)	corregir (i)	resolver (ue)
perder (ie)	impedir (i)	poder (ue)
sentir (ie)	competir (i)	morir (ue)
mentir (ie)		
adquirir (ie)		

En el libro de texto, las vocales que aparecen entre paréntesis en **Palabra por palabra** y **Mejor dicho** indican el cambio que presentan esos verbos.

B. Algunos verbos tienen irregular sólo la primera persona del singular (**yo**):

caer	**caigo**
hacer	**hago**
poner	**pongo**
salir	**salgo**
traer	**traigo**

conocer	**conozco**
ofrecer	**ofrezco**
nacer	**nazco**
traducir	**traduzco**

estar	**estoy**
dar	**doy**

saber	**sé**

C. Otros verbos tienen irregular la primera persona y presentan además un cambio vocálico en la raíz:

e → i		e → ie		e → ie	
decir		**tener**		**venir**	
digo	decimos	**tengo**	tenemos	**vengo**	venimos
dices	decís	tienes	tenéis	vienes	venís
dice	dicen	tiene	tienen	viene	vienen

D. Los verbos terminados en **-ger** (**coger**, **escoger**, **recoger**) presentan un cambio ortográfico en la primera persona del singular: **g → j**.

escoger	
escojo	escogemos
escoges	escogéis
escoge	escogen

E. Los verbos terminados en **-egir** (**elegir**, **corregir**) y **-eguir** (**seguir**, **perseguir**) tienen un cambio vocálico en la raíz (**e → i**) y otro ortográfico en la primera persona del singular (**-egir: g → j**; **-eguir: gu → g**).

e → i		e → i	
g → j		gu → g	
elegir		**seguir**	
elijo	elegimos	sigo	seguimos
eliges	elegís	sigues	seguís
elige	eligen	sigue	siguen

F. Los verbos terminados en **-uir** (**construir**, **destruir**) tienen una **y** entre la **u** y la terminación en todas las personas, excepto en **nosotros** y **vosotros**.

huir	
huyo	huimos
huyes	huís
huye	huyen

G. El verbo **oír** tiene una **y** entre la **o** y la terminación en todas las personas, excepto en **nosotros** y **vosotros**, como los verbos anteriores, pero también tiene la primera persona del singular irregular.

oír	
oigo	oímos
oyes	oís
oye	oyen

H. El presente del verbo **ir** utiliza las terminaciones de los verbos en **-ar** y la primera persona del singular es irregular. Además la raíz verbal es sólo una **v-**.

ir

voy	vamos
vas	vais
va	van

Práctica escrita

1-12 Vuelve a escribir las siguientes oraciones, cambiando el sujeto y el verbo del singular al plural o viceversa. Presta atención al cambio vocálico de algunas formas verbales.

1. Un kilo de tomates cuesta poco.

   _____

2. Pierdes una buena oportunidad.

   _____

3. Nunca devolvemos los libros a tiempo.

   _____

4. Aún sigo dando clases de piano.

   _____

5. ¿Por qué no piensan ir a la excursión?

   _____

6. Acuestas al niño demasiado temprano.

   _____

7. No le muestro nunca las notas a nadie.

   _____

8. Siempre te escogen a ti.

   _____

9. Todas las mañanas despierto a Roberto a las siete.

   _____

10. El doctor atiende a los pacientes en el edificio B.

    _____

1-13 Mira el ejemplo que sigue de un menú de tapas, y luego completa el diálogo siguiente, utilizando los verbos en el presente de indicativo.

Menú

Tapas frías	*Precio en euros*
Salpicón:	4,95
(salad of fresh vegetables and seafood in an oil and vinegar dressing)	
Mejillones a la vinagreta:	4,50
(steamed mussels in a vinaigrette)	
Patatas alioli:	3,25
(boiled potatoes in a fresh garlic mayonnaise sauce)	
Combinación de embutidos:	5,95
(combination of chorizo, Spanish salami, and cured ham)	
Tapas calientes	
Calamares a la plancha:	4,50
(squid cooked on the grill with lemon juice, oil, garlic, and paprika)	
Gambas al ajillo:	5,50
(shrimp sautéed with garlic)	
Champiñones al ajillo:	3,95
(mushrooms sautéed with white wine and garlic)	
Tortilla española:	2,95
(Spanish omelet with potatoes and onions)	
Patatas a la brava:	3,95
(sautéed potatoes in a spicy tomato sauce)	
Orejas de cerdo	4,50
(pig ears in a spicy sauce)	

© Cengage Learning

CAMARERA: ¿Qué desean tomar?

VALERIANO: Bueno, todavía (nosotros) no lo _____. Es difícil elegir. **saber**

CAMARERA: Les _____ los mejillones a la vinagreta. **recomendar**

VALERIANO: (Hablando a sus amigos) ¿Qué _____ Uds.? **pensar**

¿(Nosotros) Los _____ o no? **probar**

CAMARERA: (Yo) Les _____ que los prueben. Son la especialidad de la casa. **sugerir**

VALERIANO: Creo que (nosotros) _____ algo que tenga patatas. **preferir**

CAMARERA: En ese caso, (Uds.) _____ pedir patatas al alioli o patatas a la brava. **poder**

VALERIANO: Si (nosotros) _____ una tortilla de patatas, ¿será suficiente para nosotros cinco? **pedir**

CAMARERA:	Bueno, eso depende. ¿Cuánta hambre _____ Uds.?	**tener**
VALERIANO:	Muchísima, pues (nosotros) no _____ comer tan tarde.	**soler**
CAMARERA:	¿A qué hora _____ Uds.?	**almorzar**
VALERIANO:	Normalmente _____ a las doce y ya son las tres.	**almorzar**
CAMARERA:	Entonces les _____ dos tortillas.	**traer**
VALERIANO:	De acuerdo. Si nos quedamos con hambre, siempre _____ pedir más.	**poder**
CAMARERA:	Por supuesto. (Yo) _____ en seguida.	**volver**

Práctica oral

1-14 **¡Que les aproveche!** En parejas y usando algunos de los verbos que aparecen a continuación, decidan a qué restaurante van a ir a cenar. Cuidado con el presente de indicativo de estos verbos, pues algunas formas son irregulares.

servir	tener	elegir	estar	oír	ir	preferir
conocer	dar	hacer	poner	salir	venir	

Ejemplo: Estudiante 1: Yo **prefiero** ir a un sitio barato. ¿Y tú?

Estudiante 2: Desde luego. **Conozco** un mesón no muy caro cerca de aquí.

Gustar y verbos afines

A.   **Gustar** significa *to like* en inglés, pero tiene una estructura gramatical diferente en español.

(A mí) me	gustan	las películas de terror.
objeto indirecto	verbo	sujeto

Observa que el sujeto gramatical de la oración anterior es un objeto (**las películas de terror**) y que el verbo **gustar** concuerda en número y persona con ese sujeto. La persona (**a mí, me**) tiene la función de objeto indirecto. Generalmente, el objeto indirecto aparece delante del verbo y el sujeto gramatical, detrás.

I	*like*	*horror movies.*
sujeto	verbo	objeto directo

En inglés, en cambio, el sujeto gramatical de la oración es la persona (*I*) y la cosa (*horror movies*) tiene la función de objeto directo. Sin embargo, *to be pleasing to* sí coincide con la estructura en español: *Horror movies are pleasing to me, you, etc.*

Otra diferencia entre las dos oraciones anteriores es que en español el sustantivo con función de sujeto va precedido de un artículo definido. Fíjate en este ejemplo:

A mi abuela no le gusta **el** queso.

My grandmother doesn't like cheese.

B. Ten presente las estructuras siguientes al decir o escribir una oración con el verbo **gustar**.

A	+ PRON. PREP. NOMBRE PROPIO NOMBRE COMÚN	+ OBJETO INDIRECTO	+ VERBO	+ SUJETO
(A	mí)	me		
(A	ti)	te		
A	Natalia	le		
A	mi amigo	le		
(A	él / ella / Ud.)	le		
			gustan	las películas de terror.
(A	nosotros/as)	nos		
(A	vosotros/as)	os		
A	Natalia y Paula	les		
A	mis amigos	les		
(A	ellos / ellas / Uds.)	les		

Entre paréntesis aparecen las palabras que no son necesarias y se pueden omitir, excepto cuando se quiere mostrar el contraste entre dos personas, enfatizar o eliminar alguna ambigüedad. Acuérdate siempre de decir o escribir la preposición **a**.

A nosotros nos encanta el chocolate, pero **a** ellos no.

We love chocolate, but they don't.

A él le faltan cinco monedas para completar su colección y **a** mí, tres.

He is missing five coins to complete his collection, and I am missing three.

¡Ojo! El pronombre de objeto indirecto (**me**, **te**, **le**…) **no** se puede omitir **nunca**.

C. El verbo **gustar** debe concordar siempre con el sujeto gramatical en número y persona. Si el sujeto de la oración en español es un pronombre de primera o segunda persona (**yo**, **tú**, **nosotros**…), entonces hay que usar la forma verbal correspondiente: **gusto**, **gustas**, **gustamos**, etcétera.

A mí me **gustas** tú, pero por desgracia yo no te **gusto**.

I like you, but unfortunately you don't like me.

Ya sabemos que no les **gustamos** nada a tus colegas.

We already know that your colleagues don't like us at all.

Si el sujeto de la oración es un infinitivo, sólo se puede usar la tercera persona del singular: **gusta**.

A Uds. les **gusta** mucho pasear al atardecer, ¿no es cierto?

You really like to go for a walk at dusk, don't you?

D. La oración *I like it* se traduce al español como **me gusta**. Recuerda que *I like it* equivale a *it is pleasing to me*. Por ser el sujeto de la oración, el pronombre *it* no se traduce.

No nos gusta el calor.   →   No nos gusta.

The heat is not pleasing to us.   →   *It is not pleasing to us.*

Para saber cuándo (no) se traduce el pronombre *it*, mira la explicación de la página 126 *(Capítulo 4)*.

E. Otros verbos que siguen el modelo de **gustar** son:

apetecer	*to feel like, crave*
encantar	*to love, be delighted by*
faltar	*to lack, be lacking, be missing*
fascinar	*to fascinate*
importar	*to matter*
interesar	*to interest, be interested in*
quedar	*to be left (over)*
sobrar	*to be in excess*

F. Recuerda la estructura de estos verbos cuando contestes una pregunta o reacciones a lo que ha dicho alguien.

—**Te fascinan** los volcanes.　　　　　　　—**A mí también.**

—*Volcanoes fascinate you.*　　　　　　　　—*Me too.*

—**No les interesa** la filosofía.　　　　　　—**A nosotros tampoco.**

—*Philosophy doesn't interest them.*　　　　—*Us neither.*

—**No le apetece** ir al concierto.　　　　　—**A ella tampoco.**

—*He doesn't feel like going to the concert.*　—*She neither.*

Práctica escrita

1-15 Completa las respuestas a estas preguntas afirmativamente, prestando atención a los pronombres de objeto indirecto y a la concordancia entre el sujeto y el verbo.

1. ¿Te gusta el verano?

   Sí, _____.

2. ¿A tu familia le encanta el chocolate?

   Sí, _____.

3. ¿Te molestan los niños pequeños?

   Sí, _____.

4. ¿Les gusta salir los sábados por la tarde a tus amigos y a ti?

   Sí, _____.

5. ¿Les importan las notas a tus padres?

   Sí, _____.

6. ¿A ti te falta dinero para pagar el alquiler?

   Sí, _____.

7. ¿Te fascinan las novelas de ciencia ficción?

   Sí, _____.

8. ¿Le molesta el humo *(smoke)* del tabaco a tu compañera de cuarto?

   Sí, _____.

9. ¿Te interesa mucho la política?

   Sí, _____.

10. ¿Te apetece una bebida ahorita?

    Sí, _____.

1-16 Traduce estas oraciones, prestando mucha atención al sujeto y al objeto indirecto. (Si te resulta más fácil, sustituye *to like* por *to be pleasing to*.)

1. *She likes me.* _____

2. *I like her.* _____

3. *I do not like you.* _____

4. *You do not like me.* _____

5. *Julio likes María José.* _____

6. *I like it.* _____

7. *We like them.* _____

8. *Alberto likes him.* _____

9. *You (plural) like it.* _____

10. *They like us.* _____

Práctica oral

1-17 Para chuparse los dedos *(Finger-licking good).* En grupos de tres o cuatro estudiantes, comenten sus preferencias culinarias usando el verbo **gustar** y otros con los que se emplea la misma estructura.

Ejemplo: Estudiante 1: A mí **me encantan** las patatas fritas. ¿Y a ti?

Estudiante 2: A mí también **me gustan**, pero intento no comerlas porque dicen que engordan.

1-18 Mantener la línea. En parejas, describan a una persona que está a dieta. Presten atención al uso del verbo **gustar** y otros con los que se emplea la misma estructura.

Ejemplo: **Le importan** mucho las calorías.

Le encantan las comidas sin grasa *(fat).*

1-19 Entrevista. Entrevista a la empleada de un café o restaurante para averiguar los gustos de la clientela. Un(a) estudiante hace el papel del entrevistador y el (la) otro(a), el de la empleada. Cuando sea posible, utilicen los verbos que tienen la misma estructura gramatical que **gustar**.

Ejemplo: Estudiante 1: ¿Qué **les gusta** a los clientes más: el café o el té?

Estudiante 2: A mis clientes **les fascina** el té verde.

1-20 Creación

Escribe un breve artículo comentando el ambiente, la comida, el servicio, la decoración, etcétera, del último lugar donde cenaste. No importa si era barato o caro, ni tampoco si era elegante o de comida rápida.

- Como vas a escribir sobre algo que ocurrió en el pasado, repasa primero los tiempos del pasado (pretérito, imperfecto, etcétera) y sus usos.

- Antes de ponerte a escribir el artículo, apunta en tu cuaderno todas las cosas que te vengan inmediatamente a la mente *(brainstorm).*

- Selecciona los detalles y datos más significativos y elimina los otros.

- Organiza la información que ya tienes (por ejemplo, agrupando todos los detalles referentes a un mismo tema: la comida, el servicio, etcétera). Escribe párrafos que tengan unidad y coherencia. Evita saltar *(to jump)* de una cosa a otra.

- Revisa lo que has escrito y corrige los errores. Si tienes alguna duda sobre el vocabulario o algún punto gramatical, consulta el diccionario o la gramática.

- Vuelve a revisar lo que has escrito una vez más antes de entregárselo a tu profesor(a).

Capítulo 2 Celebraciones

El mexicano y las fiestas

Los verbos reflexivos

A. Los verbos reflexivos son aquellos que requieren el uso de pronombres reflexivos: **me, te, se, nos, os, se.**

divertirse

(yo) **me** divierto	(nosotros/as) **nos** divertimos
(tú) **te** diviertes	(vosotros/as) **os** divertís
(él/ella/Ud.) **se** divierte	(ellos/ellas/Uds.) **se** divierten

B. Un verbo requiere el uso de un pronombre reflexivo cuando el sujeto gramatical realiza la acción y también la recibe.

Nos despertamos de muy mal humor.	*We wake up in a very bad mood.*
Me baño todos los días.	*I take a bath every day.*
¿Por qué no **te quitas** los zapatos?	*Why don't you take off your shoes?*
Voy a **cortarme** las uñas.	*I'm going to cut my nails.*

Manolito se viste solo.

Si el sujeto gramatical realiza la acción pero no la recibe, entonces **no** se emplea el pronombre reflexivo al conjugar el verbo.

¿**Despertamos** ahora a papá?	*Do we wake Daddy up now?*
La baño todos los días.	*I bathe her every day.*
¿Por qué no **le quitas** los zapatos a Aurora?	*Why don't you take off Aurora's shoes?*
Voy a **cortarle** las uñas.	*I'm going to cut his nails.*

Algunos de los verbos reflexivos más comunes en español son:

acostarse	cepillarse	lavarse	pararse	preocuparse
afeitarse	desvestirse	levantarse	peinarse	prepararse
casarse	ducharse	maquillarse	ponerse (+ ropa)	sentarse

Sonia viste a Manolito.

¡Ojo! Como muestran las oraciones anteriores, el español y el inglés no coinciden siempre en el uso de los reflexivos.

C. Algunos verbos siempre van acompañados de un pronombre reflexivo.

atreverse a	*to dare to*	César no **se atreve a** pedirle dinero a su padre.
burlarse de	*to make fun of*	Los niños **se burlan de** Fina porque lleva gafas.
quejarse de	*to complain about*	Nunca **se quejan de** la comida de este restaurante.

Observa que las oraciones anteriores no tienen un significado reflexivo, aunque llevan pronombres reflexivos.

D. Algunos verbos tienen un significado cuando no llevan pronombres reflexivos (columna A) y otro significado cuando sí los llevan (columna B). Compara:

A		B	
acostar	*to put to bed*	**acostarse**	*to go to bed*
dormir	*to sleep*	**dormirse**	*to fall asleep*
llamar	*to call*	**llamarse**	*to be named*
parecer	*to seem*	**parecerse a**	*to resemble*
poner	*to put, turn on*	**ponerse**	*to put on, become*
volver	*to return from a place*	**volverse**	*to turn around, become*

E. Algunos verbos reflexivos en español se traducen al inglés con los verbos *to be, become, get + adjective.*

alegrarse	*to be glad*	**enfadarse**	*to get, become angry*
aburrirse	*to get bored*	**enfermarse**	*to get, become sick*
animarse	*to get excited*	**enojarse**	*to get, become angry*
cansarse	*to get tired*	**entristecerse**	*to become sad*
emborracharse	*to get drunk*	**sorprenderse**	*to be surprised*

Práctica escrita

2-1 Escribe en el espacio en blanco la forma correcta del verbo en el presente de indicativo. Decide si es necesario el uso del pronombre reflexivo en cada oración o no.

1. No, nosotros no _____ nunca en el gimnasio sino en casa. (bañar / bañarse)

2. Uds. son los que menos _____ del trabajo que tienen. (quejar / quejarse)

3. En mi pueblo los gallos (roosters) suelen _____ a los habitantes. (despertar / despertarse)

4. Perdona, ¿puedes repetirme cómo _____ (tú)? (llamar / llamarse)

5. Solo cuando hace muchísimo frío, Samuel _____ un abrigo. (poner / ponerse)

6. ¿Cómo _____ Uds. el pelo: al aire libre o con un secador? (secar / secarse)

7. Aunque nos encantaría, nosotras jamás _____ ocho horas. (dormir / dormirse)

8. Es increíble, pero tú _____ a mi hermano menor. (parecer / parecerse)

9. Sinceramente creo que Miguel y Carlos _____ sin razón. (enojar / enojarse)

10. (Yo) _____ de tener siempre la misma rutina. (cansar / cansarse)

2-2 Cambia las oraciones siguientes para que tengan un significado reflexivo. Escribe dos acciones reflexivas para cada una cuando sea posible.

Ejemplo: La nana viste a los niños.   *La nana se viste.*

                                                Los niños se visten.

1. No baño a Morena con agua fría.   _____

    _____

2. Despertamos a mis hermanos muy temprano.   _____

    _____

3. ¿Quieres acostar a Luisito ya?   _____

    _____

4. Van a lavar el coche aquí.   _____

    _____

5. Ahora Lourdes está peinando a su hija.   _____

    _____

6. ¡Cómo limpian la casa Jorge y Verónica!   _____

    _____

Práctica oral

2-3 Para conocerte mejor. En parejas, contesten las preguntas siguientes, prestando atención a los pronombres reflexivos.

1. ¿Te burlas de los políticos?
2. ¿De qué no debemos preocuparnos los estudiantes tanto?
3. ¿De qué se quejan los jugadores de béisbol?
4. ¿Cuándo te pones ropa elegante?
5. ¿Cómo se llama tu abuela?
6. ¿Te pareces a tu perro?
7. ¿Cuándo te deprimes?
8. ¿Se enoja a veces tu compañero(a) de cuarto?
9. ¿Te acuestas antes de medianoche?
10. ¿Qué hace un médico cuando se enferma?

2-4 De etiqueta *(Black tie).* En grupos de tres estudiantes, ordenen los dibujos siguientes lo más rápidamente posible. Luego, el grupo ganador explicará a la clase cómo se prepara este joven para una fiesta de etiqueta. Presten atención al uso de los verbos reflexivos.

1. _____

2. _____

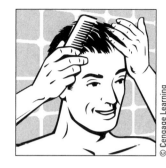

3. _____

4. _____

5. _____

6. _____

7. _____

8. _____

9. _____

Pero, sino (que), no sólo... sino también

A. Después de una oración afirmativa sólo se puede emplear **pero**.

> Se gastaron una fortuna durante las fiestas patronales, **pero** no les importó.
>
> *They spent a fortune during the patron saint's celebrations, but they did not care.*

B. Después de una oración negativa se pueden usar **pero** y **sino** (que).

1. **Pero** significa *however*.

> Arturo **no** es ni alto ni guapo, **pero** es encantador.
>
> *Arthur is neither tall nor handsome, but (however) he is charming.*
>
> **No** hemos leído su última novela todavía, **pero** nos gustaría.
>
> *We have not read her latest novel yet, but (however) we would like to.*

2. **Sino** significa *but rather, but on the contrary.*

   Mis primos **no** quieren ir al parque **sino** quedarse en casa jugando.

   My cousins do not want to go to the park but (would) rather stay home and play.

   No leímos su última novela **sino** la primera.

   We did not read her latest novel but rather her first.

   Sino que se emplea en lugar de **sino** cuando hay un verbo conjugado (y **no** un infinitivo) a continuación.

   Los desfiles no nos entretienen **sino que** nos aburren un montón.

   Parades do not amuse us but rather bore us to death.

C. *Not only … but also* se expresa en español como **no sólo… sino también**.

   No sólo hay fuegos artificiales esta noche **sino también** mañana.

   Not only are there fireworks tonight but also tomorrow.

Práctica escrita

2-5 Combina las oraciones a continuación con **pero**, **sino**, **sino que** o **no sólo… sino también**, haciendo los cambios necesarios.

1. No me gusta el color rojo. Me gusta el color azul.

   _____

2. Gabriela Fernández no es médica. Es ingeniera.

   _____

3. No tengo un título universitario. He aprendido mucho por mi cuenta *(on my own).*

   _____

4. No, mi amiga Rocío no canta. Ella toca el piano.

   _____

5. Esas dos niñas no hablan el mismo idioma. Ellas se entienden.

   _____

6. Nos interesa aprender español. Nos interesa aprender chino también.

   _____

7. Queremos jugar al tenis. Ahora hace demasiado calor.

   _____

2-6 Escribe **pero**, **sino**, **sino que** o **sino también** en el espacio en blanco según corresponda.

1. No, no deberías comprar otro carro _____ arreglar el que tienes.

2. Cristóbal y Lucio prometen estudiar más, _____ no lo harán.

3. Tratamos de salir a las cinco de la oficina, _____ no fue posible.

4. Su bebé no sólo come verduras _____ frutas.

5. No van a salir esta tarde _____ piensan quedarse en casa.

6. Iría contigo esta tarde al supermercado, _____ tengo cita con el podólogo.

Práctica oral

2-7 Por completo. En parejas, terminen las oraciones de una manera original con **pero**, **sino**, **sino que** o **sino también**.

1. Hoy las hermanas Álvarez no van a poder ayudarnos…

2. Esta tarde no pensamos ir al centro…

3. Nos reuniremos para celebrar no sólo su cumpleaños…

4. Rodolfo no quiere invitar a Valeria a la fiesta…

5. Dicen que su enfermedad es grave…

2-8 Sí, pero no. Estás en una tienda de ropa con un amigo que quiere comprarse una camiseta (o cualquier otra prenda de vestir). Tú eres una persona de un gusto exquisito y le pones "peros" *(find fault)* a todas las que se prueba. Inventa un diálogo entre tu amigo y tú.

Ejemplo: Estudiante 1: ¿Qué te parece esta camiseta de algodón?

Estudiante 2: Es muy linda, pero el color rojo no te va nada bien.

wavebreakmedia ltd/Shutterstock.com

2-9 Creación

Escribe una breve composición contrastando tu rutina diaria con lo que haces durante los fines de semana, las vacaciones de verano o festejos como los de *Mardi Gras*.

- Repasa los verbos reflexivos, pues seguramente vas a utilizarlos al describir tu rutina diaria, vacacional o veraniega (de verano).

- Antes de ponerte a escribir, haz una lista de lo que haces habitualmente desde que te levantas hasta que te acuestas.

- En otra lista apunta lo que haces a lo largo del día los fines de semana, en las vacaciones o en las fiestas.

- Ahora compara las dos listas y observa las diferencias.

- Ya estás listo(a) para empezar a escribir la composición. No incluyas absolutamente todo lo que tienes apuntado en las listas. Selecciona los detalles más relevantes y organízalos (por ejemplo, cronológicamente).

- No te olvides de ponerle un buen título a la composición.

- Revisa el borrador varias veces antes de entregárselo a tu profesor(a).

Una fiesta de impacto y de infarto

Palabras afirmativas y negativas

A. Las palabras o expresiones afirmativas más comunes y sus respectivas formas negativas son las siguientes.

AFIRMATIVAS		NEGATIVAS	
algo	*something*	**nada**	*nothing*
alguien	*someone*	**nadie**	*no one, nobody*
alguno(s) (pron.)	*someone, some*	**ninguno** (pron.)	*none, no one, nobody*
alguna(s) (pron.)	*someone, some*	**ninguna** (pron.)	*none, no one, nobody*
algún, algunos (adj.)	*some*	**ningún, ninguno** (adj.)	*no + noun*
alguna(s) (adj.)	*some*	**ninguna** (adj.)	*no + noun*
incluso, hasta	*even*	**ni siquiera**	*not even*
o	*or*	**ni**	*nor*
o… o	*…or…*	**ni… ni**	*neither … nor*
siempre	*always*	**nunca, jamás**	*never*
también	*also*	**tampoco**	*not … either*
todavía	*still*	**ya no**	*not anymore, no longer*
ya	*already*	**todavía no**	*not yet*

B. Para la formación de oraciones negativas en español existen dos posibilidades:

1. poner el elemento negativo delante del verbo

   Yo **nunca** voy al circo.

   Nadie viene conmigo.

2. poner el adverbio **no** delante del verbo y el elemento negativo detrás del verbo:

   Yo **no** voy **nunca** al circo.

   No viene **nadie** conmigo.

   ¡Ojo! Aunque en inglés no es correcto tener dos palabras negativas en la misma oración, en español lo correcto es lo contrario.

   No había **ninguna** pintura de Goya en **ninguno** de los museos que visitamos.

   There were no Goya paintings in any of the museums we visited.

C. En español se utilizan los pronombres y los adjetivos negativos en singular y no en plural. **Ningún, ninguno** y **ninguna** significan literalmente **ni uno(a)**, esto es, *not even one.*

ORACIÓN AFIRMATIVA	NEGATIVA	NEGATIVA
Hay **algunos** carteles aquí.	No hay **ningún** cartel aquí.	No hay **ninguno** aquí.
There are some posters here.	*There are no posters here.*	*There are none here.*

D. Los plurales **ningunos(as)** (pronombre y adjetivo) se utilizan rara vez en español y por eso no se han incluido en el cuadro. Se emplean sólo cuando sustituyen o acompañan a un sustantivo que se usa en plural en español, como **las vacaciones** y **las elecciones***, o que se utiliza indistintamente en singular o en plural, como **la gana** o **las ganas**, **el pantalón** o **los pantalones** y **la tijera** o **las tijeras.**

No tengo **ningunas** ganas de ir de compras.

I have no desire to go shopping.

¿Tijeras? Lo siento pero no he traído **ningunas**.

Scissors? I am sorry, but I did not bring any.

***Elección** en singular significa *choice* y en plural, *(political) election.*

E. Los pronombres **alguien** y **nadie** se emplean en sentido general mientras que los pronombres **alguno(s)**, **alguna(s)** y **ninguno(a)** presuponen un grupo conocido o mencionado de personas o cosas.

—¿Vive **alguien** aquí?   —*Does anybody live here?*

—No, **nadie** vive aquí.   —*No, nobody lives here.*

Casi todos sus parientes emigraron a este país; **algunos** viven en esta ciudad.

Almost all of his relatives immigrated to this country; some live in this city.

Anoche telefoneé a mis tres hermanas, pero **ninguna** me contestó.

Last night I phoned my three sisters, but none of them answered.

F. Los adjetivos **algún** y **ningún** se usan únicamente delante de un sustantivo masculino y singular. Los pronombres correspondientes son **alguno** y **ninguno**. Observa que el adjetivo y el pronombre tienen formas diferentes:

ADJETIVO		PRONOMBRE
Algún estudiante lo sabe.	→	**Alguno** lo sabe.
Ningún estudiante lo sabe.	→	**Ninguno** lo sabe.

En el caso de los adjetivos y los pronombres femeninos, no existe tal distinción, ya que las dos formas son idénticas. Compara:

ADJETIVO		PRONOMBRE
Alguna estudiante lo sabe.	→	**Alguna** lo sabe.
Ninguna estudiante lo sabe.	→	**Ninguna** lo sabe.

G. **Alguno(s)**, **alguna(s)** y **ninguno(a)** + **de** concuerdan en género con el sustantivo que les sigue.

MASCULINO	FEMENINO
alguno(s) de mis **amigos**	**alguna**(s) de mis **amigas**
ninguno de mis **maestros**	**ninguna** de mis **maestras**

Observa que si **ninguno(a)** + **de** + **sustantivo** es el sujeto de la oración negativa, el verbo debe ir en singular.

Ninguno de los periodistas **entrevistó** al ganador.

sujeto   **verbo**

H. Si los elementos **ni… ni** aparecen detrás del verbo, es necesario poner el adverbio **no** delante del verbo.

> **No** tengo **ni** hambre **ni** sed.

Cuando **o… o** y **ni… ni** unen dos sujetos singulares (**o** él **o** ella), el verbo puede ir en singular o en plural.

> **O** Marta **o** María **limpia(n)** la casa.   No **limpia(n)** la casa **ni** Marta **ni** María.

I. Observa que en las expresiones siguientes se utilizan palabras negativas en español, pero afirmativas en inglés.

más que nada	**más que nadie**	**más que nunca**
more than anything	*more than anyone*	*more than ever*

La expresión *never ever* se dice en español **nunca jamás**.

Práctica escrita

2-10 Cambia estas oraciones afirmativas a negativas o viceversa.

1. Tengo algo nuevo que contarte.

2. ¿Nadie sabe dónde viven ellas ahora?

3. Tienen algunas entradas para el cine.

4. No quieres ir ni al Palacio Real ni al Museo del Prado.

5. Siempre vamos al campo los domingos.

6. Algunos de los jóvenes aprenderán a boxear.

7. Guillermo todavía estudia enfermería.

8. Ni siquiera Elena quiere acompañarte.

2-11 Escribe la palabra negativa que complete la respuesta correctamente.

1. —¿Te está esperando alguien?

    —No, _____ me está esperando.

2. —¿Siempre va a misa la señora Ramírez?

    —No, la señora Ramírez _____ va a misa.

3. —¿Son malos algunos de estos productos?

    —No, _____ de estos productos es malo.

4. —¿Juegan los nietos de Camilo en el parque también?

    —No, los nietos de Camilo no juegan en el parque _____.

5. —¿Incluso los profesores comen en la cafetería universitaria?

    —No, _____ los profesores comen en la cafetería universitaria.

6. —¿Tienes algunos consejos para los principiantes?

    —No, no tengo _____ consejo para los principiantes.

7. —¿Vamos a llevar algo a la barbacoa?

    —No, no vamos a llevar _____ a la barbacoa.

Práctica oral

2-12 **Nunca más.** Menciónales a dos de tus compañeros cinco cosas que has aprendido en la vida y que no piensas volver a hacer. Presta atención al uso de las palabras negativas o afirmativas.

Ejemplo: <u>Nunca</u> vuelvo a ir de compras con <u>nadie</u>, porque no me gusta perder el tiempo.

La formación del adverbio en -mente

A. Para formar el adverbio en -**mente** se añade esta terminación a la forma femenina del adjetivo. Recuerda que los adjetivos terminados en -**e** (triste, alegre) son iguales en masculino y en femenino. Los adjetivos que terminan en consonante (difícil, feliz) también lo son, excepto los terminados en -**dor**, -**án** y -**ón**, que forman el femenino añadiendo una -**a**. (Mira los *Preliminares* del Repaso gramatical, *página 60.*)

lento → **lentamente**   firme → **firmemente**   natural → **naturalmente**

B. Si se usan dos adverbios en -**mente** seguidos, el primero no debe llevar esta terminación, pero sí debe mantener la forma femenina del adjetivo.

Nos habló tiern**a** y dulce**mente**.   *He spoke to us tenderly and softly.*

C. En muchos casos se puede sustituir el adverbio en -**mente** por la estructura **con + sustantivo**.

lentamente	→	**con lentitud**	espontáneamente	→	**con espontaneidad**
firmemente	→	**con firmeza**	dulcemente	→	**con dulzura**

Práctica escrita

2-13 Cambia los adjetivos que aparecen entre paréntesis a adverbios terminados en -**mente** y escríbelos en el espacio en blanco.

1. La verdad es que yo canto _____. (divino)

2. Justino y Esmeralda se burlan de nosotros _____. (constante)

3. Estoy encantada con mi profesor de quechua: explica _____. (clarísimo)

4. Desde hace un año Alonso asiste al gimnasio _____. (regular)

5. Todo lo que hacemos lo hacemos _____. (perfecto)

6. Puedes pagar la cuota (*fee*) _____ o

    _____. (anual / semestral)

2-14 Cambia estos adjetivos a adverbios. Escribe en una columna el adverbio en -**mente** correspondiente y en la otra la estructura de **con + sustantivo**.

1. alegre   _____   _____

2. correcto   _____   _____

3. sensible   _____   _____

4. difícil   _____   _____

5. sincero   _____   _____

6. cortés   _____   _____

2-15 Traduce estos adverbios al español, utilizando la terminación en **-mente**.

1. *generally* _____
2. *politically* _____
3. *cruelly* _____
4. *recently* _____
5. *rarely* _____

6. *easily* _____
7. *possibly* _____
8. *obviously* _____
9. *frequently* _____
10. *eventually* _____

Piensa en lo que has aprendido al corregirte este ejercicio.

Práctica oral

2-16 En la clínica veterinaria. Un(a) estudiante entrevista a otro(a) sobre su trabajo en una clínica veterinaria. Este(a) contestará con adverbios terminados en **-mente** y las formas de **con + sustantivo** cuando sea posible. Túrnense.

Ejemplo: Estudiante 1: ¿Vas a trabajar este fin de semana?

Estudiante 2: Sí, probablemente. / Sí, con toda probabilidad.

2-17 Creación

Narra una anécdota personal (real o imaginaria) que tenga como personaje un animal (la pérdida de una mascota, el encuentro con un oso en las montañas, etcétera).

- Como vas a narrar un hecho que ocurrió en el pasado, repasa los tiempos del pasado (pretérito, imperfecto, etcétera) y sus usos. (Mira el Repaso gramatical del *Capítulo 3, págs. 97–99.*)
- Para la descripción del animal, seguramente vas a utilizar los verbos **ser** y **estar**. Repasa sus usos.
- Apunta en una hoja lo que recuerdas del incidente o invéntalo. ¿Dónde ocurrió? ¿Qué estabas haciendo? ¿Cómo te diste cuenta?
- Ahora toma nota sobre lo que sentiste y cómo reaccionaste. ¿Qué pasó al final?
- Organiza la información que tienes hasta el momento y redacta la composición.
- Concluye tu narración con una oración o expresión contundente (por ejemplo, utilizando algunas de las palabras afirmativas o negativas como **nunca jamás**).
- Revisa el borrador varias veces antes de entregárselo a tu profesor(a).

Capítulo 3 Recorridos por la ciudad

El Museo del Oro de Bogotá

El imperfecto de indicativo

A. El imperfecto de indicativo se forma añadiendo a la raíz verbal las terminaciones correspondientes.

-ar	
-aba	-ábamos
-abas	-abais
-aba	-aban

-er, -ir	
-ía	-íamos
-ías	-íais
-ía	-ían

entregar	
entregaba	entregábamos
entregabas	entregabais
entregaba	entregaban

encender	
encendía	encendíamos
encendías	encendíais
encendía	encendían

pedir	
pedía	pedíamos
pedías	pedíais
pedía	pedían

B. Los únicos verbos irregulares en el imperfecto son **ir**, **ser** y **ver**.

ir	
iba	íbamos
ibas	ibais
iba	iban

ser	
era	éramos
eras	erais
era	eran

ver	
veía	veíamos
veías	veíais
veía	veían

C. Los verbos que tienen un cambio vocálico en el presente de indicativo (**e → ie, e → i, o → ue**) no lo tienen en el imperfecto. Recuerda que en el presente la vocal de la raíz verbal cambia cuando sobre ella recae el acento. Las formas verbales de **nosotros** y **vosotros** no cambian, porque el acento recae sobre la terminación y no sobre la raíz verbal. (Mira el Repaso gramatical del *Capítulo 1, pág. 78.*) En el imperfecto la vocal acentuada es siempre parte de la terminación.

INFINITIVO	PRESENTE DE INDICATIVO		IMPERFECTO	
	RAÍZ VERBAL + TERMINACIÓN		RAÍZ VERBAL + TERMINACIÓN	
	acento		acento	
empezar	emp**ie**z-	o	empez-	**a**ba
poder	p**ue**d-	o	pod-	**í**a
pedir	p**i**d-	o	ped-	**í**a

El pretérito de indicativo

A. El pretérito se forma añadiendo a la raíz verbal las terminaciones correspondientes.

-ar	
-é	-amos
-aste	-asteis
-ó	-aron

-er, -ir	
-í	-imos
-iste	-isteis
-ió	-ieron

ganar	
gan**é**	gan**amos**
gan**aste**	gan**asteis**
gan**ó**	gan**aron**

entender	
entend**í**	entend**imos**
entend**iste**	entend**isteis**
entend**ió**	entend**ieron**

recibir	
recib**í**	recib**imos**
recib**iste**	recib**isteis**
recib**ió**	recib**ieron**

B. Los verbos terminados en -**gar**, -**car** y -**zar** tienen una ortografía diferente en la primera persona del singular.

g → gu
c → qu
z → c

llegar	→	yo lle**gu**é
buscar	→	yo bus**qu**é
empezar	→	yo empe**c**é

C. Los verbos terminados en -**aer**, -**eer**, -**oír** (**caer**, **leer**, **oír**) cambian la -**i**- de la terminación en -**y**- en la tercera persona del singular y en la tercera del plural, es decir, entre vocales. Las otras personas son regulares.

caer	
caí	caímos
caíste	caísteis
cayó	cayeron

leer	
leí	leímos
leíste	leísteis
leyó	leyeron

oír	
oí	oímos
oíste	oísteis
oyó	oyeron

D. Los verbos terminados en -**uir** (**construir**, **destruir**, **huir**) cambian la -**i**- en -**y**- como los anteriores, pero sólo llevan acento gráfico la primera y la tercera persona del singular.

construir	
construí	construimos
construiste	construisteis
construyó	construyeron

E. Una serie de verbos irregulares emplean una raíz diferente de la del infinitivo para formar el pretérito. Además tienen las siguientes terminaciones en el pretérito. Observa que ni la primera y ni la tercera persona del singular llevan acento.

-**e**	-**imos**
-**iste**	-**isteis**
-**o**	-**ieron**

hacer	
hice	hic**imos**
hic**iste**	hic**isteis**
hizo	hic**ieron**

andar:	**anduv-**	saber:	**sup-**
estar:	**estuv-**	tener:	**tuv-**
poder:	**pud-**	querer:	**quis-**
poner:	**pus-**	venir:	**vin-**

F. Los verbos terminados en **-cir** (**decir, producir, traducir, conducir**) y el verbo **traer** emplean en su conjugación las terminaciones irregulares y además tienen una **-j** en todas las personas del pretérito. Observa que la tercera persona del plural es **-jeron**.

decir

dij**e**	dij**imos**
dij**iste**	dij**isteis**
dij**o**	dij**eron**

G. Los verbos terminados en **-ir** que tienen un cambio vocálico en el presente de indicativo (**dormir, morir, sentir, seguir, pedir, preferir**) presentan un cambio vocálico (**o → u, e → i**) en la tercera persona del singular y del plural del pretérito.

dormir

dormí	dormimos
dormiste	dormisteis
d**u**rmió	d**u**rmieron

preferir

preferí	preferimos
preferiste	preferisteis
pref**i**rió	pref**i**rieron

H. **Dar, ir** y **ser** tienen pretéritos irregulares. Observa que no llevan acento. **Dar** tiene las terminaciones de los verbos terminados en **-er, -ir**. Las formas del pretérito de **ir** y las de **ser** son iguales.

dar

di	dimos
diste	disteis
dio	dieron

ir / ser

fui	fuimos
fuiste	fuisteis
fue	fueron

Práctica escrita

3-1 Vuelve a escribir las oraciones a continuación, cambiando todos los verbos del presente al **imperfecto**.

1. Bruno está ocupado y no puede llamarte.

   _____

2. Por las tardes Mónica escucha las noticias mientras yo preparo la cena.

   _____

3. Dicen que tú quieres pedirme un favor.

   _____

4. No sé lo que piensan Uds. de este asunto.

   _____

5. Juntas Marta y yo somos invencibles. Formamos un buen equipo.

   _____

6. No van a la biblioteca más a menudo porque no tienen tiempo.

   _____

3-2 Vuelve a escribir las oraciones a continuación, cambiando todos los verbos al **pretérito**.

1. ¿Adónde dices que vas a medianoche?

   _____

2. Lo hace sin querer; no se da cuenta.

   _____

3. Tú llamas a mamá y mientras tanto yo le escribo a Federico.

   _____

4. Esos dos no entienden nada de lo que les explico.

   _____

5. Delfina se viene con nosotras; no se queda con ellas.

   _____

6. Cuando llegan Juan José y Mateo, empieza la diversión.

   _____

Práctica oral

3-3 Juegos de mesa (*Board games*). Haz una encuesta a tu compañero(a) sobre los juegos de mesa en los que participaba cuando era niño(a). Presta atención a las formas del **imperfecto**.

   a. ¿A qué jugabas habitualmente: al bingo, al ajedrez (*chess*), a las cartas, a las damas (*checkers*)?

   b. ¿Tenías muchos juegos en casa?

   c. ¿Con quién(es) te gustaba jugar? ¿Por qué?

   d. ¿Ganabas siempre?

   e. ¿A veces hacías trampa?

   f. ¿Eras un(a) buen(a) perdedor(a) o te enojabas si perdías?

3-4 Peripecias. Averigua si a tu compañero(a) le ocurrió lo siguiente la semana pasada. Presta atención a las formas del **pretérito**.

   a. recibir una buena noticia, un premio o un regalo

   b. caerse bajando las escaleras

   c. ganar una fortuna

   d. perder algo valioso

   e. ir a un musical

   f. olvidarse de alguna cita importante

Usos del pretérito y del imperfecto

A. El imperfecto

1. Presenta una acción o una condición en el pasado sin indicar cuándo comenzó o cuándo terminó.

   Llovía sin parar.

   Éramos inseparables.

   Zoilo **tenía** ganas de conocer un país africano.

2. Expresa una acción habitual o repetida en el pasado. Equivale en inglés a *I used to + infinitive*.

   Pasábamos las vacaciones en Mar del Plata.

   Julia y Andrés **trabajaban** de socorristas (*lifeguards*) todos los veranos.

3. Se usa para la descripción de una persona o una cosa en el pasado.

Las guías **llevaban** un uniforme azul marino.

El altar **estaba** en el centro de la montaña.

Todo el edificio **olía** a incienso.

4. Presenta una acción en proceso en el pasado.

Estaban bailando / Bailaban con mucho ímpetu.

5. Se usa para expresar la hora en el pasado.

Era la una y media.

B. El pretérito

1. Presenta una acción pasada, indicando su principio o su final.

La charla **duró** dos horas y media.

No **salimos** del banquete hasta las doce de la noche.

2. Presenta una acción o serie de acciones terminadas en el pasado.

Llegaron a la capital buscando trabajo y lo **encontraron**.

3. Si la misma acción se repite en el pasado pero se indica el número específico de veces, se usa el pretérito.

Fuimos al banco cuatro veces el mes pasado.

C. El pretérito y el imperfecto de los verbos siguientes se traducen al inglés con un verbo diferente. Aunque tengan un significado diferente en inglés, su uso en español corresponde con las reglas presentadas anteriormente.

INFINITIVO	PRETÉRITO		IMPERFECTO	
conocer	**conocí**	*I met (for the first time)*	**conocía**	*I knew*
poder	**pude**	*I managed to, could*	**podía**	*I was able to*
no poder	**no pude**	*I failed to, could not*	**no podía**	*I was not able to*
querer	**quise**	*I tried to*	**quería**	*I wanted*
no querer	**no quise**	*I refused to*	**no quería**	*I did not want to, did not feel like*
saber	**supe**	*I found out*	**sabía**	*I knew*
tener que + infinitivo	**tuve que**	*I had to and did*	**tenía que**	*I was supposed to*

Intentaste hablar varias veces, pero **no pudiste** porque no te lo permitieron.

You tried to talk several times, but you could not because they did not allow you to.

No podías hablar porque estabas ronco.

You were not able to speak because you were hoarse.

Tuvimos que llegar al aeropuerto a las diez, y lo logramos a pesar del atasco.

We had to arrive at the airport at ten, and we made it in spite of the traffic jam.

Teníamos que llegar al aeropuerto a las diez, pero **no pudimos** por el atasco.

We were supposed to arrive at the airport at ten, but we couldn't because of the traffic jam.

No quiso dejarme manejar su auto nuevo, así que **tuve que** utilizar el viejo.

She refused to let me drive her new car, so I had to use the old one.

No quería dejarme manejar su auto nuevo, pero la convencí y me lo dejó.

She did not want to let me drive her new car, but I convinced her and she let me do it.

No **supieron** que era ciega hasta ayer.

They did not find out that she was blind until yesterday.

Ya **sabíais** que era ciega.

You already knew that she was blind.

Práctica escrita

3-5 Sustituye las formas verbales del presente por las del **pretérito** o del **imperfecto**, según corresponda.

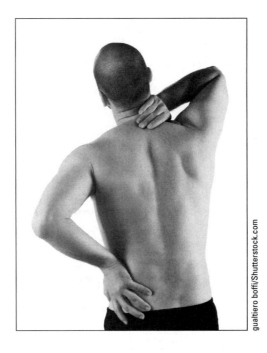

gualtiero boffi/Shutterstock.com

No hay mal que por bien no venga

Presionado por mi familia, decido dejar de fumar. Ilusionado, me levanto temprano ese día y me voy al gimnasio. Mientras hago unos ejercicios para fortalecer mis abdominales, me lastimo la espalda. No puedo moverme y me llevan a un hospital que hay cerca. Allí está prohibido fumar y, claro, no me permiten hacerlo en todo el día.

Presionado por mi familia, _____ dejar de fumar. Ilusionado,

_____ temprano ese día y _____ al gimnasio.

Mientras _____ unos ejercicios para fortalecer los abdominales,

_____ la espalda. No _____ moverme y

me _____ a un hospital que _____ cerca. Allí

_____ prohibido fumar y, claro, no me _____

hacerlo en todo el día.

3-6 Lee primero todo el párrafo, y luego llena el espacio en blanco con la forma verbal del **pretérito** o del **imperfecto**, según corresponda.

© Cengage Learning

Los planes de los Planas

Mis padres _____ que yo estudiara la carrera de **querer**

medicina. Por eso cuando (yo) _____ a la uni- **llegar**

versidad, _____ los cursos necesarios para ser **seguir**

médico. Francamente, los cuatro primeros años a mí me

_____ muy difíciles. Durante el quinto año **resultar**

de carrera (yo) _____ a Pablo, que **conocer**

_____ también hacerse médico. Cuando **pensar**

nosotros _____ en la cafetería del campus, **reunirse**

siempre _____ sobre música. Con el tiempo **conversar**

nosotros _____ cuenta de que la música nos **darse**

_____ más que la medicina. Él **interesar**

_____ tocar muy bien la guitarra eléctrica, y **saber**

yo no _____ mal la batería. Yo le **tocar**

_____ a Pablo que formáramos un grupo y **proponer**

él _____ que sí. Nosotros **decir**

_____ a otros dos músicos, y ahora somos el **buscar**

conjunto más famoso del país.

3-7 Traduce las expresiones entre paréntesis con uno de los verbos del cuadro. Utiliza el **pretérito** o el **imperfecto**, según corresponda.

(no) poder	saber	conocer	(no) querer	tener que

1. Los miembros de nuestra asociación _____ asistir al congreso hasta ayer. *(could not, failed to)*

2. Aníbal, tú _____ ayudarnos con los preparativos, pero _____. *(were supposed to / refused to)*

3. Cuando Julia me _____, ella _____ que yo era su primo. *(met / did not know)*

4. Ella lo _____ más tarde. *(found out)*

5. Cristina y Alejandra ya _____ que Manuel no contaba con el apoyo de sus colegas. *(knew)*

6. Lo siento. _____ traerte mis apuntes, pero

_____. *(I wanted to / I could not)*

Práctica oral

3-8 Ayer. Dile a tu compañero(a) cinco cosas que no hiciste ayer y por qué. Presta atención al uso del **pretérito** e **imperfecto**.

Ejemplo: No **me levanté** de la cama en todo el día porque no **me sentía** bien.

3-9 El día en que… La clase se divide en dos grupos. Los dos grupos van a trabajar con la misma historia, pero mientras uno describe la situación y los personajes usando el **imperfecto**, el otro narrará las acciones usando el **pretérito**. Al final, los dos se reúnen y, uniendo las dos partes, le cuentan la historia completa a la clase.

a. rompí un espejo

b. un gato negro se cruzó en mi camino

c. abrí un paraguas dentro de la casa

d. pasé por debajo de una escalera

e. encontré un trébol de cuatro hojas *(four-leaf clover)*

3-10 Creación

¿Cuál es una de tus obras de arte favoritas? Escribe una composición contando cuándo y dónde fue la primera vez que la viste y la impresión que te causó. También incluye una descripción de la obra e información sobre su creador(a) (si no es anónima).

- Repasa los tiempos verbales del pasado antes de escribir la composición.

- Recrea el momento cuando viste esa obra, basándote en tus recuerdos. ¿Dónde estabas: en un museo, en la calle, en una clase? ¿Cuántos años tenías aproximadamente?

- Explica si te produjo una impresión favorable inmediatamente o si ha sido con el transcurso del tiempo que has aprendido a valorarla.

- Descríbela detalladamente. Si no es una obra muy conocida, incluye la imagen con tu composición al entregársela a tu profesor(a).

- Busca en un diccionario los términos artísticos que no sepas en español.

- Revisa lo que has escrito antes de entregárselo a tu profesor(a).

El futuro simple

A. El futuro simple se forma añadiendo al **infinitivo** las terminaciones siguientes. Se traduce al inglés como *I will + verb*.

-é	-emos
-ás	-éis
-á	-án

fumar

fumaré	fumaremos
fumarás	fumaréis
fumará	fumarán

consumir

consumiré	consumiremos
consumirás	consumiréis
consumirá	consumirán

B. Algunos verbos son irregulares porque usan una raíz diferente a la del infinitivo para formar el futuro simple. Observa que las terminaciones son siempre regulares.

decir	**diré**	poner	**pondré**	tener	**tendré**
haber	**habré**	querer	**querré**	valer	**valdré**
hacer	**haré**	saber	**sabré**	venir	**vendré**
poder	**podré**	salir	**saldré**		

El participio pasado

A. El participio pasado de los verbos se forma sustituyendo las terminaciones -**ar**, -**er**, -**ir** del infinitivo por -**ado** e -**ido**.

-**ar** → -**ado**	-**er** → -**ido**	-**ir** → -**ido**
saludar → salud**ado**	saber → sab**ido**	despedir → desped**ido**

B. Hay pocos participios irregulares. Algunos de los más comunes son los siguientes.

abrir	**abierto**	hacer	**hecho**	romper	**roto**
cubrir	**cubierto**	morir	**muerto**	ver	**visto**
decir	**dicho**	poner	**puesto**	volver	**vuelto**
escribir	**escrito**	resolver	**resuelto**		

C. Los verbos formados con un prefijo y cualquiera de los verbos anteriores también conservan esta irregularidad.

des**cubrir** → des**cubierto**   de**volver** → de**vuelto**   im**poner** → im**puesto**

Unidad I • Capítulo 3 – REPASO GRAMATICAL

El futuro perfecto

El futuro perfecto se forma con el futuro simple del verbo **haber** y el participio pasado del verbo correspondiente. Se traduce al inglés como *I will have + past participle*.

pagar	
habré pagado	habremos pagado
habrás pagado	habréis pagado
habrá pagado	habrán pagado

Práctica escrita

3-11 Vuelve a escribir las siguientes oraciones en el **futuro simple**.

1. Nos vamos en seguida. _____

2. Conocen la capital del estado muy bien. _____

3. ¿Se lo digo al nuevo director? _____

4. Mía y Ramiro saben los resultados del partido. _____

5. Y tú, Julieta, ¿sales muy temprano mañana? _____

6. Naturalmente nuestros clientes no quieren pagar tanto dinero. _____

3-12 Vuelve a escribir las siguientes oraciones en el **futuro perfecto**.

Ejemplo: Me llaman a las tres.

Me habrán llamado a las tres.

1. Reciben el cheque el lunes.

   _____

2. Escriben un buen trabajo.

   _____

3. Pronto nos traen buenas noticias.

   _____

4. Volvemos a las cinco.

   _____

5. Me levanto a las diez.

   _____

6. Compones una nueva canción.

   _____

Práctica oral

3-13 Predicciones. Contéstale a tu compañero(a) las preguntas que tenga sobre la ciudad donde vivirá el próximo año. Tú lo sabes todo sobre ella porque llevas viviendo allí dos años. Presten atención a las formas del **futuro simple** y **perfecto**.

Ejemplo: Estudiante 1: ¿Me caerá bien la gente?

Estudiante 2: Pues mira, al principio te parecerá un poco seca, pero en menos de un mes habrás hecho amigos.

3-14 **Propósitos.** En parejas, hablen de sus propósitos de Año Nuevo. Presten atención a las formas del **futuro perfecto**.

Ejemplo: Para mayo habré terminado de pagar todas mis deudas.

Usos del futuro simple y perfecto

A. El futuro simple se utiliza en español para referirse a una acción que va a ocurrir. Por lo general en la lengua hablada se emplea la estructura **ir a + infinitivo** para el futuro inmediato.

Me imagino que en el año 2200 no **fumará** nadie.

I imagine that in 2200 no one will smoke.

Van a prohibir la venta de cigarrillos a menores de veinte años dentro de poco.

They are going to prohibit the sale of cigarettes to those under the age of twenty very soon.

B. Al igual que en inglés, el futuro simple se emplea en español en las oraciones condicionales cuando la cláusula principal expresa una acción futura. (Mira la explicación sobre las oraciones condicionales del *Capítulo 9, pág. 196.*)

Si termina de trabajar temprano hoy, me **llamará**.

If he finishes work early today, he will call me.

C. El futuro perfecto expresa una acción que tendrá lugar antes de otro momento en el futuro.

Para el 2018, Belén y Mario ya **habrán comprado** una casa.

By 2018, Belén and Mario will already have bought a house.

Yo **habré salido** del trabajo para las cinco de la tarde.

I will have left work by 5:00 p.m.

Capítulo 3 | Recorridos por la ciudad   **107**

D. El futuro simple y el perfecto se emplean también para expresar probabilidad en el presente y en el pasado cercano. Mira el cuadro siguiente.

FORMA		SIGNIFICADO
futuro	=	probablemente + presente
estará	=	**probablemente está**
habrá estado	=	**probablemente ha estado**

Juana **estará** muy cansada hoy porque anoche trabajó hasta muy tarde. =

Juana **probablemente está** muy cansada hoy porque anoche trabajó hasta muy tarde.

Edgar conoce muy bien este lugar; **habrá estado** aquí antes. =

Edgar conoce muy bien este lugar; **probablemente ha estado** aquí antes.

Aunque las dos estructuras son gramaticalmente correctas, la del futuro se usa con más frecuencia.

E. Observa cómo se traduce el futuro de probabilidad al inglés. Compara las siguientes oraciones:

La industria tabacalera **perderá** billones anualmente.

The tobacco industry must lose billions annually.

¿Qué efectos **tendrá** la falta de sueño en el cuerpo humano?

What effects might the lack of sleep have on the human body?

¿Por qué nos **habrán mandado** un telegrama?

I wonder why they sent (have sent) us a telegram.

Habrá pasado algo.

Something must have happened.

F. La probabilidad se puede expresar en español con el futuro y también de otras maneras: con **quizás**, **probablemente**, **deber** (**de**) + infinitivo, **poder** + infinitivo, **es probable que** + subjuntivo, etcétera.

Práctica escrita

3-15 Completa el espacio en blanco, indicando **probabilidad** en el **presente**.

Ejemplo: ¿Cuántas veces vienen a verte tus padres?

No sé, *vendrán* unas cinco o seis veces al año.

1. ¿Desde cuándo salen juntos Sandra y Ernesto?

No sé, _____ juntos desde hace muy poco tiempo.

2. ¿Qué está haciendo tu mejor amigo ahora?

No sé, _____ durmiendo.

3. ¿Cuánto vale un billete de tren de primera clase entre Nueva York y Boston?

No sé, _____ doscientos dólares.

4. ¿Cuántas millas hay entre San Francisco y Atlanta?

No sé, _____ tres mil millas.

5. ¿Quién tiene más fuerza que tú?

No sé, esos dos _____ más fuerza que yo.

3-16 Elige la opción que mejor complete la oración.

1. Dicen que Francisco es un gran deportista. Supongo que _____ dos millas o tres todas las mañanas.

   a. correrá   b. ha corrido   c. habrá corrido

2. ¿Dónde _____ Ángela?; ella siempre _____ a tiempo a las citas y ya llevamos esperándola media hora.

   a. está / llegará   b. estará / llega   c. estará / habrá llegado

3. Carmen se imagina que Ángela _____ el autobús. Por eso no ha llegado todavía.

   a. pierde   b. perderá   c. habrá perdido

4. Si no _____, el espectáculo empezará a las tres y media.

   a. me habré equivocado   b. me equivoco   c. me equivocaré.

5. ¡Qué raro! No hay nadie en el salón, así que la reunión _____ más tarde.

   a. será   b. ha sido   c. habrá sido

6. A los cinco minutos de salir de casa, Marisa ha vuelto a entrar. Supongo que _____ de algo y ha venido a recogerlo.

   a. se olvida   b. se olvidará   c. se habrá olvidado

Práctica oral

3-17 Conjeturas. Acabas de terminar los estudios universitarios y estás listo(a) para formar parte del mundo laboral (a tiempo completo). Mientras piensas en tu primer año de trabajo, te preguntas cuántas cosas habrás logrado al final de ese período de transformación. Haz conjeturas sobre los cambios que habrán ocurrido en tu vida y compártelas con un(a) compañero(a).

Ejemplo: Para el año próximo habré conocido a muchos profesionales de la informática.

3-18 Suposiciones. Hagan suposiciones sobre los gustos, modo de vida, experiencias, etcétera, de los compañeros que no conocen bien. Recuerden que pueden usar el **futuro simple** y el **futuro perfecto** para expresar probabilidad.

Ejemplo: Josh habrá visto ya todos los museos de Bogotá.

Daniela conocerá esta ciudad como la palma de la mano.

El condicional simple

A. El condicional simple se forma con el infinitivo del verbo más las terminaciones del imperfecto de los verbos terminados en **-er**, **-ir**. Se traduce al inglés como *I would + infinitive.*

apoyar

apoyar**ía**	apoyar**íamos**
apoyar**ías**	apoyar**íais**
apoyar**ía**	apoyar**ían**

B. Algunos verbos no forman el condicional simple con la forma del infinitivo sino con la raíz verbal que se emplea en la formación del futuro simple. Así pues, los verbos que tengan el futuro simple irregular tendrán también irregular el condicional simple.

decir	**diría**	poner	**pondría**	tener	**tendría**
haber	**habría**	querer	**querría**	valer	**valdría**
hacer	**haría**	saber	**sabría**	venir	**vendría**
poder	**podría**	salir	**saldría**		

El condicional perfecto

El condicional perfecto se forma con el condicional del verbo **haber** y el participio pasado del verbo correspondiente. Se traduce al inglés como *I would have + past participle*.

prohibir

habría prohibido	habríamos prohibido
habrías prohibido	habríais prohibido
habría prohibido	habrían prohibido

Práctica escrita

3-19 Vuelve a escribir las oraciones a continuación en el pasado. Sustituye el presente o el presente perfecto por el **imperfecto** y el futuro por el **condicional**.

Ejemplo: Todos los días nos promete que nos escribirá.

Todos los días nos prometía que nos escribiría.

1. Supongo que el plomero no vendrá.

   _____

2. Todos mis compañeros piensan que yo lo haré.

   _____

3. Creemos que tú lo romperás.

   _____

4. Saben que Nati se lo llevará.

   _____

5. Es obvio que querrán comprarse la computadora más rápida.

   _____

6. Es evidente que no estaremos listos a tiempo.

   _____

7. Mis vecinos me han prometido que me venderán su carro.

   _____

3-20 Completa los espacios en blanco con el **condicional perfecto** para saber lo que habrían hecho Camilo y sus amigos si hubieran visto a alguien ahogándose en el mar.

© Cengage Learning

Camilo:	Yo _____ los zapatos	**quitarse**
	y _____ al agua inmediatamente.	**tirarse**
Nieves:	Como yo no sé nadar, _____ auxilio a un socorrista (*lifeguard*).	**pedir**
Inés:	Héctor y yo _____ a una ambulancia o al 911.	**llamar**
Tito:	Yo _____ un flotador por la playa.	**buscar**

Usos del condicional simple y perfecto

A. El condicional simple se utiliza para indicar una acción hipotética en el presente y el condicional perfecto, en el pasado.

> Yo no **aceptaría** una misión tan peligrosa.
>
> *I would not accept such a dangerous mission.*
>
> En tu lugar, yo **habría dicho** lo mismo.
>
> *If I were you, I would have said the same thing.*

B. **¡Ojo!** Recuerda que *I would (+ infinitive)* tiene también en inglés el significado de *I used to (+ infinitive)* y en ese caso se utiliza el imperfecto en español. Compara estas oraciones:

> **Iríamos** al teatro esta noche si tuviéramos entradas.
>
> *We would go the theater tonight if we had tickets.*
>
> **Íbamos** al teatro todos los sábados.
>
> *We would (used to) go to the theater every Saturday.*

C. El condicional simple y el perfecto se emplean para expresar probabilidad en el pasado.

FORMA		SIGNIFICADO
condicional	=	probablemente + pasado
estaría	=	**probablemente estaba/estuvo**
habría estado	=	**probablemente había estado**

> Juana **estaría** enferma ayer porque no vino al gimnasio. =
>
> Juana **probablemente estaba** enferma ayer porque no vino al gimnasio.

Edgar conocía muy bien aquel lugar; **habría estado** allí antes. =

Edgar conocía muy bien aquel lugar; **probablemente había estado** allí antes.

Aunque las dos estructuras son correctas gramaticalmente, la del condicional se usa con más frecuencia.

D. Mientras que el futuro expresa probabilidad en el presente, el condicional lo hace en el pasado. Compara las siguientes oraciones.

> La hija de María **tendrá** tres años.
>
> *María's daughter is probably (must be) three years old.*
>
> Yo **tendría** tres años cuando aprendí a leer.
>
> *I was probably three years old when I learned to read.*

E. Observa cómo se puede traducir el condicional de probabilidad al inglés. Compara las siguientes oraciones:

> Benito ya **habría acabado** el informe cuando salió a almorzar.
>
> *Benito must have already finished his report when he went out for lunch.*
>
> No nos llamaron porque no **se habrían enterado** de las buenas noticias.
>
> *They did not call us because they probably had not heard (must not have heard) the good news.*

F. Al igual que en inglés, el condicional se usa también en español para decir o pedir algo cortésmente.

> ¿**Podría** darme la dirección de Carmen?
>
> *Would (Could) you give me Carmen's address?*

Práctica escrita

3-21 Contesta las siguientes preguntas, indicando probabilidad en el pasado con el **condicional simple**.

Ejemplo: ¿En qué año se casaron tus padres?

No sé, *se casarían* en los noventa.

1. La casa en la que viven ahora tus padres, ¿cuándo la compraron?

   No sé, la _____ hace veinte años.

2. ¿Cuánto tiempo estuvieron (tus padres) buscando esta casa?

   No sé, la _____ buscando varios meses.

3. ¿Por qué no compraron una casa más grande?

   No sé, no _____ una más grande porque no la necesitarían.

4. En la fiesta que dieron tus padres en la nueva casa, ¿cuántos invitados hubo?

   No sé, _____ unos cincuenta.

5. ¿Qué pensaron los invitados de la nueva casa?

   No sé, _____ que era preciosa.

3-22 Traduce la expresión entre paréntesis utilizando uno de los verbos del cuadro.

dejar	pasar	traer	prestar	ir

1. Felisa, ¿me _____ (tú) la guía de Buenos Aires? *(would lend)*

2. Cuando Elvira era joven, _____ horas enfrente del espejo. *(would spend)*

3. Todo el mundo pensaba que yo _____ las bebidas. *(would bring)*

4. El año pasado Matilde y yo _____ a la clase de yoga por las tardes. *(would go)*

5. Nunca me imaginé que mi hijo _____ su trabajo de traductor. *(would quit)*

Práctica oral

3-23 **Plantón** *(Stood up).* Están en la Plaza Mayor esperando a un amigo para ir a almorzar. Con un(a) compañero(a), digan qué harían Uds. en las siguientes circunstancias. Presten atención a las formas del **condicional simple**.

Ejemplo: Inesperadamente empieza a llover.

Estudiante 1: Yo me metería bajo los soportales de la plaza. ¿Y tú?

Estudiante 2: Iría a comprar un paraguas.

a. Alguien les pide dinero.

b. Intentan llamar a su amigo por teléfono, pero dejaron el celular en casa.

c. Pasan unas compañeras de clase y los invitan a almorzar con ellas.

d. Unos turistas les piden que les hagan una foto.

e. Tienen que ir al baño urgentemente.

f. Han pasado dos horas y su amigo no ha llegado todavía.

3-24 **Detectives por un día.** El otro día, cuando estaban esperando a su amigo en la plaza, pasó por allí un personaje insólito. Con un(a) compañero(a), hagan suposiciones sobre lo que le habría pasado. Presten atención al uso del **condicional perfecto** para indicar probabilidad en el pasado.

Ejemplo: Parecía muy cansado.

No habría dormido mucho.

a. Era de color verde y tenía antenas.

b. Parecía desorientado.

c. Llevaba unas gafas especiales, muy modernas y caras.

d. No hablaba ninguna lengua conocida.

e. Olía muy raro.

f. Se movía con cierta dificultad.

3-25 Creación

¿Cómo te imaginas el mundo del futuro? Describe cómo crees que será tu ciudad dentro cien años. ¿Habrá autos voladores o la gente podrá teletransportarse a otros lugares como en las películas? ¿O quizás ya no hará falta salir de casa debido a los adelantos tecnológicos?

- Durante diez minutos toma nota de todo lo que se te ocurra. No escribas oraciones completas ni te detengas a corregir los errores.

- Examina los datos que has reunido y busca alguna manera de organizarlos. ¿De qué vas a hablar primero? ¿Por qué?

- Ahora redacta tu descripción de la ciudad del futuro. No te olvides de ponerle un buen título.

- Revisa las formas verbales del futuro que has empleado, prestando atención a los verbos irregulares.

Técnicas de mercado

El presente perfecto

A. El presente perfecto se forma con el presente del verbo **haber** y el participio pasado. Se traduce al inglés como *I have + past participle.* (Para la formación del participio pasado, mira la *página 105.*)

guardar

he guardado	hemos guardado
has guardado	habéis guardado
ha guardado	han guardado

B. Con el presente perfecto se expresa una acción, estado o proceso del pasado que para el hablante tiene alguna conexión o importancia aún en el momento presente.

He comido demasiado a mediodía y ahora me duele el estómago.

I ate (have eaten) too much at lunchtime, and now I have a stomachache.

¿**Habéis ido** al hipódromo alguna vez? Sí, **hemos ido** muchas veces.

Have you ever gone (Did you ever go) to the track? Yes, we have gone (went) many times.

Hoy **hemos visto** dos exposiciones fotográficas fabulosas.

Today we have seen (saw) two fabulous photography exhibits.

C. El uso del presente perfecto se limita prácticamente a España. En Latinoamérica se usa muy poco, y en su lugar se emplea el pretérito.

Comí demasiado al mediodía y ahora me duele el estómago.

El pluscuamperfecto

A. El pluscuamperfecto se forma con el imperfecto del verbo **haber** y el participio pasado del verbo correspondiente. Se traduce al inglés como *I had + past participle.*

ahorrar

había ahorrado	habíamos ahorrado
habías ahorrado	habíais ahorrado
había ahorrado	habían ahorrado

B. Al igual que en inglés, el pluscuamperfecto en español indica que la acción expresada por el verbo es anterior a otra acción también pasada o a un momento del pasado (indicado en la oración o sobreentendido).

Mis abuelos ya **se habían acostado** cuando **llegué** a casa.

pasado	pasado	**presente**
_____ |(acostarse) _____ |(llegar) _____	

Mis abuelos ya **se habían acostado** aquel día antes de **las nueve** de la noche.

pasado	pasado	**presente**
_____ |(acostarse) _____ |(9:00) _____	

3. Con los otros tiempos del pasado (pretérito, imperfecto y presente perfecto) si se quiere indicar cuál es la secuencia temporal de los verbos de una misma oración, hay que recurrir a otros medios. Compara:

PRETÉRITO/IMPERFECTO

Mis abuelos se acostaron anoche **a las once** y yo llegué **a las doce**.

Esta era su rutina: **primero** desayunaba y **luego** se bañaba.

PLUSCUAMPERFECTO

Mis abuelos ya se habían acostado cuando llegué anoche a casa.

Esta era su rutina: ya había desayunado cuando se bañaba.

Práctica escrita

3-26 Vuelve a escribir las oraciones a continuación en el **presente perfecto**.

1. Muchas mariposas entran en la casa porque Raúl deja abiertas todas las ventanas.

   _____

2. ¿Lees poemas románticos o los escribes?

   _____

3. En el supermercado compran muchos productos preparados.

   _____

4. Te vas a las nueve de la mañana y vuelves a las diez de la noche.

   _____

5. En la lavandería de la esquina veo a mi amigo Celso y charlo con él.

   _____

6. Rodrigo y Estrella hacen la maleta unas horas antes de salir de viaje.

   _____

7. ¿Juega Ud. al tenis con algún tenista profesional?

   _____

8. ¿Por qué botan a la basura las cartas que reciben?

   _____

9. Primero ponemos un mantel en la mesa y luego colocamos en el centro un jarrón con flores.

   _____

10. Cuando nos encontramos con ella, le contamos nuestras novedades.

    _____

3-27 Llena los espacios en blanco con la forma correcta del verbo en el **presente** o el **presente perfecto**.

Fernando José Vasconcelos Soares/Shutterstock.com

¡A Mallorca voy!

En el verano yo siempre _____ al Mediterráneo,   **ir**

a la isla de Mallorca, pero nunca _____ en el   **estar**

invierno. Tres generaciones de mi familia _____   **pasar**

un mes en la casa de Peguera los últimos veinticinco años y

_____ la costa palmo a palmo. En los últimos   **recorrer**

tiempos _____ un auge en la construcción de   **haber**

nuevas viviendas que _____ la calidad de la vida   **afectar**

radicalmente. Ahora (nosotros) _____ con más   **encontrarse**

gente en las playas que nunca.

3-28 Traduce al español las palabras entre paréntesis.

1. _____ tanta basura como en esa playa. *(I have never seen)*

2. _____ difícil convencer a la gente de que recicle los periódicos. *(It has been)*

3. Dicen que los precios de las casas _____ mucho recientemente. *(have not changed)*

4. Esos dos agentes inmobiliarios ya _____ la mayoría de las casas en nuestro antiguo vecindario. *(have sold)*

3-29 Combina las dos oraciones en una, indicando con el pluscuamperfecto la acción que ocurrió primero.

Ejemplo: Enrique salió del hospital el sábado. Su familia llegó el domingo a la ciudad.

   Enrique ya había salido del hospital cuando su familia llegó a la ciudad.

1. Yo comí a las ocho. Anselmo llegó a las nueve.

   _____

2. Virgilio se graduó en junio. Su hermana se casó en julio.

_____

3. Magdalena se marchó a las dos. Dalia volvió a las tres.

_____

4. Leímos el libro el año pasado. Vimos la película ayer.

_____

5. Llamaron dos veces a la puerta. Abriste la puerta.

_____

Práctica oral

3-30 ¿Cuántas veces has…? En parejas, preparen cinco preguntas empezando con esta expresión. Después, hagan esas preguntas a otro(a) compañero(a) de la clase, que debe responder con números aproximados. Fíjense en el uso del presente perfecto de indicativo.

Ejemplo: Estudiante 1: ¿Cuántas veces te has quedado sin ropa limpia?

Estudiante 2: Miles de veces me ha pasado eso.

3-31 Un chico con poca suerte. Con un(a) compañero(a), den algunos ejemplos de la mala suerte de un(a) amigo(a) o de la suya propia. Sigan el modelo siguiente. Fíjense en el uso del pluscuamperfecto de indicativo.

Ejemplo: Cuando quiso mudarse a su antiguo apartamento, ya lo habían alquilado.

Cuando fue a solicitar el puesto de policía de tránsito, ya habían contratado a otra persona.

Los números

A. Los números cardinales son:

1	uno(a)	**2**	dos	**3**	tres	**4**	cuatro
5	cinco	**6**	seis	**7**	siete	**8**	ocho
9	nueve	**10**	diez	**11**	once	**12**	doce
13	trece	**14**	catorce	**15**	quince	**16**	dieciséis
17	diecisiete	**18**	dieciocho	**19**	diecinueve	**20**	veinte
21	veintiuno(a)	**22**	veintidós	**23**	veintitrés	**30**	treinta
31	treinta y uno(a)	**40**	cuarenta	**50**	cincuenta	**60**	sesenta
70	setenta	**80**	ochenta	**90**	noventa	**100**	cien
200	doscientos(as)	**300**	trescientos(as)	**400**	cuatrocientos(as)	**500**	quinientos(as)
600	seiscientos(as)	**700**	setecientos(as)	**800**	ochocientos(as)	**900**	novecientos(as)

1000	mil	**100.000**	cien mil	**1.000.000**	un millón
1.000.000.000	mil millones	**1.000.000.000.000**	un billón		

1. Delante de un sustantivo masculino no se emplea **uno**, que es un pronombre, sino **un**. Lo mismo ocurre con **veintiuno, treinta y uno**, etcétera.

   – ¿Cuesta **un** dólar o dos?

   – Creo que sólo cuesta **uno**.

   – Tengo **veintiún** años, ¿y tú?

   – Yo pronto cumplo **veintiuno**.

2. **Cien** cambia a **ciento** cuando le sigue un número menor de cien. Recuerda que **no** se utiliza la conjunción **y** entre los dos números.

   cien + uno = ciento uno

   cien + cincuenta = ciento cincuenta

3. Observa que con las cifras en español se usan los puntos y las comas al contrario que en inglés, excepto en el Caribe y en México.

ESPAÑOL	INGLÉS
4.000	4,000
0,59	0.59

B. Los números ordinales son:

1°(a)	primero(a)	**2°(a)**	segundo(a)	**3°(a)**	tercero(a)
4°(a)	cuarto(a)	**5°(a)**	quinto(a)	**6°(a)**	sexto(a)
7°(a)	séptimo(a)	**8°(a)**	octavo(a)	**9°(a)**	noveno(a)
10°(a)	décimo(a)	**11°(a)**	undécimo(a)	**12°(a)**	duodécimo(a)
13°(a)	decimotercero(a)	**14°(a)**	decimocuarto(a)	**15°(a)**	decimoquinto(a)

1. Como todos los adjetivos, los números ordinales concuerdan con los sustantivos a los que acompañan. Pueden ir delante o detrás del sustantivo.

   el quinto grado   el piso quinto   la quinta columna

2. Recuerda que **primero** y **tercero** pierden la -**o** final cuando van delante de un sustantivo masculino singular.

   el primer piso   los primeros años   la primera puerta   las primeras nieves

3. A partir del número diez, los números ordinales suelen sustituirse por los cardinales. Observa que van detrás del sustantivo.

   el piso catorce   *the fourteenth floor*   el siglo XV (quince)   *the fifteenth century*

4. Con los nombres de reyes, reinas, emperadores y papas, los números ordinales van detrás del nombre propio.

   Carlos V (quinto)   *Charles V (the Fifth)*

   Isabel I (primera)   *Elizabeth I (the First)*

   Alfonso X (décimo)   *Alfonso X (the Tenth)*

   Pero recuerda que los ordinales suelen ser sustituidos por los cardinales a partir del número diez.

   Luis XIV (catorce)   *Louis XIV (the Fourteenth)*

   Juan XXIII (veintitrés)   *John XXIII (the Twenty-third)*

Práctica escrita

3-32 Escribe con palabras los siguientes números.

1. 555 libras   _____

2. 47.923 días   _____

3. 911 euros   _____

4. 3.280 casas   _____

5. 647 libros   _____

Práctica oral

3-33 **Uno, dos y tres.** En parejas, contesten las siguientes preguntas personales usando **números**.

Ejemplo: Estudiante 1: ¿Cuántos años tienes?

           Estudiante 2: Tengo veintidós años.

1. ¿Cuántos tíos tienes?

2. ¿En qué año naciste?

3. ¿Cuál es la fecha de hoy?

4. ¿Cuál es tu código postal *(zip code)*? ¿Y tu teléfono?

5. ¿Cuánto dinero pagaste por los zapatos que llevas puestos?

6. ¿Cuál es la fecha más importante de tu vida?

7. ¿Aproximadamente cuántas palabras en español sabías antes de empezar esta clase? ¿Y ahora?

8. ¿Cuántos años tendría Colón al llegar a América?

3-34 **Creación**

Hoy día pasamos muchas horas navegando por internet. Prepara un folleto informativo con cinco recomendaciones para no ser objeto de engaño, fraude, robo de identidad, burla, etcétera.

- Primero decide a quién irá dirigido el folleto: ¿A gente adulta? ¿A jóvenes universitarios? ¿Gente que no entiende bien la tecnología moderna o gente experta?

- Haz una lista de ocho posibles recomendaciones y descarta tres de ellas (las menos importantes).

- Para hacer recomendaciones puedes emplear mandatos, (no) debería + infinitivo, (te/le) recomiendo + subjuntivo, es imprescindible que + subjuntivo, etcétera. Emplea varias de estas estructuras. (Mira la explicación del subjuntivo con expresiones impersonales del *Capítulo 5, pág. 140*, y la explicación del subjuntivo con verbos de deseo y emoción del *Capítulo 5, pág. 149*.)

- Si no sabes algún término cibernético en español, búscalo en un diccionario.

- Revisa lo que has escrito antes de entregárselo a tu profesor(a).

Unidad II

Encuentros y desencuentros

Capítulo 4 Nosotros y ellos

El eclipse

La *a* personal

A. La *a* **personal** precede al complemento directo del verbo si éste es una persona o un animal doméstico, y se omite si se trata de una cosa.

> Voy a llamar **a** Mateo.
>
> Tengo que llevar **al** gato al veterinario.
>
> Compré un abrigo.

Se puede omitir la *a* **personal** si se trata de personas no específicas o animales en general. Compara:

> Vi **a** mucha gente en el parque. (gente que conozco)
>
> Vi mucha gente en el parque. (desconocida)
>
> Vi muchos perros en el parque. (en general)

B. También se usa la *a* **personal** antes de **alguien** y **nadie**.

> ¿Conoces **a alguien** aquí?

C. **No** se usa la *a* **personal** con los verbos **tener** y **haber**.

> Tenemos muchos amigos en la universidad.
>
> Hay un vendedor en la puerta.

¡Ojo! Cuando **tener** <u>no</u> significa posesión (*to have, own*), sino que se puede traducir como *to keep, hold*, sí se usa la *a* **personal**.

> Tengo **a** mi niña en cama.   *I have (am keeping) my daughter in bed.*
>
> **Al** asesino lo tenían en la cárcel.   *The murderer was being held in jail.*

D. La *a* que **siempre** precede a los objetos indirectos (sean personas, animales o cosas) no es una *a* **personal** sino una indicación de que la palabra que sigue cumple la función de objeto indirecto. En inglés la *a* **personal** no tiene traducción, mientras que la *a* del objeto indirecto se traduce como *to* o *for*.

> Le mandé unos libros a Sergio.   *I sent some books to Sergio.*
>
> Le compré ruedas nuevas a mi auto.   *I bought new tires for my car.*

Práctica escrita

4-1 Llena el espacio en blanco con la *a* **personal** cuando sea necesario. Si no se necesita, escribe una **x**.

1. Conozco _____ varios atletas profesionales que se entrenan todos los días.

2. Por favor, saca _____ tu perro de mi cuarto. No deja de ladrar y no puedo meditar.

3. Javier y yo hemos analizado _____ su modo de vivir y sigue desconcertándonos.

4. Pronto consultaré _____ un especialista, pues no se me quita el dolor de espalda.

5. No oyó salir _____ su profesor porque estaba concentrado en el examen.

6. Tenemos _____ dos hermanas que no se parecen en nada.

7. Les hicimos _____ una pregunta que no quisieron contestar.

8. Tus primos no escucharían _____ consejos de nadie. Son muy tercos.

9. ¿Llamasteis _____ vuestros amigos para saber qué les pasó ayer?

10. ¿A qué colegio llevan Uds. _____ su hijo menor?

Práctica oral

4-2 Veo o no veo. En parejas, digan las cosas y las personas que vemos (o no) en los siguientes lugares. Presten atención al uso de la *a* **personal**.

Ejemplo: en el concierto

Estudiante 1: Veo a los músicos.

Estudiante 2: No veo nada porque estoy rodeada de gente muy alta.

a. en el ascensor   d. en la clase   g. en su dormitorio

b. en el cine   e. en el gimnasio   h. en el centro comercial

c. en el refrigerador f. en la iglesia   i. en el armario *(closet)*

Los pronombres de objeto directo e indirecto

A. Los pronombres tienen la función de sustituir a los sustantivos.

B. Los pronombres de objeto directo son:

SINGULAR	PLURAL
me	nos
te	os
lo, la	los, las

Ya saqué **la basura**.	→	Ya **la** saqué.
I already took out the garbage.	→	*I already took it out.*
Ellos quieren ver **a la reina**.	→	Ellos quieren ver**la**.
They want to see the queen.	→	*They want to see her.*
Va a investigar **las posibilidades**.	→	**Las** va a investigar.
She will look into the possibilities.	→	*She will look into them.*
Armando escribió **el ensayo**.	→	Armando **lo** escribió.
Armando wrote the essay.	→	*Armando wrote it.*

C. Los pronombres de objeto indirecto son:

SINGULAR	PLURAL
me	nos
te	os
le	les

Le comunicó la noticia **a Alberto**.	→	**Le** comunicó la noticia.
He told Alberto the news.	→	*He told him the news.*
Les hemos escrito una carta **a las directoras**.	→	**Les** hemos escrito una carta.
We have written the directors a letter.	→	*We have written them a letter.*

¡Ojo! Observa en las oraciones anteriores que en español aparece tanto el sustantivo con función de objeto indirecto (Alberto, las directoras) como el pronombre de objeto indirecto (**le, les**). Este uso redundante es distintivo del español.

D. Cuando los dos tipos de pronombres van juntos, el objeto indirecto (OI) precede al directo (OD).

Nos traerán **los discos**.	→	**Nos los** traerán.
OI OD		OI OD
They will bring the records to us.	→	*They will bring them to us.*
Me dio **el dinero** que me debía.	→	**Me lo** dio.
OI OD		OI OD
He gave me the money he owed me.	→	*He gave it to me.*

E. Si el pronombre directo y el indirecto son de tercera persona, el indirecto (**le, les**) se transforma en **se**.

Manuel **le** contaría **una mentira a su hermana**.	→	Manuel **se la** contaría.
OI OD OI		OI OD
Manuel probably told his sister a lie.	→	*Manuel probably told it to her.*
Ya **les** llevamos **los paquetes a Emilio y a Celia**.	→	Ya **se los** llevamos.
OI OD OI		OI OD
We already took the packages to Emilio and Celia.	→	*We already took them to them.*

F. Los pronombres de objeto directo e indirecto van **siempre** delante de los verbos conjugados, excepto en los siguientes casos en que pueden ir delante o detrás.

1. **estar** + gerundio (el tiempo progresivo)

   Te estamos oyendo.

   Estamos oyéndo**te**. } → *We are hearing you.*

2. verbo + infinitivo

   Las quiero ayudar.

   Quiero ayudar**las**. } → *I want to help them.*

Observa que los dos pronombres deben ir delante o detrás pero **nunca** separados, esto es, uno delante y el otro detrás.

Se lo estaban ocultando.

Estaban ocultándo**selo**. } → *They were concealing it from them.*

Me los querían vender.

Querían vendér**melos**. } → *They wanted to sell them to me.*

¡Ojo! Nota que el gerundio lleva acento cuando hay un pronombre o dos detrás, y el infinitivo sólo cuando hay dos. El acento gráfico es necesario para mantener la pronunciación en la misma sílaba que tenían esas formas verbales antes de añadirles los pronombres.

G. Con los **mandatos afirmativos**, los pronombres de objeto directo e indirecto **siempre** se colocan **detrás** y se añaden al mandato.

Ciérre**la**.	*Close it.*
Tráigan**melos**.	*Bring them to me.*
Pon**lo** allí.	*Put it there.*
Da**les** el dinero.	*Give them the money.*

¡Ojo! El uso del acento gráfico es necesario para mantener el acento original del verbo. Esto ocurre cuando están presentes los dos pronombres (mandato + OI + OD) o cuando sólo hay uno y el verbo tiene dos sílabas o más (mandato de 2 sílabas o más + OI u OD).

H. Con los **mandatos negativos**, los pronombres de objeto directo e indirecto se colocan entre el adverbio **no** y el mandato.

No **la** cierre.	*Do not close it.*
No **me los** manden.	*Do not send them to me.*
No **te lo** pongas.	*Do not put it on.*
No **se las** entreguéis.	*Do not hand them in to them (him/her).*

I. Cuando el sustantivo con función de objeto directo se coloca delante del verbo, hay que utilizar el pronombre de objeto directo correspondiente (**lo, los, la, las**) delante del verbo. Esto sólo ocurre con los objetos directos de tercera persona.

Vemos **a tus hermanos** en todas partes. → A tus hermanos **los** vemos en todas partes.
        OD   OD   OD

Yo haré **la comida** hoy. → La comida **la** haré yo hoy.
        OD   OD   OD

Nota en el primer ejemplo el uso de la *a* personal delante del objeto directo.

Práctica escrita

4-3 Llena el espacio en blanco con **pronombres de objeto directo** o **indirecto**, según corresponda.

A Óscar, mi hermano mayor, _____ gustan mucho las cajas de fósforos. Él _____ colecciona desde hace cinco años. El otro día yo _____ traje a Óscar dos cajas muy antiguas. Mi padre _____ encontró y pensó que no valían nada. Por eso él _____ tiró a la basura.

Óscar buscó por todas partes y no _____ pudo encontrar. A la hora de la cena, Óscar _____ preguntó si habíamos visto las cajas. Papá contestó que sí. Entonces él mismo fue a la cocina, encontró las cajas que aún no estaban estropeadas y _____ _____ entregó a Óscar.

4-4 Escoge la opción que mejor conteste las preguntas siguientes. Presta atención a los pronombres y su posición.

1. ¿A quién le encargo el informe?

   a. Puedes encargárselo a Rita.

   b. No sé, pero no se los encargues al administrador.

2. ¿En cuánto me vendes tu coche?

   a. Véndeselo al precio del mercado, ¿no?

   b. Te lo vendo al precio del mercado.

3. ¿Sabes cuál es el teléfono de la tienda?

   a. Pues sí, me lo sé de memoria.

   b. No, no te lo sabes.

4. ¿Le has contado el secreto a alguien?

   a. Claro, se lo he dicho a todo el mundo.

   b. Desde luego que no se la digo a nadie.

5. ¿Puedes prestarme mil dólares?

   a. Por supuesto; préstamelos.

   b. Con gusto te los presto.

Práctica oral

4-5 La mudanza. En parejas, decidan lo que van a hacer con los siguientes objetos que Uds. ya no necesitan. Al final añadan dos más a la lista. Presten atención al uso de los **pronombres de objeto directo** e **indirecto**.

Ejemplo: la bicicleta

Estudiante 1: ¿**Se la** regalamos a tu primito?

Estudiante 2: Sí, vamos a dár**sela** a él; **le** encantará.

a. el paraguas doble	g. los discos de vinilo
b. la cámara fotográfica vieja	h. los animales de peluche *(stuffed animals)*
c. los platos de cartón	i. las barajas *(playing cards)*
d. el sofá-cama	j. los disfraces de Halloween
e. la correa *(leash)* del perro	k. ¿?
f. la computadora grande	l. ¿?

4-6 ¿Quién? ¿Qué? ¿Dónde? En parejas, narren una anécdota familiar. Presten atención a los **pronombres de objeto directo e indirecto** y la *a* **personal**.

Ejemplo: El verano pasado fuimos a ver **a** mi abuela. **La** visitamos en Oviedo.

El pronombre *it*

A. El pronombre *it* se traduce en español como **lo** o **la** cuando cumple la función de objeto directo del verbo.

INGLÉS	ESPAÑOL
*Subject + verb + **it** (direct object).*	**lo, la**

Tengo el juguete.	→	Yo **lo** tengo.	
I have the toy.	→	*I have it.*	*(it = toy)*
Luisa compró la cámara.	→	Luisa **la** compró.	
Luisa bought the camera.	→	*Luisa bought it.*	*(it = camera)*

B. Cuando *it* cumple la función de objeto indirecto, se traduce como **le**.

INGLÉS	ESPAÑOL
*Subject + verb + **it** (indirect object) + direct object.*	**le**

I gave it (my room) a good cleaning.   **Le** di una buena limpieza (a mi cuarto).

C. Cuando *it* tiene función de sujeto, **no** se traduce **nunca**.

INGLÉS	ESPAÑOL
***It** (subject) + verb.*	**Ø**

It rings nonstop.	Suena sin parar.
It is raining cats and dogs.	Está lloviendo a cántaros.
It is important to get enough sleep.	Es importante dormir lo suficiente.

Recuerda que en las preguntas el sujeto y el verbo invierten su posición. Cuidado con esta inversión: puede hacer que *it* parezca un complemento del verbo.

Is it (the rug) new?   ¿Es nueva (la alfombra)?

Recuerda que *I like it* se traduce al español como **me gusta** porque equivale a *it is pleasing to me*. Por ser el sujeto de la oración, *it* no se traduce.

No nos gusta ese color.	→	No nos gusta.
That color is not pleasing to us.	→	*It is not pleasing to us.*

Práctica escrita

4-7 Escribe en el espacio en blanco el pronombre que falta para completar la traducción. Si no necesitas ninguno, escribe una **x**.

1. *Is it snowing there?*

   ¿_____ está nevando ahí?

2. *Do you want to read it now? (the letter)*

   ¿_____ quieres leer ahora?

3. *Don't you like it? (the house)*

   ¿No te gusta _____ a ti?

4. *Did they find it? (the watch)*

   ¿_____ encontraron?

5. *Can it be true?*

   ¿_____ puede ser cierto?

Práctica oral

4-8 ¿Se traduce o no? En parejas, un(a) estudiante dice una oración en inglés que contenga el pronombre *it* y el (la) otro(a) debe decidir si se traduce o no y explicar por qué. Túrnense. El ejercicio debe hacerse rápidamente.

Ejemplo: Estudiante 1: *Give it to me.*

Estudiante 2: Sí se traduce porque *it* tiene la función de objeto directo.

Lo: uso del pronombre neutro

A. En español el pronombre **lo** (invariable/neutro) sustituye a los complementos (singulares, plurales, masculinos o femeninos) de los verbos **ser**, **estar** y **parecer**. Mira los ejemplos siguientes:

¿Eres <u>ahorrativo</u>?	Sí, **lo** soy.
Are you thrifty?	*Yes, I am.*
¿Parecen <u>venenosas</u> estas plantas?	Sí, **lo** parecen.
Do these plants seem poisonous?	*Yes, they do.*
¿Están <u>vacías</u> las botellas?	No, no **lo** están.
Are the bottles empty?	*No, they are not.*

B. Con los verbos **saber** y **creer**, el pronombre neutro **lo** sustituye al objeto directo cuando éste es una cláusula o frase:

¿Sabes <u>que mañana cierran todos los bancos</u>?	Sí, **lo** sé.
Do you know that all banks are closed tomorrow?	*Yes, I know.*
¿Crees <u>que van a cambiar el día de la celebración</u>?	Sí, **lo** creo.
Do you think they are going to change the day of the celebration?	*Yes, I do.*

C. Sin embargo, si el objeto directo de **saber** y **creer** es un sustantivo, entonces se utiliza el pronombre de objeto directo correspondiente (**lo, la, los, las**) y no el pronombre neutro **lo**.

¿Sabes <u>la fecha</u> que tienen en mente?	Sí, **la** sé. (la = la fecha)
Do you know what date they have in mind?	*Yes, I do (know the date).*

D. Con el verbo **saber** y con el pronombre indefinido **todo** (cuando funciona como objeto directo) se utiliza siempre **lo**.

Lo sé.	*I know.*
Lo ha visto **todo**.	*He saw everything. / He has seen it all.*

Práctica escrita

4-9 Llena el espacio en blanco con el pronombre neutro **lo** o con un pronombre de objeto directo, según corresponda.

1. —¿Sabías la fórmula?

    —Sí, _____ sabía.

2. —¿Crees que tus hermanos van a seguir estudiando español?

    —Sí, _____ creo.

3. —¿Está Casandra muy ocupada?

    —Sí, _____ está.

Unidad II • Capítulo 4 – REPASO GRAMATICAL

4. —Después de los exámenes los estudiantes parecen exhaustos, ¿verdad?

   —Sí, _____ parecen.

5. —¿Creíste su versión de los hechos?

   —Sí, _____ creí.

Práctica oral

4-10 De ninguna manera. Hazle las siguientes preguntas a un(a) compañero(a) de clase, que debe contestar negativamente y ofrecer otra alternativa usando **lo**.

Ejemplo: Estudiante 1: ¿Crees que me parezco a Betty la fea?

                Estudiante 2: No, no **lo** creo. Te pareces más a Shakira.

   a. ¿Son responsables tus amigos?

   b. ¿Estás harto(a) de tantos consejos de salud?

   c. ¿Te parecen eficaces las vacunas contra la gripe *(flu)*?

   d. ¿Son iguales todos los coches eléctricos?

   e. ¿Te parecen interesantes los libros de antropología?

   f. ¿Crees que vale la pena arreglar los aparatos eléctricos?

4-11 Creación

Escribe una breve composición narrando una historia que empiece o termine con la oración siguiente: "No tuve más remedio que *(I had no choice but to)* mentirle".

- Primero describe el trasfondo de la acción: el sitio y los personajes.
- Escoge un punto de vista para el narrador, acaso el de un niño, de una madre, de un novio o una novia, de un(a) estudiante.
- Después narra brevemente los hechos. Presta especial atención a los pronombres de objeto directo e indirecto.
- Finalmente, presenta las razones que tuvo el personaje para actuar del modo que lo hizo, y justifica la frase clave.
- Revisa el borrador varias veces antes de entregárselo a tu profesor(a).

Gitanos

Se: usos y valores

A. En los capítulos anteriores se han estudiado los siguientes usos de **se**:

1. sustituto de **le**, cuando va seguido del pronombre de objeto directo de tercera persona: **lo(s), la(s)**

    Le robaron la cartera a Julieta.   →   **Se** la robaron.

    They stole Julieta's purse.   *They stole it from her.*

2. pronombre reflexivo de tercera persona

    Ariel va a poner**se** el bañador.

    Ariel is going to put on his bathing suit.

    Se van a acostar temprano esta noche.

    They are going to bed early tonight.

B. También se emplea el pronombre **se** en oraciones impersonales. ("Impersonal" quiere decir aquí que la oración **no** tiene un sujeto específico y se emplea **se** en lugar de los pronombres personales **yo, tú, él,** etcétera). Este pronombre se traduce al inglés como *one, you, people, they.*

   Se está muy bien a la sombra.

   One feels wonderful in the shade.

   Al río no **se** va por ahí.

   You cannot get to the river that way.

Nota que en una oración impersonal con **se**, el verbo sólo se puede conjugar en la tercera persona del singular.

C. Si el verbo es reflexivo, se emplea **uno(a)** en lugar del **se** impersonal.

   Juan **se** pregunta por qué ocurren estas barbaridades.   (oración reflexiva)

   Juan wonders why these atrocities occur.

   Uno(a) se pregunta por qué ocurren estas barbaridades.   (impersonal)

   One wonders why these atrocities occur.

SE	VERBO	EJEMPLO
objeto indirecto	todas las personas (porque el objeto indirecto y el verbo son independientes)	**Se** lo diré yo misma. *I will tell it to him/her/them myself.* **Se** las compramos. *We bought them for him/her/them.*
pronombre reflexivo	tercera persona singular o plural	El anciano **se** sentó en la plaza. *The old man sat down in the plaza.* Flora y Patricia **se** han sentado en la primera fila. *Flora and Patricia sat down in the front row.*
impersonal	solamente la tercera persona singular	**Se** sufre mucho cuando **se** está enfermo. *One suffers a lot when one is ill.*

Para la explicación de **se** en oraciones pasivas, mira el Repaso gramatical del *Capítulo 6, página 161.*

Práctica escrita

4-12 Indica la función que tiene **se** en las oraciones siguientes.

1. Puede quitar**se** la chaqueta si quiere, pues hace bastante calor.

   a. objeto indirecto

   b. impersonal

   c. pronombre reflexivo

2. Ya **se** lo hemos dicho mil veces a Ramón, pero no nos hace caso.

   a. objeto indirecto

   b. impersonal

   c. pronombre reflexivo

3. En algunos lugares de los Estados Unidos **se** habla portugués.

   a. objeto indirecto

   b. impersonal

   c. pronombre reflexivo

4. No **se** moleste. Yo misma recojo los pedazos de vidrio.

   a. objeto indirecto

   b. impersonal

   c. pronombre reflexivo

5. **Se** decía que nadie iba a poder conseguir entradas.

   a. objeto indirecto

   b. impersonal

   c. pronombre reflexivo

6. **Se** quejan constantemente de la cantidad de trabajo que tienen.

   a. objeto indirecto

   b. impersonal

   c. pronombre reflexivo

4-13 Vuelve a escribir las oraciones siguientes, sustituyendo los verbos subrayados con la estructura del **se impersonal**. Presta especial atención al tiempo verbal.

   Ejemplo: Hoy día <u>viajan</u> más en avión que en tren.

   Hoy día se viaja más en avión que en tren.

   _____

1. <u>Vivíamos</u> mejor cuando no había tantos autos.

   _____

2. Yo creo que <u>aprendimos</u> mucho en ese programa.

   _____

3. ¿<u>Beben</u> demasiado en tu universidad?

   _____

4. ¿<u>Estudias</u> mejor solo o con compañeros?

   _____

5. Aquí <u>nos levantamos</u> a las ocho de la mañana.

_____

6. <u>Comíamos</u> bien en la tasca de la esquina.

_____

Práctica oral

4-14 Así se hace. En grupos de tres estudiantes, usando la estructura impersonal, digan lo que se hace o debe hacer en estas situaciones.

Ejemplo: para no quemarse en la playa

   Se debe usar una loción para protegerse del sol.

a. para ser socio(a) de una red social electrónica

b. para ayudar a los discapacitados *(handicapped)*

c. para combatir el mal aliento

d. para preparar un mitin *(rally)* político

e. para conseguir entradas para un evento muy popular

La posición de los adjetivos

A. Los adjetivos demostrativos (**este, ese,** etcétera), los posesivos (**mi, su,** etcétera), los indefinidos (**algún,** etcétera) y los de cantidad (**mucho, varios,** etcétera) van delante del sustantivo. A estos adjetivos que concretan o limitan de algún modo la significación del sustantivo se los llama **determinativos.**

> **Este** mes hace calor y yo tengo **mucho** trabajo.

B. Delante de un sustantivo **cualquiera** funciona como adjetivo y pierde la -**a** final. El plural (**cualesquiera**) no se usa en la lengua cotidiana. **Cualquiera** es la forma del pronombre y se usa solamente en singular.

> **cualquier** día
>
> **cualquier** persona

C. También los adjetivos numerales (**dos, cien,** etcétera) se anteponen al sustantivo, excepto los números ordinales como **primero, segundo, tercero,** que pueden ir delante o detrás. **Primero** y **tercero** son los únicos números ordinales que pierden la última vocal cuando van delante de un sustantivo masculino singular.

> la conmemoración del **quinto** aniversario
>
> en el **tercer** piso o en el piso **tercero**

D. Hay otros adjetivos que indican una cualidad del sustantivo (color, tamaño, textura, nacionalidad, etcétera) y se los llama calificativos. Al igual que los adjetivos determinativos, los calificativos restringen la significación del sustantivo, pero van pospuestos a él. Por ejemplo, cuando decimos "los animales marinos", excluimos a aquellos animales que no viven en el mar. O si decimos "las plantas carnívoras" nos estamos refiriendo a un grupo limitado de plantas.

> Unos biólogos **venezolanos** estudiarán los hábitos **migratorios** de las aves **rapaces.**

En los textos literarios, especialmente los poéticos, a veces se encuentran adjetivos calificativos delante del sustantivo. Estos adjetivos, que destacan una cualidad inherente de los sustantivos a los que se anteponen y por lo tanto no restringen su significación, se denominan **epítetos** (o adjetivos explicativos).

> la **blanca** nieve   una **terrible** enfermedad   la **dura** batalla

E. Cuando hay dos adjetivos, uno determinativo (o bien un epíteto) y el otro calificativo, se coloca el primero delante del sustantivo y el segundo detrás.

la **Segunda** Guerra **Mundial**   *the Second World War*

una **distinguida** científica **mexicana**   *a distinguished Mexican scientist*

F. Cuando hay más de un adjetivo calificativo y uno de ellos está más íntimamente unido al sustantivo, este adjetivo aparece primero y el otro a continuación.

la imagen **femenina occidental**   *the Western feminine image*

la literatura **indigenista moderna**   *modern indigenous literature*

Nota que **occidental** califica al conjunto **imagen femenina** y no sólo a **imagen**. Lo mismo ocurre con **moderna,** que se refiere a **literatura indigenista**.

G. Cuando hay más de un adjetivo calificativo pero ninguno está más unido que el otro al sustantivo, se unen los adjetivos con la conjunción **y**.

de una manera **correcta y airosa**   *in a proper and graceful way*

una hija **respetuosa, alegre y elegante**   *a respectful, cheerful, and elegant daughter*

Nota que **correcta** y **graciosa** califican independientemente al sustantivo **manera,** y **respetuosa, alegre y elegante** a **hija**.

H. Los siguientes adjetivos calificativos pueden ir delante o detrás del sustantivo, pero cambian de significado según su posición.

	delante	detrás
antiguo(a)	*former*	*old, antique*
gran(de)*	*great, famous, important*	*big, large*
mismo(a)	*same*	*(one)self*
nuevo(a)	*new to the person*	*brand new*
pobre	*poor, unfortunate*	*poor, underprivileged*
único(a)	*only*	*unique*
viejo(a)	*long-time*	*old*

Mi hermana y mi madre tienen el **mismo** nombre.

My sister and my mother have the same name.

Mi hermana **misma** lo va a hacer.

My sister is going to do it herself.

En esa tienda de segunda mano, se compró un **nuevo** sombrero.

In that secondhand store, he bought himself a new hat.

Su sombrero **nuevo** es para ocasiones especiales.

Her (brand) new hat is for special occasions.

¡**Pobre** niña! No tiene familia.

Poor girl! She has no family.

Esa organización pide urgentemente que ayudemos a los niños **pobres**.

That organization urges us to help poor (underprivileged) children.

*¡**Ojo!** Recuerda que **grande** pierde la última sílaba delante de un sustantivo masculino o femenino singular.

un **gran** día   una **gran** persona   las **grandes** ocasiones

I. Los adjetivos calificativos **bueno** y **malo** pueden ir delante o detrás del sustantivo, pero no cambian de significado. Si aparecen delante de un sustantivo masculino singular, pierden la vocal final.

Es un **buen** (**mal**) amigo.   Es un amigo **bueno** (**malo**).

Práctica escrita

4-15 Subraya los **adjetivos** en los títulos de las canciones siguientes. Luego, indica la razón de su posición, o sea, si es **calificativo (c)**, **determinativo (d)** o **epíteto (e)**. Escribe la letra que corresponde encima del adjetivo.

1. "Aquellos ojos verdes"
2. "Como mi vida gris"
3. "Corazón mentiroso"
4. "En mi viejo San Juan"
5. "La última copa"

6. "Este amor salvaje"
7. "Lágrimas negras"
8. "Mil besos"
9. "Las amargas verdades"
10. "Cruel desengaño"

Práctica oral

4-16 Aquí y ahora. En grupos de tres estudiantes, describan el campus universitario o su residencia estudiantil. Presten atención al uso de los **adjetivos calificativos** y **determinativos**. Digan al menos tres frases cada uno(a).

Las expresiones de comparación

A. Para comparar dos elementos se emplean las siguientes expresiones:

superioridad +	**más... que** *more than*	Ana lleva aquí **más** meses **que** yo. Inés es **más** alta **que** Ud.
inferioridad −	**menos... que** *less, fewer than*	Saben **menos** chistes **que** Uds. Beben **menos** café **que** antes.
igualdad =	a. **tanto/a/os/as** + sustantivo + **como** *as many, much . . . as* b. **tan** + adjetivo, adverbio + **como** *as . . . as* c. verbo + **tanto como** *as much as*	Tengo **tantas** ganas de terminar **como** tú. Están **tan** débiles **como** siempre. Corre **tan** velozmente **como** su hermano. No ganas **tanto como** quieres. Han vendido hoy **tanto como** ayer.

¡Ojo! La expresión **tanto** (invariable)**... como** significa *both ... and*.

Tanto Calatrava **como** Moneo son arquitectos españoles de fama internacional.

B. En español algunos adjetivos tienen una forma diferente en las comparaciones de superioridad:

bueno/a/os/as   →   **mejor/es**   *better*

malo/a/os/as   →   **peor/es**   *worse*

Las naranjas del huerto de mis abuelos son **mejores/peores** que las de nuestros vecinos.

C. **Grande** y **pequeño** tienen dos comparativos diferentes.

grande/s   →   **más grande/s**   *bigger, larger*

    →   **mayor/es**   *older, bigger, larger, greater*

pequeño/a/os/as   →   **más pequeño/a/os/as**   *smaller*

    →   **menor/es**   *younger, smaller, less*

Cuando se comparan personas, **más grande** y **más pequeño** se emplean preferentemente para indicar la diferencia de tamaño *(size)*, y **mayor** y **menor** para indicar la diferencia de edad *(age)*.

> Una de sus hijas es **más grande** que la otra. *(bigger)*

> Tiene dos hermanos **menores** que ella. *(younger)*

Cuando se comparan cosas que se pueden ver y medir *(to measure)*, como lugares y objetos, es preferible usar **más grande** y **más pequeño**.

> Buenos Aires es **más grande** que Lima. *(bigger, larger)*

> Esa cama va a caber *(fit)* muy bien aquí porque es **más pequeña** que la otra. *(smaller)*

Para conceptos o abstracciones se emplean preferentemente **mayor** y **menor**.

> El interés por la música folclórica es hoy **menor que** en el pasado. *(less than)*

> Tu entusiasmo ha sido siempre **mayor que** el de ellos. *(greater, more than)*

Con números se dice **más/menos de** en lugar de **más/menos que** en las oraciones afirmativas.

> Traigo **más de** 2.000 pesos en el bolsillo.

> *I'm carrying more than 2,000 pesos in my pocket.*

En las oraciones negativas se pueden usar ambas formas, pero el significado es distinto: **más/menos que** = *only*; **no más o menos de** = *no more or less than*. Observa los ejemplos siguientes.

> Ese armario **no** cuesta **más que** 2.000 pesos.

> *That armoire costs <u>only</u> 2,000 pesos.*

> Ese armario **no** vale **más de** 2.000 pesos.

> *That armoire is <u>not</u> worth <u>more than</u> 2,000 pesos.*

Práctica escrita

4-17 Llena el espacio en blanco con el término que falta.

1. Mi colección de música clásica es _____ grande como la tuya.

2. Te quiero más _____ ayer, pero menos _____ mañana.

3. Ese piano parece _____ que el nuestro. (Usa sólo una palabra.)

4. No, la banda sonora *(soundtrack)* de la película no se ha vendido _____ como esperaban.

5. Es cierto; el triunfo depende tanto del esfuerzo personal _____ de la suerte.

6. No vamos al conservatorio de música _____ a menudo como nos sugieren los profesores.

7. Desde que lo operaron de la garganta *(throat)*, el vocalista de nuestro conjunto tiene la voz _____ potente que antes.

8. El tenor recibió tantos aplausos _____ la soprano.

Práctica oral

4-18 Más o menos. En parejas, hagan comparaciones de **superioridad**, **inferioridad** o **igualdad** con los términos indicados.

a. una orquesta y un guitarrista

b. la salsa y el rap

c. el presidente y el vicepresidente

d. una canción infantil y una canción de protesta

e. el cine y el teatro

4-19 Concurso de belleza. Comparen a las cuatro mujeres de las fotos. Utilicen diferentes expresiones de comparación.

Clarita

iofoto/Shutterstock.com

Yanira

Christophe Testi/Shutterstock.com

Olivia

sellingpix/Shutterstock.com

Natalia

Palmer Kane LLC/Shutterstock.com

El superlativo absoluto y relativo

A. Para expresar que un sustantivo posee una cualidad en su máximo grado, se pueden emplear dos estructuras diferentes:

Este escritor me parece **importantísimo** (o **muy importante**).

Este escritor me parece **el más importante de** mi país (del siglo XX, de la historia, etcétera).

En la primera oración se ha utilizado el superlativo **absoluto** y en la segunda, el superlativo **relativo**. Observa que en la primera oración no se compara el elemento "el escritor" con ningún otro, mientras que con el **relativo** se lo compara con todos los de su clase o grupo. **Relativo** quiere decir aquí "en relación con una clase o grupo".

Si en lugar de comparar un elemento con todos los de su clase queremos comparar sólo un elemento con otro, entonces usamos las expresiones de comparación.

Este negocio me parece mucho **más rentable** (*profitable*) **que** aquél.

B. El superlativo **absoluto** se puede formar de dos maneras:

1. añadiendo a la raíz de los adjetivos las terminaciones -**ísimo**, -**a**, -**os**, -**as**

2. poniendo delante del adjetivo **muy** o **sumamente**, **extraordinariamente**, etcétera

adjetivos terminados en -o	tranquilo(a)	tranquil**ísimo(a)**	**muy** tranquilo(a)
adjetivos terminados en -e	inteligente	inteligent**ísimo(a)**	**sumamente** inteligente
adjetivos terminados en consonante	útil	util**ísimo(a)**	**increíblemente** útil

¡Ojo! Siguiendo las reglas ortográficas del español los adjetivos terminados en -**co**, -**go** y -**z** presentan un cambio ortográfico: **c → qu, g → gu, z → c.**

blanco → blanquísimo	amargo → amarguísimo	feliz → felicísimo(a)

C. El superlativo **relativo** se forma según el modelo siguiente:

artículo + sustantivo + **más (o menos)** + adjetivo $\begin{cases} + \textbf{de} + \text{grupo} \\ + \textbf{que} + \text{oración} \end{cases}$

Manuel de Falla fue el compositor **menos** apreciado **de** su época.

¿Dónde estaba la tienda de discos **más** completa **de** la ciudad?

Estos son los cancioneros **más** antiguos **que** se conservan.

D. Al formar una oración con el superlativo **relativo**, recuerda que *más* + *bueno* es **mejor**, y *más* + *malo* es **peor**.

Bestia, bestia es la **peor** canción que he oído en mi vida.

E. Cuando el sustantivo ha sido mencionado en la misma oración, no hace falta repetirlo. Esto se llama nominalización.

De todos **los tipos** de música, la cumbia y el flamenco son los (tipos) **más** rítmicos.

F. Los adjetivos como **extraordinario(a)**, **excelente**, **horroroso(a)** y **terrible** ya indican una cualidad en su máximo grado y no necesitan llevar delante ni **muy** ni **más**.

Práctica escrita

4-20 Escribe las dos formas del superlativo absoluto de los siguientes adjetivos como muestra el ejemplo:

Ejemplo: enfadados _enfadadísimos_ _muy enfadados_

1. limpios _____ _____

2. largo _____ _____

3. preocupados _____ _____

4. enojado _____ _____

5. listas _____ _____

6. picante _____ _____

7. sabroso _____ _____

Práctica oral

4-21 Oye eso. Digan cinco oraciones que contengan un **superlativo absoluto** sobre los términos siguientes. No tienen que utilizar esas palabras como sujetos; pueden referirse a algún aspecto relacionado con los términos. Traten de ser originales y no repetir ningún adjetivo en este ejercicio.

> **Ejemplo:** el violín
>
> Los sonidos que produce el violín son muy melodiosos.

a. la salsa

b. la trompeta

c. la ópera

d. el jazz

e. el ballet

4-22 Más o menos. Imaginen que Uds. tienen un programa de radio en el que comentan y evalúan los programas de la nueva temporada de televisión. Trabajen en grupos de tres estudiantes y utilicen el **superlativo (absoluto y relativo)** para expresar sus juicios. Al final, presenten un segmento del programa delante de la clase.

> **Ejemplo:** ¿Crees que *Saturday Night Live* es un programa muy gracioso?
>
> Sí, pero *Dancing with the Stars* es el más divertido de todos (los programas).

4-23 El no va más *(The utmost).* Digan cinco oraciones sobre los temas sugeridos que contengan un **superlativo relativo**. Para mayor desafío, no usen los verbos **ser, estar** ni **tener**.

> **Ejemplo:** Agustín Lara compuso los boleros más románticos que conozco.

a. un concierto de Enrique Iglesias

b. Rafael Nadal

c. Salma Hayek

d. el tango

e. las canciones infantiles

4-24 Creación

Escribe una composición sobre tu canción favorita. Antes que nada, piensa en lo que vas a decir y cómo vas a presentar la información.

- Primero, reúne los datos que conoces sobre el (la) cantante o el grupo. ¿Son todos estos datos necesarios o relevantes? Elimina los que consideres menos importantes.
- Luego, pasa a hablar de la canción misma. Por ejemplo, di de qué se trata, dónde la escuchaste por primera vez, por qué te gusta tanto, lo que sientes al escucharla, cuántas veces la escuchas al día, etcétera.
- Por último, evalúa el impacto que ha tenido en ti esta canción.
- Revisa el borrador varias veces antes de entregárselo a tu profesor(a).

Capítulo 5 **Ellas y ellos**

Eva

Formas del presente de subjuntivo

A. Las terminaciones del presente de subjuntivo de los verbos terminados en -**ar** son las mismas (excepto la primera persona) que las que emplean los verbos terminados en -**er** en el presente de indicativo. Y viceversa, las terminaciones del presente de subjuntivo de los verbos terminados en -**er** e -**ir** son las que corresponden a los verbos terminados en -**ar** en el presente de indicativo (excepto la primera persona).

INDICATIVO						SUBJUNTIVO			
-ar		**-er**		**-ir**		**-ar**		**-er, -ir**	
-o	-amos	-o	-emos	-o	-imos	-e	-emos	-a	-amos
-as	-áis	-es	-éis	-es	-ís	-es	-éis	-as	-áis
-a	-an	-e	-en	-e	-en	-e	-en	-a	-an

B. Para recordar la vocal dominante de las terminaciones del presente de indicativo y del subjuntivo, memoriza el esquema siguiente.

INDICATIVO		SUBJUNTIVO
-a	→	-e
-e, -i	→	-a

	INDICATIVO		SUBJUNTIVO
-ar	compramos	→	compremos
-er, -ir	entendemos, vivimos	→	entendamos, vivamos

C. Los verbos terminados en -**ar** y en -**er** que tienen un cambio vocálico en la raíz (**o** → **ue, e** → **ie**) en el presente de indicativo lo tienen también en las mismas personas en el presente de subjuntivo, es decir, en todas las personas excepto **nosotros** y **vosotros**.

recordar	INDICATIVO		SUBJUNTIVO
o → **ue**	recuerdo	→	recuerde
o = o	recordamos	→	recordemos

entender	INDICATIVO		SUBJUNTIVO
e → **ie**	entiende	→	entienda
e = e	entendéis	→	entendáis

D. Los verbos terminados en -**ir** que tienen un cambio vocálico en la raíz (**o** → **ue, e** → **ie, e** → **i**) tienen otro cambio en la primera y segunda persona plural del subjuntivo: **o** → **u, e** → **i**.

dormir (morir...)		**preferir (sentir...)**		**pedir (servir...)**	
o → **ue**	**o** → **u**	**e** → **ie**	**e** → **i**	**e** → **i**	**e** → **i**
duerma	durmamos	prefiera	prefiramos	pida	pidamos
duermas	durmáis	prefieras	prefiráis	pidas	pidáis
duerma		prefiera		pida	
duerman		prefieran		pidan	

E. Los verbos que tienen la primera persona del presente de indicativo irregular utilizan esa raíz verbal en todas las formas del subjuntivo. (Mira el Repaso gramatical del *Capítulo 1, pág. 78.*)

salir

PRESENTE DE INDICATIVO		PRESENTE DE SUBJUNTIVO	
salgo	salimos	**salg**a	**salg**amos
sales	salís	**salg**as	**salg**áis
sale	salen	**salg**a	**salg**an

F. Algunos verbos de uso muy frecuente son irregulares en el presente de subjuntivo:

haber	**haya**	saber	**sepa**	valer	**valga**
dar	**dé**	ser	**sea**		
ir	**vaya**	estar	**esté**		

Práctica escrita

5-1 En la primera línea indica cuáles de las formas verbales siguientes terminadas en -**a** son del presente de indicativo y cuáles del presente de subjuntivo. En la segunda escribe el infinitivo de cada verbo.

	indicativo o subjuntivo	infinitivo
1. duela	_____	_____
2. presenta	_____	_____
3. haga	_____	_____
4. se oculta	_____	_____
5. conozca	_____	_____
6. sepa	_____	_____
7. refleja	_____	_____
8. duda	_____	_____
9. ponga	_____	_____
10. diga	_____	_____

Práctica oral

5-2 Reflejos súper rápidos. En parejas, un(a) estudiante dice una forma verbal en el presente, y el (la) otro(a) debe responder en menos de dos segundos si es del indicativo o del subjuntivo. Túrnense.

Ejemplo: Estudiante 1: subamos

Estudiante 2: subjuntivo

El subjuntivo con expresiones impersonales

A. En español, la mayoría de las expresiones impersonales requieren el **subjuntivo** en la cláusula subordinada.

es (im)posible	es fabuloso	**conviene** (*it's better, advisable*)
es necesario	es probable	**basta** (*it suffices*)
es bueno	es raro	**parece** + adjetivo, sustantivo o adverbio
es natural	es justo (*it's fair*)	

Es posible que yo **tenga** que ir de viaje el mes que viene.

It's possible that I have to go on a trip next month.

Parece increíble que todavía **estés** enojada.

It seems unbelievable that you are still angry.

Me parece mentira que **digas** eso.

I cannot believe you are saying that.

B. Las expresiones impersonales siguientes, sin embargo, usan el **indicativo** en la cláusula subordinada, ya que expresan certeza.

es cierto	es verdad	es seguro	no hay duda (de) que
es obvio	es evidente	está claro	

Es verdad que **hay** expresiones intraducibles.

It's true that there are expressions that can't be translated.

Cuando las expresiones anteriores (excepto **no hay duda [de] que**) se usan en oraciones negativas, requieren el subjuntivo en la cláusula subordinada, ya que niegan la certeza.

No es verdad que el piloto **pueda** venir temprano.

It's not true that the pilot can come early.

No hay duda (de) que no sigue esta segunda regla: es una expresión negativa con la cual sí se utiliza el indicativo ya que expresa certeza.

No hay duda (de) que no **saldremos** de aquí a tiempo.

There is no doubt that we will not leave from here on time.

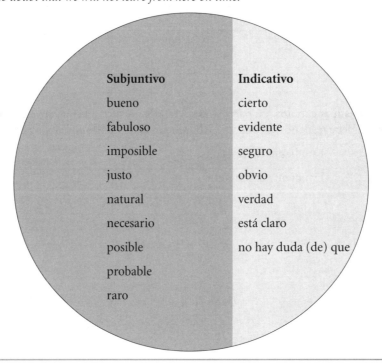

Subjuntivo	Indicativo
bueno	cierto
fabuloso	evidente
imposible	seguro
justo	obvio
natural	verdad
necesario	está claro
posible	no hay duda (de) que
probable	
raro	

C. Para usar una cláusula de subjuntivo con las expresiones impersonales, es necesario que el sujeto de la oración subordinada sea distinto del de la principal. Si no hay cambio de sujeto, se emplea el infinitivo. Compara:

> Es necesario **cambiar** la imagen simplista de los hispanos. (observación general)
>
> *It's necessary to change the simplistic image of Hispanics.*
>
> Es necesario que **cambiemos** la imagen simplista de los hispanos. (sugerencia personalizada y específica)
>
> *It's necessary for us to change the simplistic image of Hispanics.*

En cambio, con las expresiones que usan el indicativo (sección B) no se usa el infinitivo detrás **nunca**, haya cambio de sujeto o no. Observa que en inglés tampoco se usa el infinitivo con esas expresiones.

> Es obvio que el pueblo **exige** mejor educación pública para sus hijos.
>
> *It is obvious that people are demanding improved public education for their children.*

Práctica escrita

5-3 Completa las oraciones a continuación, usando el **presente del subjuntivo** o del **indicativo** según corresponda.

Ejemplo: Yo les escribo una carta.

Parece importante que *yo les escriba una carta.*

1. Hace calor en el verano.

   Es lógico que _____.

2. Vamos de vacaciones.

   Parece dudoso que _____.

3. Jacinta y Justina bailan muy bien.

   Es verdad que _____.

4. Vosotros tomáis medicinas para el asma.

   Es necesario que _____.

5. Ellos no beben alcohol por razones de salud.

   Es cierto que _____.

6. Recuerdo todos los datos del informe.

   Conviene que _____.

7. Ud. declara la verdad.

   Es mejor que _____.

8. Nadie sabe la respuesta.

   Es evidente que _____.

9. Tiene náuseas y no quiere comer nada.

   Es normal que _____.

10. Los inviernos son cada vez más fríos.

    No hay duda que _____.

5-4 Completa las oraciones con una opción de la derecha. Presta atención al modo verbal.

_____ 1. Es posible que nosotros…   a. me adora.

_____ 2. No es probable que Sara y Edna…   b. nos casemos pronto.

_____ 3. Es evidente que mi abuela…   c. se aplican con parcialidad.

_____ 4. Es tremendo que el equipo de fútbol…   d. sea tan diligente.

_____ 5. Está claro que las leyes…   e. se conozcan.

Práctica oral

5-5 De uno a dos o más. En parejas, contesten las preguntas siguientes, introduciendo un segundo sujeto y haciendo los otros cambios necesarios para utilizar el **presente de subjuntivo**.

Ejemplo: ¿Es útil **aprender** idiomas extranjeros?

Es útil que los estudiantes **aprendan** idiomas extranjeros, especialmente los que estudian negocios.

a. ¿Es preferible llegar temprano o tarde a las fiestas?

b. ¿Conviene explicar la verdad sobre Santa Claus a los niños pequeños?

c. ¿Es posible entender a otros pueblos?

d. ¿Es importante memorizar las expresiones idiomáticas?

e. ¿Es recomendable llevar ropa ligera y cómoda en las excursiones al campo?

5-6 Entre tú y yo. En grupos de tres estudiantes, uno(a) dice algo sobre sus amigos o compañeros de clase y los otros dos reaccionan utilizando **expresiones impersonales**. Presten atención al uso del **subjuntivo** y del **indicativo**.

Ejemplo: Estudiante 1: Mari Pili no quiere celebrar su cumpleaños con nosotros.

Estudiante 2: Es raro que esta vez Mari Pili no **quiera** celebrarlo con nosotros.

Estudiante 3: Es evidente que **tiene** otros planes para ese día.

5-7 Me pregunto… En parejas, describan las fotos siguientes, utilizando una expresión impersonal distinta en cada una de las cláusulas principales. También empleen verbos diferentes en cada una de las cláusulas subordinadas.

Roman Evgenev/Shutterstock.com

Ejemplo: Es probable que Susana **esté mirando** los anuncios personales.

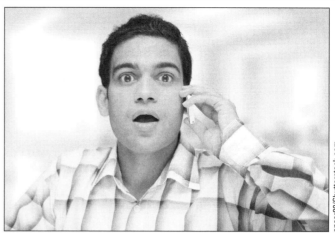

5-8 Una cita a ciegas *(A blind date).* Tu compañera de clase quiere organizarte una cita a ciegas. Descríbele la persona ideal con la que te gustaría salir, prestando atención al uso de las **expresiones impersonales** (es preciso, es importante, es necesario, es crucial, es recomendable) y el **subjuntivo**. Después, inviertan los papeles y vuelvan a hacer el ejercicio.

Ejemplos: Es absolutamente imprescindible que **sea** alto.

Me parece crucial que **hable** varias lenguas.

5-9 Creación

Escríbele un correo a una amiga que acaba de pelearse con *(has just broken up with)* su novio. Trata de consolarla y darle consejos para que recupere su estabilidad emocional.

- Presenta a la pareja (quiénes son, cuánto tiempo llevaban juntos, etcétera).
- Reflexiona sobre sus problemas (da detalles específicos sobre la incompatibilidad en términos de gustos, costumbres, familia, etcétera).
- Ofrece un ejemplo paralelo.
- Sugiere actividades que pueda hacer para entretenerse y olvidar.
- Expresa tu solidaridad y apoyo en todo momento.
- Repasa las expresiones impersonales que requieren el uso del subjuntivo así como las otras que requieren el uso del indicativo. Incluye algunas en tu mensaje.
- Revisa el borrador de tu correo varias veces antes de entregárselo a tu profesor(a).

El subjuntivo con expresiones de duda o negación

A. Con verbos o expresiones que indican duda o negación en español, se emplea el subjuntivo en la cláusula subordinada. Algunos de estos verbos y expresiones son:

negar	**dudar**	**es dudoso**
no creer	**no es seguro**	**no estar seguro(a) (de)** (sujeto animado)

Dudo que **nieve** este fin de semana.

I doubt it will snow this weekend.

No creo que **haga falta** llevar abrigo al paseo.

I don't think it's necessary to take a coat on the walk.

B. Cuando se usan en oraciones que no indican duda ni negación sino certeza, las expresiones anteriores requieren el indicativo en la cláusula subordinada.

no negar	**no dudar**	**no hay duda (de)**
creer	**es seguro**	**estar seguro(a) (de)**

No hay duda (de) que Martín lo **sabe**, pero no quiere admitirlo.

There is no doubt that Martin knows it, but he doesn't want to admit it.

Para el uso del subjuntivo y del indicativo en las expresiones impersonales (no es seguro, es seguro, etcétera), mira la explicación en la *página 140.*

Práctica escrita

5-10 Escribe en el espacio en blanco la forma verbal del **presente de indicativo** o del **subjuntivo**, según corresponda.

1. Estamos completamente seguros de que hoy _____ su cumpleaños. (ser)

2. A menudo dudo que (yo) _____ algún día. (casarse)

3. No hay duda de que todavía le _____ el brazo. (doler)

4. Creo que las piscinas municipales no _____ hasta el mes de mayo. (abrir)

5. ¿Por qué dudáis que nosotros _____ de su crianza? (ocuparse)

6. Es seguro que tú ya no _____ a crecer más. (ir)

7. Los del departamento de publicidad niegan que sus anuncios _____ los estereotipos. (fomentar)

8. Es dudoso que los cazadores de la región _____ a cazar esta semana. (salir)

5-11 Cambia las siguientes oraciones afirmativas a negativas y viceversa.

1. No creo que Armando sea madrileño.

   _____

2. Dudo que Clara sepa hablar ruso.

   _____

3. Es cierto que Norberto siempre hace la cama.

   _____

4. Creo que en Cuba les dicen "habichuelas" a las judías verdes.

   _____

5. Es evidente que Jorge y Sofía se gustan mucho.

_____

6. No es seguro que sus padres sepan lo que ocurrió.

_____

Práctica oral

5-12 Intervención familiar. Supón que el hermano menor de la familia está a punto de graduarse de la escuela secundaria. En grupos de tres (la madre, el padre, la hermana mayor) díganle algunas cosas que expresen sus dudas sobre su futuro y ofrezcan consejos para ayudarlo en la transición.

Ejemplo: No creo que **estés** listo para vivir solo.

Pero es importante que **aprendas** a ser independiente.

5-13 Conocimiento religioso. En parejas, reaccionen a las siguientes afirmaciones, expresando **duda** o **certeza**. Utilicen el indicativo o el subjuntivo en la cláusula subordinada, según corresponda. Después, añadan otros ejemplos, basándose en las religiones que conocen.

Ejemplo: Estudiante 1: Dios creó al primer hombre con barro y maíz.

Estudiante 2: Lo dudo. Creo que **estás** mezclando la teología cristiana con la maya.

a. El Génesis habla de Lilit, la primera mujer de Adán.

b. Quetzalcóatl era un guerrero mexica que se convirtió en un dios.

c. La palabra "biblia", que viene del griego, significa "los libros".

d. Los budistas creen en la reencarnación.

e. Monoteísmo significa "doctrina de los que creen en la existencia de muchos dioses".

Los posesivos

A. Los adjetivos y los pronombres posesivos son los siguientes:

ADJETIVOS		ADJETIVOS/PRONOMBRES	
mi(s)	*my*	mío(s)/mía(s)	*my/mine*
tu(s)	*your*	tuyo(s)/tuya(s)	*your/yours*
su(s)	*his, her, your, its*	suyo(s)/suya(s)	*his, her, your, its/his, hers, yours, its*
nuestro(s)/nuestra(s)	*our*	nuestro(s)/nuestra(s)	*our/ours*
vuestro(s)/vuestra(s)	*your*	vuestro(s)/vuestra(s)	*your/yours*
su(s)	*their, your*	suyo(s)/suya(s)	*their(s)/your(s)*

B. La forma breve de los adjetivos posesivos (**mi, tu,** etcétera) se usa delante del sustantivo, y la forma larga (**mío, tuyo,** etcétera) detrás. Solamente las formas de la columna de la derecha pueden sustituir al sustantivo, y en ese caso funcionan como pronombres, pero requieren el artículo definido.

ADJETIVO	ADJETIVO		PRONOMBRE
mi rancho *(my)*	el rancho mío *(my)*	→	el mío *(mine)*
tus hijas *(your)*	las hijas tuyas *(your)*	→	las tuyas *(yours)*

Nuestro rancho está más al sur que el **tuyo**, María Elena.
Our ranch is further south than yours, María Elena.

C. En español los posesivos concuerdan en género y en número con el objeto poseído y **no** con la persona que lo posee, como ocurre en inglés.

el cuarto de Patricia	→	su cuarto o el cuarto suyo	*her room*
las camisas de César	→	sus camisas o las camisas suyas	*his shirts*

D. Como los posesivos **su** y **suyo(s)/suya(s)** pueden resultar ambiguos, se sustituyen a veces por la expresión **de + él, ella**, etcétera.

sus ideas/las ideas suyas $\Big\{$ las ideas $\Big\{$ de él/ellos / de ella/ellas / de Ud./Uds.

Señor Márquez, no estamos de acuerdo con las ideas suyas (de Ud.).

Mr. Márquez, we don't agree with your ideas.

E. En español el posesivo **no** se utiliza tan frecuentemente como en inglés. Por ejemplo, no se emplean posesivos con las partes del cuerpo ni con la ropa.

Los dos se pusieron **la** gabardina y **el** sombrero antes de salir.

Both of them put on their raincoats and hats before going out.

Observa en el ejemplo anterior que en español no se emplea ni el posesivo ni el plural. En plural —Se pusieron **las** gabardinas y **los** sombreros— significaría que cada persona se puso más de una gabardina y más de un sombrero. Y si dijéramos "se puso **su** gabardina", nos estaríamos refiriendo a la "gabardina" de otra persona. Compara estos dos ejemplos.

Carmen usó la mantilla para la boda.

Carmen usó su mantilla (la de Inés) para la boda.

Práctica escrita

5-14 Llena el espacio en blanco con el **posesivo** o con el **artículo** (definido o indefinido) según corresponda.

Durante _____ reciente crucero a Cuba, se me estropeó _____ cámara fotográfica; la llevaba en una bolsa y en _____ barco se mojó. Pero por suerte, _____ compañero de viaje, Roberto, me dejó utilizar la _____. Por eso, pude fotografiar _____ rincones de La Habana favoritos de _____ parientes. Cuando _____ madre vio las fotos, se le iluminaron _____ ojos con una alegría que le duró mucho tiempo.

5-15 Llena los espacios en blanco con **pronombres posesivos** para completar las respuestas a las preguntas siguientes.

Ejemplo: ¿De qué color es tu coche?

El mío es gris metálico.

1. ¿De qué año es tu computadora?

   _____ es completamente nueva; acaban de regalármela.

2. ¿Cómo está su cuarto?

   _____ está muy ordenado.

3. ¿Cuándo compraste tu televisor?

   Compré _____ hace unos días.

4. ¿Dónde tienen Uds. sus trofeos?

   _____ los tenemos en casa.

5. ¿Está mi bicicleta en el garaje?

   Sí, _____ la pusiste allí.

Práctica oral

5-16 Catástrofe en el supermercado. En parejas desarrollen un diálogo sobre la escena siguiente, prestando atención al uso de los **adjetivos** y **pronombres posesivos**. Ustedes son las personas de la ilustración y tienen que decir a quién pertenece cada cosa. Sigan el ejemplo.

Ejemplo: Los huevos son, bueno, eran **míos**, pero la crema de afeitar debe ser **tuya**.

© Cengage Learning

5-17 Cada oveja con su pareja. Hoy es el último día del curso escolar y la maestra está intentando encontrar a los dueños de los objetos que ha ido recogiendo durante todo el año. (Los objetos aparecen abajo en una lista.) Una estudiante hace el papel de la maestra y el resto, los de los estudiantes. Presten atención al uso de los **posesivos**.

Ejemplo: La maestra: A ver, ¿estas botas rojas de quién son?

Estudiante: No son **mías**; serán **de** Miguelito.

a. los mitones de lana

d. las sandalias azules

b. los calcetines verdes

e. una chaqueta a rayas

c. una mochila negra

f. una maletita roja para la merienda

5-18 Creación

Redacta una composición sobre una figura femenina (preferible aunque no necesariamente del mundo hispano) real o ficticia que tenga o haya tenido —injustamente o no— mala fama.

- Presenta a la persona (época, país, situación social, estado, ocupación, logros).
- Enumera los obstáculos que encontró en su vida.
- Menciona a sus enemigos y lo que hizo para combatirlos.
- Analiza cómo han cambiado su imagen y su legado a través del tiempo.
- No olvides incluir las estructuras gramaticales repasadas en este capítulo.
- Revisa el borrador varias veces antes de entregárselo a tu profesor(a).

El hipnotizador personal

El subjuntivo con verbos de deseo y emoción

A. Se usa el subjuntivo en la cláusula subordinada con verbos que expresan deseo y emoción. Algunos de estos verbos son:

alegrarse de	*to be glad*	**lamentar**	*to regret*
desear	*to wish*	**molestar**	*to bother*
esperar	*to hope*	**sentir**	*to regret*
gustar	*to like*	**sorprender**	*to be surprised*
preferir	*to prefer*	**temer**	*to be afraid*
querer	*to want*	**tener miedo de**	*to be afraid of*

Raimundo, no **quiero** que **salgas** esta noche.

Raimundo, I do not want you to go out tonight.

Lamentamos que **estén tan** deprimidos.

We are sorry they are so depressed.

Se alegran de que ya no **viajemos** tanto.

They are glad we no longer travel so much.

B. Cuando los dos verbos tienen el mismo sujeto gramatical, se omite la conjunción **que** y se pone el segundo verbo en infinitivo. Compara:

Yo **quiero ser** abogada. (el mismo sujeto: yo)

I want to be a lawyer.

Yo **quiero que** tú **seas** abogada. (dos sujetos diferentes: yo, tú)

I want you to be a lawyer.

En la segunda oración se usa el subjuntivo en la cláusula subordinada porque:

1. Hay dos sujetos diferentes (yo y tú).

2. El verbo **querer**, como expresa deseo, requiere el uso del subjuntivo.

Observa que para conectar las dos cláusulas es obligatorio el uso de la conjunción **que**.

C. La expresión **ojalá (que)**, aunque en español no es un verbo sino una exclamación, requiere **siempre** el uso del subjuntivo porque expresa **deseo**. Se traduce al inglés con los verbos *to wish* o *to hope*. Observa:

¡Ojalá (que) me invite a salir!   *I hope he asks me out!*

Práctica escrita

5-19 Llena los espacios en blanco con la forma correcta del verbo entre paréntesis.

1. Queremos que uno de nuestros nietos _____ ingeniero. (ser)

2. Al supervisor le molesta que yo no _____ uniforme todos los días. (usar)

3. ¿Y esperan que nosotros _____ traje y corbata siempre? (ponerse)

4. Temo que mi novia _____ de mí. (olvidarse)

5. Le duele que su hija ya no _____ en ella. (confiar)

5-20 Combina las oraciones que aparecen a continuación. Empieza con la frase entre paréntesis.

Ejemplo: Juanita no estudia mucho. (Yo quiero…)

Yo quiero que Juanita estudie más.

1. ¿Lo hacemos ahorita mismo? (¿Quiere Ud…?)

_____

2. Vosotros no conocéis Valparaíso todavía. (Siento…)

_____

3. ¿Te traigo un jugo de frutas o leche? (¿Deseas…?)

_____

4. Uds. se encuentran mejor. (Nos alegramos de…)

_____

5. Luis conseguirá el permiso de residencia. (Su familia espera…)

_____

6. Su hija come carne cruda. (A Manolo le preocupa…)

_____

Práctica oral

5-21 Discrepancias. En parejas, formen oraciones combinando palabras de las tres columnas para expresar desacuerdo entre los deseos de Uds. y los de otros.

Ejemplo: Yo quiero **llegar** a tiempo a la recepción, pero mis amigos prefieren que **lleguemos** un poco tarde.

yo	otros	cuestión
a. estudiar literatura	consejeros	estudiar informática
b. ir a Stanford	padres	ir a MIT
c. pasar las vacaciones en casa	amigos	ir a esquiar
d. viajar a Chile	familia	visitar Alemania
e. ver una película	vecinas	jugar a las cartas
f. pasear por el centro	primos	montar en bicicleta
g. comprar una moto	banquero	invertir el dinero

5-22 Planes para el fin de semana. En grupos de tres estudiantes, representen un diálogo entre varios amigos que quieren ir al cine y están decidiendo lo que van a hacer, ver, etcétera. Cada estudiante debe hablar por lo menos dos veces. Presten atención al uso del **subjuntivo** con los verbos de deseo y emoción.

Ejemplo: Estudiante 1: ¿Quieren que **vayamos** a la sesión de las siete o a la de las nueve?

Estudiante 2: Si no les importa, prefiero que **vayamos** a la de las nueve.

Estudiante 3: Siento que no **podamos** ir a la de las nueve, porque tengo que despertarme temprano mañana.

Formas y usos del presente perfecto de subjuntivo

A. El presente perfecto de subjuntivo se forma con el presente de subjuntivo del verbo **haber** y el **participio pasado** del verbo correspondiente. El uso de este tiempo verbal corresponde en inglés a *have + past participle*.

llegar

que	haya llegado	hayamos llegado
	hayas llegado	hayáis llegado
	hayan llegado	haya llegado

B. Como los otros tiempos del subjuntivo, el presente perfecto (de subjuntivo) se utiliza en una cláusula subordinada cuando en la cláusula principal hay un verbo, conjunción o expresión que exige el uso del subjuntivo. Si no lo/la hay, se utiliza el presente perfecto de indicativo. Compara:

SUBJUNTIVO	INDICATIVO
Es normal que no te lo hayan dicho.	**Es evidente** que no te lo han dicho.
It's normal that they have not told you.	*It's evident that they have not told you.*
No creemos que hayan estado en Chichén Itzá.	**Creemos** que ya han estado en Chichén Itzá.
We don't believe that they have been to Chichén Itzá.	*We believe that they have already been to Chichén Itzá.*

C. El presente perfecto de subjuntivo se usa para expresar una acción que ha ocurrido antes de la acción expresada por el verbo de la cláusula principal.

> Me alegro de que **hayas sacado** buenas notas.
>
> *I am glad that you have gotten good grades.*
>
> (El hecho de **sacar buenas notas** es anterior al acto de **alegrarse**.)

D. Recuerda que con los verbos de deseo y emoción se utiliza el infinitivo si no hay cambio de sujeto gramatical. Compara:

> **Nos alegramos de** que Ud. **haya encontrado** la casa. (subjuntivo – dos sujetos)
>
> *We are glad that you found/have found the house.*
>
> **Nos alegramos de haber encontrado** la casa. (infinitivo – un sujeto)
>
> *We are glad to have found the house.*

Práctica escrita

5-23 Llena los espacios en blanco con el **presente de subjuntivo** o el **presente perfecto de subjuntivo**, según corresponda. Presta atención a todos los elementos de la oración.

1. Es muy probable que tus primos no _____ el teléfono, porque no contestan mi llamada. (oír)

2. No creemos que la asociación te _____, porque no ha llegado ninguna notificación. (denunciar)

3. ¿No estás segura de que Ramoncito lo _____ bien? Pues, entonces, dile que vuelva a hacerlo. (hacer)

4. Sinceramente dudo que (ellos) _____ el estrecho esta tarde, pues había muchas olas. (cruzar)

5. Pero Bernarda, ¿cómo es posible que ahora (tú) no _____? (acordarse)

6. Es lógico que tú no _____ de nada de esto, pues sucedió cuando estabas en el extranjero. (enterarse)

7. No puedo creer que (ella) se lo _____ a su hermano. Él no debería haberlo sabido nunca. (decir)

5-24 Vuelve a escribir las oraciones siguientes, utilizando el **presente perfecto de subjuntivo** en la cláusula subordinada. Haz los cambios necesarios.

Ejemplo: ¿Esperas haber terminado antes de las cinco?

(nosotros) *¿Esperas que nosotros hayamos terminado antes de las cinco?*

1. Es admirable conducir toda la noche.

(ellos) _____

2. Nos sorprende haber llegado tan pronto.

(tú) _____

3. Lamento no haber conocido a su cuñada.

(ellas) _____

4. Inmaculada se alegra de haber pedido un batido de fresa.

(yo) _____

5. ¿No es fabuloso haber podido ver el partido de tenis desde tan cerca?

(vosotros) _____

Práctical oral

5-25 **¡Ojalá se deba al tráfico!** En parejas, hagan conjeturas sobre el retraso *(delay)* de una novia *(bride)* a su boda. Presten atención al uso del **presente perfecto de subjuntivo** y diferentes verbos y expresiones en la primera cláusula.

Ejemplo: ¿Será posible que la novia **se haya equivocado** de iglesia?

Eric Limon/Shutterstock.com

5-26 He aprendido... Utilizando el presente perfecto de indicativo, un(a) estudiante menciona algo que ha aprendido a hacer desde que llegó a la universidad y otro(a) reacciona usando el **presente perfecto de subjuntivo**.

Ejemplo: Estudiante 1: He aprendido a compartir el cuarto con otra persona.

Estudiante 2: ¡Qué bueno que **hayas aprendido** a compartir el cuarto con otra persona!

5-27 Creación

Contesta la siguiente carta como si fueras la señorita Modales (*Miss Manners*).

- Primero repasa los puntos gramaticales estudiados en este capítulo.
- Luego, calibra la situación y analiza lo que hizo la mujer que escribe.
- Termina ofreciendo conductas alternativas tanto para la mujer que escribe como para el dueño del restaurante.
- Revisa la respuesta varias veces antes de entregársela a tu profesor(a).

Estimada Srta. Modales:

Anoche fui a cenar con mi familia al restaurante de un amigo de mis padres. Me tocó sentarme al lado del dueño, el cual nos hizo muchos honores. Para ser sofisticada, pedí carne tártara sin saber que se trataba de carne cruda. Cuando me la trajeron, no pude comérmela. Mi madre se enfadó conmigo porque le pareció una grosería que yo no tocara el plato. ¿Qué debería haber hecho para quedar bien delante del amigo de mis padres?

Capítulo 6 En familia

La brecha

El imperativo

A. El imperativo es el modo verbal que se emplea principalmente para dar órdenes. Por eso las formas verbales del imperativo también se llaman mandatos.

Dame un plato de cartón.   *Give me a paper plate.*

Llámame mañana.   *Call me tomorrow.*

B. Observa que las formas verbales del imperativo son idénticas a las del subjuntivo, excepto las formas **afirmativas** de **tú** y **vosotros**.* La forma de **yo** no existe, por razones obvias.

MANDATOS AFIRMATIVOS		MANDATOS NEGATIVOS	
yo = (no existe)	nosotros(as) = subjuntivo	yo = (no existe)	nosotros(as) = subjuntivo
*tú = tercera persona del presente de indicativo	*vosotros(as) = raíz verbal + -ad, -ed, -id	tú = subjuntivo	vosotros(as) = subjuntivo
Ud. = subjuntivo	Uds. = subjuntivo	Ud. = subjuntivo	Uds. = subjuntivo

AFIRMATIVOS		NEGATIVOS	
esperar			
——	esperemos	——	no esperemos
*espera	*esperad	no esperes	no esperéis
espere	esperen	no espere	no esperen
aprender			
——	aprendamos	——	no aprendamos
*aprende	*aprended	no aprendas	no aprendáis
aprenda	aprendan	no aprenda	no aprendan
escribir			
——	escribamos	——	no escribamos
*escribe	*escribid	no escribas	no escribáis
escriba	escriban	no escriba	no escriban

C. Los verbos que presentan un cambio vocálico en el presente de subjuntivo lo mantienen en las mismas personas gramaticales que los mandatos. (Mira el Repaso gramatical del *Capítulo 5, pág. 138*.)

AFIRMATIVOS		NEGATIVOS	
volver (o → ue)			
___	volvamos	___	no volvamos
*vuelve	*volved	no vuelvas	no volváis
vuelva	vuelvan	no vuelva	no vuelvan
mentir (e → ie, e → i)			
___	mintamos	___	no mintamos
*miente	*mentid	no mientas	no mintáis
mienta	mientan	no mienta	no mientan

D. Los verbos que tienen irregular la primera persona singular del indicativo mantienen la irregularidad en los mandatos, excepto en los mandatos **afirmativos** de **tú** y **vosotros**.

AFIRMATIVOS		NEGATIVOS	
traer			
___	traigamos	___	no traigamos
*trae	*traed	no traigas	no traigáis
traiga	traigan	no traiga	no traigan

E. Los siguientes verbos de uso muy frecuente tienen irregular el mandato afirmativo de la segunda persona: **tú**.

decir	**di**	hacer	**haz**	ir	**ve**	ser	**sé**
salir	**sal**	tener	**ten**	poner	**pon**	venir	**ven**

F. El verbo **ir** tiene dos formas afirmativas aceptables para **nosotros**: **vamos** y **vayamos**. La única forma negativa es **no vayamos**.

> **Vamos/Vayamos** deprisa, que si no perdemos el tren.
> *Let's hurry up, or we will miss the train.*
> No, no **vayamos** tan deprisa; tenemos tiempo de sobra.
> *No need to hurry; we have plenty of time.*

G. **Vamos a** + infinitivo equivale a la expresión del inglés *Let's* + *infinitive*, y es otra forma de expresar el mandato afirmativo de la primera persona del plural. Nota que para el mandato afirmativo de **nosotros** existen dos posibilidades, pero para el mandato negativo sólo una.

> **Vamos a** jugar./Juguemos.   *Let's play.*
> No juguemos más.   *Let´s not play anymore.*

¡Ojo! **No vamos** a jugar. = *We are not going to play.*

H. Con los mandatos afirmativos, los pronombres reflexivos y los de objeto directo e indirecto **siempre** se colocan detrás. Con los mandatos negativos, los pronombres **siempre** se colocan delante, entre el adverbio **no** y el mandato.

> Haz**lo**.   *Do it.*   Levánte**se**.   *Get up.*
> No **lo** hagas.   *Don't do it.*   No **se** levante.   *Don't get up.*

Recuerda que con los mandatos afirmativos es necesario a veces el uso del acento gráfico. (Mira el Repaso gramatical del *Capítulo 4, pág. 124*.)

I. La forma afirmativa de **nosotros** pierde la **-s** final cuando va seguida de los pronombres **-nos** o **-se**. Observa dónde va el acento.

casemos + nos = **casémonos**	*Let's get married.*
volvamos + nos = **volvámonos**	*Let's go back.*
digamos + se lo = **digámoselo**	*Let's tell (it to) her/him/them.*

J. La forma afirmativa de **vosotros** pierde la **-d** cuando va seguida del pronombre **-os**. Esto ocurre sólo con los verbos reflexivos.

lavad + os = **lavaos**	vestid + os = **vestíos**	poned + os = **poneos**
Wash yourselves.	*Dress yourselves.*	*Put it on.*

K. En los letreros públicos suelen utilizarse los infinitivos como mandatos.

no fumar	*no smoking*	**jalar/tirar**	*pull*
no pisar	*no stepping*	**empujar**	*push*

Práctica escrita

6-1 Contesta cada una de las preguntas siguientes con dos **mandatos**: uno **afirmativo** y otro **negativo** de **tú**. Sigue el ejemplo.

Ejemplo: ¿Debo ir al supermercado?

Sí, ve por favor.

No, no vayas al supermercado.

1. ¿Debo levantarme temprano?

   _____

2. ¿Debo casarme joven?

   _____

3. ¿Debo divertirme después del examen?

   _____

4. ¿Debo hacer todos los ejercicios?

   _____

5. ¿Debo salir ya para el aeropuerto?

   _____

   _____

6-2 Juan Alberto y Nerea están haciendo planes para viajar por Perú, pero no están de acuerdo en nada. Completa la conversación entre ellos, siguiendo el modelo, con los **mandatos afirmativos** y **negativos** de **nosotros**.

Ejemplo: visitar las ruinas incas en Ollantaytambo

Juan Alberto: Sí, *Visitemos las ruinas incas en Ollantaytambo.*

Nerea: No, *no visitemos las ruinas incas en Ollantaytambo.*

1. hospedarse en hoteles grandes

   Juan Alberto: Sí, _____.

   Nerea: No, _____.

2. tomar un barco en el río Amazonas

   Nerea: Sí, _____.

   Juan Alberto: No, _____.

3. comprar entradas para ver un partido de fútbol

   Juan Alberto: Sí, _____.

   Nerea: No, _____.

4. conocer las ciudades principales

   Nerea: Sí, _____.

   Juan Alberto: No, _____.

5. explorar las Líneas de Nazca

   Juan Alberto: Sí, _____.

   Nerea: No, _____.

6-3 Completa la carta siguiente con la forma verbal del **presente de indicativo**, del **presente de subjuntivo** o con un **imperativo**, según corresponda.

Queridísima hija:

Tu padre y yo nos hemos enterado de que has roto con Guillermo. No

_____. A tu edad es normal que estas cosas   **preocuparse**

_____. _____   **ocurrir / tener**

confianza en ti misma. No hay duda que _____ una   **ser**

chica inteligente y encantadora. Es muy probable que

_____ a otro chico como Guillermo bastante   **conocer**

pronto. Ya lo verás.

   Mientras tanto (*meanwhile*), _____ con tus   **salir**

amigas y _____. No es bueno que una joven   **divertirse**

_____ sola en casa todo el tiempo después de una   **quedarse**

ruptura sentimental. _____ de llamarnos este fin de   **acordarse**

semana. Queremos saber cómo _____ para poder   **sentirse**

ayudarte. ¡Ánimo!

Con el cariño de siempre,

Mamá

Práctica oral

6-4 ¡Aaaaachú! En parejas, una estudiante hace el papel de médico(a) y otro(a) de paciente. El (La) médico(a) le dará cinco recomendaciones al (a la) paciente sobre lo que debe hacer o no para curarse pronto de un catarro *(cold)*, una gripe *(flu)* o cualquier otra enfermedad. Luego, cambien los papeles. Presten atención a los **mandatos afirmativos** y **negativos**. Utilicen la forma de **Ud.**

Ejemplo: No **beba** bebidas muy frías y **duerma** mucho.

siamionau pavel/Shutterstock.com

6-5 ¡Juntos por fin! En parejas, preparen tres preguntas referentes al modo de anunciar y celebrar un compromiso matrimonial *(engagement)*. Luego, hagan esas preguntas a otra pareja. Presten atención a los **mandatos afirmativos** y **negativos**.

Ejemplo: Estudiante 1: ¿Mandamos un anuncio electrónico?

Estudiante 2: No, **no pongamos** un anuncio; mejor **mandemos** tarjetas de verdad.

Estudiante 1: Vale, pues **cómpralas** tú mañana al salir de la oficina.

6-6 Escucha bien. En parejas, decidan lo que les dirían a las siguientes personas. Presten atención a los **mandatos afirmativos** y **negativos**.

Ejemplo: a alguien que te está molestando

Estudiante 1: **Busca** algo mejor que hacer que darme la lata.

Estudiante 2: **No vuelvas** a contarme la misma historia otra vez.

a. a alguien que te gusta

b. a tu compañero(a) de cuarto

c. a alguien que quiere hacerte preguntas para una encuesta

d. a tus hermanos

e. a alguien que te quiere vender algo

La voz pasiva con *ser*

A. La voz pasiva con **ser** se forma con la estructura siguiente.

Sujeto + **ser** + participio pasado + (**por** + agente).

Para transformar una oración activa en pasiva, observa los cambios en el modelo siguiente.

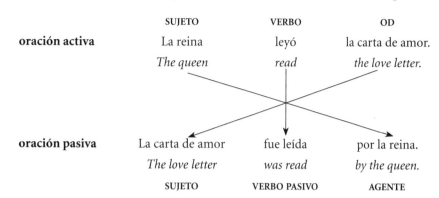

	SUJETO	VERBO	OD
oración activa	La reina	leyó	la carta de amor.
	The queen	*read*	*the love letter.*

	SUJETO	VERBO PASIVO	AGENTE
oración pasiva	La carta de amor	fue leída	por la reina.
	The love letter	*was read*	*by the queen.*

B. Observa que el participio pasado funciona como un adjetivo y, por lo tanto, concuerda con el sujeto.

Estas propuestas **han sido aceptadas por** todos.

These proposals have been accepted by everybody.

C. La voz pasiva con el verbo **ser** puede ocurrir en cualquier tiempo y modo.

Ojalá que el sexismo **sea/fuera eliminado** completamente **por** las generaciones futuras.

I hope that sexism may/might be completely eliminated by future generations.

D. A diferencia del inglés, en español cuando hay un objeto indirecto en la oración activa, esta no se puede poner en la voz pasiva.

ORACIÓN ACTIVA	→	ORACIÓN PASIVA
Nuestra maestra le hizo un regalo **a Humberto**. SUJETO V OD OI		No se puede poner en la voz pasiva.
*Our teacher gave a gift **to Humberto**.* SUJETO V OD OI		*A gift was given to Humberto by our teacher.* *Humberto was given a gift by our teacher.*

E. La voz pasiva con **ser** + participio pasado se usa relativamente poco en el español hablado. Es más común la estructura con **se**. (Mira la página 161.)

Práctica escrita

6-7 Primero, identifica el sujeto, el verbo y el objeto directo de las siguientes oraciones en la voz activa. Encima de cada uno, escribe una **S**, **V** u **OD**, según corresponda. Después, cámbialas a la **voz pasiva**, prestando atención al tiempo verbal de la oración original.

Ejemplo:

      S   V   OD

Nuestra empresa va a contratar a dos nuevos gerentes.

Dos nuevos gerentes van a ser contratados por nuestra empresa.

1. Todos celebraron las buenas noticias.

2. Un grupo de jóvenes organizará un concierto de rock.

_____

3. El alcalde de Cajamarca va a recibir a los campeones de la liga de fútbol.

_____

4. Los jueces han eliminado a su equipo.

_____

5. Los filósofos han utilizado esta palabra con sentido universal.

_____

Práctica oral

6-8 Antes y ahora. En parejas, mencionen tres tareas que eran antes realizadas por los hombres y ahora las realizan también las mujeres, o viceversa. Presten atención al uso de la **voz pasiva con ser** y el tiempo verbal que deben emplear.

Ejemplos: Antes, las empresas **eran dirigidas por** hombres, pero ahora algunas **son dirigidas** también **por** mujeres.

Los niños **eran cuidados por** sus madres, pero hoy día **son cuidados** también **por** sus padres.

Estar + el participio pasado

A. El resultado de una acción se expresa con esta estructura.

ACCIÓN	→	RESULTADO
Los testigos firmaron los documentos		Ahora los documentos **están** firmados.
The witnesses signed the documents.		*Now the documents are signed.*
Su esposo murió hace varios años.		Ya **está** muerto.
Her husband died several years ago.		*He is already dead.*

B. La estructura **estar** + participio pasado no debe confundirse con la voz pasiva con **ser**. Con **estar** + participio se indica el estado de algo o alguien mientras que con **ser** + participio (la voz pasiva) se expresa una acción. Dicho de otra manera, **estar** + participio expresa la condición en que se encuentra o encontraba algo o alguien; con **ser** + participio, en cambio, se indica lo que ocurre u ocurrió. Observa:

ESTAR	SER
El sospechoso **estuvo detenido** dos horas.	El sospechoso **fue detenido** a las ocho.
The suspect was detained for two hours.	*The suspect was detained at 8 p.m.*
Los trabajos ya **están corregidos**.	Los trabajos **son corregidos** por los ayudantes.
The papers are already corrected.	*The papers are corrected by the assistants.*

C. Con el verbo **estar**, el participio pasado funciona como un adjetivo y, por lo tanto, concuerda con el sujeto de la oración.

Estos problemas no **están resueltos** todavía.　　*These problems are not solved yet.*

Práctica escrita

6-9 Llena el espacio en blanco con el presente de indicativo del verbo **ser** o **estar**, según corresponda.

1. Estas leyes _____ propuestas por los políticos más conservadores.

2. ¡Qué lástima! No podemos sentarnos en estos bancos porque _____ recién pintados.

3. Que yo sepa, el personal de servicio _____ contratado por el gerente del hotel.

4. ¿Es este el documento donde _____ especificados los detalles del contrato?

5. Sí, la palabra "hombre" a menudo puede _____ sustituida por "persona" o "ser humano".

6. Las reglas del código de honor _____ explicadas en el manual de la universidad.

Práctica oral

6-10 Un matrimonio arquetípico. En parejas, inventen un diálogo entre dos esposos. Uno(a) llama al (a la) otro(a) para averiguar si ya ha terminado las tareas que le había encargado. Presten atención al uso de la estructura **estar** + participio pasado, como muestra el ejemplo.

Ejemplo: Esposa: Oye, cariño, ¿te has acordado de regar las plantas?

Marido: Sí, querida, las plantas ya **están regadas**.

hacer la cama	arreglar el frigorífico	vacunar al perro
lavar las sábanas	sacar la basura	cortar la hierba del jardín
recoger la ropa	hacer la compra	pagar las cuentas
limpiar el auto		

La voz pasiva con *se*

A. La voz pasiva con **se** se utiliza cuando **no** hay un agente expreso en la oración. Si lo hay, sólo se puede emplear la forma con el verbo **ser** + participio + **por** + agente. Nota la diferencia entre:

Se tratará ese asunto en la próxima reunión.

That issue will be addressed at the next meeting.

Ese asunto **será tratado** por el comité ejecutivo.

That issue will be addressed by the executive committee.

B. La voz pasiva con **se** presenta dos estructuras gramaticales diferentes, una para objetos inanimados (una pelota, un árbol) y la otra para seres animados (personas y animales).

> **Se** + verbo en tercera persona singular o plural + sujeto inanimado.

Se redactaron esas leyes en 1986.

Those laws were written in 1986.

Algún día **se eliminará** el tratamiento sexista.

Sexist forms of address will be eliminated someday.

Observa que en español el verbo va en tercera persona (singular o plural) y concuerda con el sujeto inanimado (**esas leyes** y **el tratamiento sexista**).

En español, la estructura pasiva con **se** coincide con la estructura impersonal con **se** cuando el verbo y el sustantivo que le siguen están en singular. (Mira la explicación de **se** impersonal, en el Repaso gramatical, *Capítulo 4, pág. 129*.) Sin embargo, el sustantivo cumple la función de sujeto en la oración pasiva y la de objeto en la impersonal. Compara:

Se pasivo + verbo + sujeto.	**Se** impersonal + verbo + OD.
Se habla español.	Se habla español.
Spanish is spoken.	*One (they, you …) speak(s) Spanish.*

La estructura con seres animados es la siguiente:

Se + verbo en tercera persona singular + **a** + ser animado.

Se cita a las escritoras como categoría aparte.

Women writers are cited as a separate category.

Se ha consultado a la mejor ingeniera de minas.

The best mining engineer has been consulted.

En los ejemplos anteriores, los sustantivos **escritoras** e **ingeniera** cumplen la función de objeto directo y van precedidos de **a**. El verbo va **siempre** en la tercera persona del singular. En cambio, *women writers* y *engineer* cumplen en inglés la función de sujeto gramatical, y el verbo concuerda con esos sustantivos.

C. Se emplea una estructura pasiva con **se** diferente para los seres animados, porque cuando estos cumplen la función de sujeto gramatical y hay un pronombre **se**, la oración es reflexiva o recíproca, **nunca** pasiva. Es por esa causa que en la voz pasiva con **se** el ser animado cumple la función de objeto directo o indirecto, pero **nunca** de sujeto.

ORACIÓN PASIVA	ORACIÓN REFLEXIVA
Se presentó **a** <u>Kiko</u>.	<u>Kiko</u> **se** presentó (a sí mismo).
OD	SUJETO
Kiko was introduced.	*Kiko introduced himself.*
SUJETO	SUJETO

ORACIÓN PASIVA	ORACIÓN RECÍPROCA
Se apoya **a** <u>las mujeres</u>.	<u>Aquellas mujeres</u> **se** apoyan unas a otras.
OD	SUJETO
Women are supported.	*Those women support each other.*
SUJETO	SUJETO

Nota que en los ejemplos anteriores **Kiko** y **las mujeres** tienen la función de objeto directo en la oración pasiva y la de sujeto en la oración reflexiva o recíproca. En inglés, sin embargo, *Kiko* y *women* tienen la función de sujeto en las oraciones anteriores (*Kiko* en la oración pasiva y en la reflexiva, *women* en la oración pasiva y en la recíproca).

Práctica escrita

6-11 Escoge la respuesta que complete correctamente las siguientes oraciones.

1. Según las noticias, todavía _____ las causas del atentado terrorista.

   a. es desconocida   b. están desconocidas   c. se desconocen

2. Como supimos más tarde, el atentado _____ por el grupo terrorista XRT-89.

   a. estaba planeado   b. fue planeado   c. se planeó

3. Aparentemente, los terroristas hacía tiempo que _____ por la policía.

   a. eran perseguidos   b. se perseguían   c. estaban perseguidos

4. Por suerte la mayoría de la gente a la que ayudamos nosotros no _____.

   a. se hirió   b. estaba herida   c. fueron heridas

5. _____ a los pocos viajeros que resultaron heridos al hospital más cercano.

   a. Se transportó   b. Se transportaron   c. Fueron transportados

6. De ahora en adelante, las estaciones de autobuses de todo el país _____ con mucho más cuidado.

   a. estarán vigilados   b. se vigilará   c. serán vigiladas

6-12 Primero identifica el **verbo** y el **objeto directo** de estas oraciones. Encima de cada palabra, escribe una **V** u **OD**, según corresponda. Luego, cámbialas para que tengan un significado **pasivo**, usando **se**.

Ejemplo: V   OD
                Perjudican directamente a las mujeres.

Se perjudica directamente a las mujeres.

1. No consideran a las mujeres seres inferiores.

     _____

2. Van a redefinir los papeles de la mujer y del hombre.

     _____

3. En español reservan el género femenino para trabajos poco prestigiosos.

     _____

4. Han invitado al señor Cuervo y a la señora Aguilar.

     _____

5. ¿Por qué debemos evitar las comidas picantes?

     _____

6-13 Completa el párrafo con el verbo de la derecha, usando la voz pasiva con **se** en el presente de indicativo.

Entre los productos por los que España es famosa está el aceite de oliva. El árbol
del olivo _____ en tierras áridas pero requiere   **cultivar**
inviernos frescos para dar sus frutos, las aceitunas. De ellas
_____ el aceite, el cual   **extraer**
_____ exprimiendo (pressing) sus frutos. Aunque   **obtener**
hay muchas variedades de aceite, el afamado extra virgen procede de la primera
extracción, hecha tan pronto como _____ los   **cosechar** (*harvest*)
frutos. El producto _____ inmediatamente para   **embotellar**
mantener el sabor y el aroma.

Práctica oral

6-14 Receta. En parejas, expliquen detalladamente cómo se hace algo (por ejemplo, un sándwich de queso, la cama, conducir, etcétera). Presten atención a la voz pasiva con **se**.

Ejemplo: Para hacer un sándwich de queso, primero **se sacan** el queso, el pan y la mayonesa del frigorífico.

6-15 ¿Nuevos tiempos? En grupos de tres estudiantes, hablen de la actitud general hacia la participación de las mujeres en todos los niveles de la vida pública. Presten atención a la voz pasiva con **se**.

Ejemplos: **Se critica** mucho a las mujeres que parecen agresivas.

Se reivindican los mismos sueldos para los dos sexos.

No **se margina** tanto a las amas de casa.

6-16 Creación

Comenta alguna noticia de actualidad relacionada con el tema de la maternidad, la planificación familiar, los métodos anticonceptivos, los tratamientos de fertilidad, las madres de alquiler *(surrogate)*, la participación activa de los hombres en la crianza de los hijos, etcétera.

- Resume el tema en tus propias palabras.
- Señala algún aspecto cultural que destaque en la noticia.
- Compara esta situación con la de años pasados si es posible.
- Expresa tu opinión y haz referencia a ejemplos (concretos o hipotéticos).
- Revisa el borrador varias veces antes de entregárselo a tu profesor(a).

Un niño de la mano de su padre

Para y por

I. Para

A. La preposición **para** se usa al referirse a cualquier tipo de destino o destinatario específico.

1. Lugar geográfico

   Este sábado salimos **para** Chile.   *We are going to Chile this coming Saturday.*

2. Uso

   pastillas **para** el asma   *pills for asthma*

   champú **para** el pelo graso   *shampoo for oily hair*

   crema hidratante **para** el cuerpo o la cara   *moisturizing cream for the body or face*

3. Personas o cosas

   La carta que traigo es **para** Raúl.   *The letter I am carrying is for Raúl.*

   Mi sobrina lleva mucho tiempo trabajando **para** esa empresa de transportes.

   My niece has been working for that transportation firm for a long time.

4. Fecha u hora

   El informe de ventas es **para** mañana martes.

   The sales report is due tomorrow, Tuesday.

B. *in order to +infinitive*

Federico se ha hecho la cirugía estética **para** parecer más joven.

Federico has had plastic surgery in order to look younger.

C. *In comparison with, considering that*

Para ser tan pobre, has viajado muchísimo.

For being so poor, you have travelled quite a lot.

Para alguien con tantos estudios, ¡él parece bastante tonto!

For someone with so much education, he seems quite dumb!

D. *In the opinion of, according to*

Para mí, Joaquín no es feliz desde hace mucho tiempo.

In my opinion, Joaquín has not been happy for quite a while.

E. Algunas expresiones con **para** son:

estar para + infinitivo	*to be about to* *
para siempre	*forever* **
no ser para tanto	*to not be so bad*

---

*En algunos países latinoamericanos se utiliza **estar por** + infinitivo con el significado de *to be about to*.

También se puede decir **por siempre.

Unidad II • Capítulo 6 – REPASO GRAMATICAL

II. Por

A. La preposición **por** expresa causa o motivo: *because of, due to, out of*

No pudimos ir a la inauguración **por** la lluvia.

We could not go to the inauguration because of the rain.

Por comer tanto y tan rápido me dio una tremenda indigestión.

I got indigestion due to eating too much and too fast.

B. *On behalf of, for the sake of*

Arriesgó su vida **por** la democracia.

She put her life at risk for the sake of democracy.

C. En lugar de

Mi hermano Pepe está enfermo y, como los dos trabajamos en la misma tienda, yo voy a trabajar hoy **por** él.

My brother Pepe is sick and, since we both work at the same store, I am going to work in his place today.

D. *Per*

Raimundo los apoya cien **por** ciento.

Raimundo backs them a hundred per cent.

E. A cambio de

Le compré este reloj a Jaime **por** doscientos dólares.

I bought that watch from Jaime for two hundred bucks.

F. *Around, through, throughout, along* o *by*, refiriéndose a lugares

Paseamos **por** la orilla del mar todos los días.

We walk along the shore every day.

G. La duración de una acción

Nos quedamos en Quito **por** dos semanas.

We will stay in Quito for two weeks.

¡Ojo! En el lenguaje hablado, se prefiere no usar ninguna preposición o emplear **durante**.

Nos quedamos en Quito (**durante**) dos semanas.

H. El medio o modo, *via*

Hagan el favor de mandarme el contrato **por** fax.

Please send me the contract via fax.

I. En busca de

Han ido al mercado **por** pan integral.

They went to the market for/in search of whole wheat bread.

J. **Por** introduce el agente de la voz pasiva con **ser**.

Fuimos recibidos en el hotel **por** el guía turístico.

We were welcomed at the hotel by the tourist guide.

K. Algunas expresiones y verbos con **por** son:

por favor	*please*
¡Por Dios!	*For heaven's sake!*
estar por + infinitivo	*to be in favor of, be inclined/tempted to*
por eso	*for that reason*
por fin	*finally*
por la mañana, tarde, noche	*in the morning, afternoon, evening* (cuando no se refiere a una hora fija)
entrar, salir, preocuparse, sacrificarse, rogar + por	*to enter through, exit through, worry about, sacrifice for, beg for*

L. Recuerda que no se usa **por** con **buscar**, **pedir** ni **esperar**.

¿Le podrías pedir su teléfono, por favor?

Could you ask him for his phone number, please?

Estamos buscando un apartamento en la playa.

We are looking for an apartment on the beach.

Llevamos horas en el aeropuerto esperando a mi tía.

We have been at the airport for hours waiting for my aunt.

Práctica escrita

6-17 Escribe **para** o **por** en los espacios en blanco cuando sea necesario. Si no necesitas ninguna de las dos preposiciones, escribe una **x**.

He venido al consulado norteamericano porque necesito un visado. _____ hablar con el cónsul me dicen que hay que tener cita previa. Les digo que yo había concertado la mía la semana pasada y me dejan entrar _____ una puerta giratoria. A continuación, me indican que pase _____ el detector de metales. _____ fin llego a una sala bastante grande. Somos unos veinte los que esperamos _____ al cónsul. Con suerte, llegaré a casa _____ la hora de cenar. Menos mal que he dejado preparada la cena _____ mis hijos y no tengo que preocuparme _____ esto.

6-18 Lee el fragmento siguiente. Para cada número, subraya la palabra o frase de abajo que explica el uso de **para** y **por**.

> La expresión informal de saludo, usada (1) **para** dirigirse a personas a las que se trata con familiaridad es "¡hola!" En encuentros fortuitos, (2) **por** ejemplo, en la calle o en una visita, se dice "¿Qué tal estás?" (3) **Para** transmitir un mensaje (4) **por** intermedio de otra persona, la forma corriente es "recuerdos de mi parte a X". (María Moliner, *Diccionario de uso del español*)

1. *In order to* / Un destinatario específico

2. *On behalf of* / Expresión con **por**

3. *In order to* / *Considering that*

4. En lugar de / El medio o modo, *via*

6-19 Completa las oraciones siguientes con **para** o **por**.

1. ¿Estas flores son _____ mí?

2. El fantasma fue dibujado _____ mi hermanita.

3. _____ miedo de las tormentas, mi perro se escondió debajo de la cama.

4. La profesora me elogió _____ mi trabajo.

5. El ensayo es _____ la clase del profesor Cruz.

6. ¿Hay alivio _____ la migraña?

Práctica oral

6-20 ¡Para comprobar! En parejas, formen oraciones usando **para** y **por** delante de cada una de las palabras siguientes. Luego, expliquen el significado que tiene la preposición en cada una de las oraciones.

Ejemplo: concurso de baile

Ya tengo compañera **para** el concurso de baile.

(**para:** el destinatario es una cosa)

mí	familia	protección	Dios	cárcel
pegar	siempre	iglesia	domingo	mil pesos

El subjuntivo: conjunciones de propósito, excepción y condición

Después de las conjunciones que indican **propósito**, **excepción** y **condición** se emplea **siempre** el subjuntivo.

PROPÓSITO + SUBJUNTIVO	EXCEPCIÓN + SUBJUNTIVO	CONDICIÓN + SUBJUNTIVO
para que *in order that*	salvo que *unless*	a condición (de) que *on the condition that*
a fin de que *in order that*	a no ser que *unless*	con tal (de) que *provided that*
de modo/manera que *so that*	a menos que *unless*	en caso de que *in case*
		siempre que* *as long as*
		sin que *without*

*¡Ojo! **Siempre que** también significa *whenever* en español, y en este caso sigue las reglas de las conjunciones adverbiales de tiempo. (Mira el Repaso gramatical, *Capítulo 9, pág. 205.*)

Te mando este ramo de rosas **para que** no me olvides.

I am sending you this bouquet of roses so that you will not forget me.

Saldremos a las cuatro de la madrugada **a menos que** nos quedemos dormidas.

We will leave at four in the morning unless we sleep in.

Está dispuesto a trabajar **sin que** le paguen.

He is willing to work without being paid (their paying him).

Práctica escrita

6-21 Completa las oraciones siguientes con el presente del **subjuntivo**.

1. Iremos al picnic a no ser que _____. (llover)

2. Lavaré las sábanas a condición de que tú _____ el portal. (limpiar)

3. A Mariana le pagarán una carrera universitaria a menos que _____ otra crisis económica. (haber)

4. Rodolfo a veces se pone una peluca *(wig)* para que nadie lo _____. (reconocer)

5. A mi madre no le importa lo que cuesten los libros con tal de que yo los _____. (cuidar)

6. Luis y Alberto serán buenos amigos siempre que no _____ juntos. (vivir)

6-22 Traduce la expresión en paréntesis para completar las siguientes oraciones.

1. Una cámara los está grabando todo el día _____. *(without their knowing it)*

2. Iremos al médico hoy _____. *(unless you are feeling better)*

3. Debes invitar a Ricardo _____. *(so that he is not offended)*

4. _____ a tiempo, pensamos salir para el teatro a las seis. *(Provided that everyone arrives)*

5. _____ a casa antes que yo, por favor empieza a preparar la cena. *(In case you arrive)*

6-23 Combina las dos columnas siguientes para formar oraciones lógicas.

_____ 1. Yo nunca como pan…	a. de manera que haya para todos.
_____ 2. Hay bastante pan para la cena…	b. en caso de que esté cerrada la panadería.
_____ 3. Voy a llamar a la panadera…	c. a no ser que tú te lo comas todo antes.
_____ 4. Ha aprendido a hacer pan…	d. salvo que sea integral *(whole wheat)*.
_____ 5. Vete a comprar pan al supermercado…	e. para que nos guarde una barra de pan *(baguette)*.
_____ 6. Vamos a repartir el pan…	f. sin que nadie se lo haya enseñado.

Práctica oral

6-24 **Si no, no.** En parejas, hablen de sus costumbres de antes y de ahora. Digan por lo menos cinco oraciones, prestando atención al uso de las conjunciones de **propósito**, **excepción** y **condición**. (Mira la explicación de las formas y el uso del imperfecto de subjuntivo, *Capítulo 7, pág. 175.*)

Ejemplo: Antes toda la familia se mantenía en contacto a menos que alguien **estuviera** en el extranjero. Ahora, en cambio, sólo hablamos de vez en cuando. Yo, por ejemplo, los llamo al final del año para que **sepan** que sigo vivo.

Unidad II • Capítulo 6 – REPASO GRAMATICAL

6-25 Condiciones. En parejas, contesten las preguntas siguientes de manera original con las palabras entre paréntesis. Presten atención al uso del subjuntivo con las conjunciones de **propósito**, **excepción** y **condición**.

Ejemplo:

Estudiante 1: ¿Me prestas tu motocicleta este fin de semana? (con tal que)

Estudiante 2: Bueno, con tal que me la **devuelvas** el domingo antes de las cuatro.

a. ¿Qué vas a regalarle a tu sobrino? (salvo que)

b. ¿Para qué buscas una profesora de piano? (para que)

c. ¿Iremos todos al circo? (a no ser que)

d. ¿Estudiamos juntos para el examen? (sin que)

6-26 Creación

Escribe un cuento comentando una situación en que alguien de la familia ha escogido algo
(o alguien) que los otros desaprueban: puede ser una pareja, una casa, una mascota, un auto, etcétera.
Tu cuento puede ser inventado.

- Describe a la familia en su totalidad.
- Narra el momento y circunstancias cuando se enfrentan con lo que no encaja.
- Para que el lector entienda por qué esta decisión desata las tensiones familiares, ofrece algo de trasfondo (un precedente).
- No olvides incluir las estructuras repasadas, en especial el subjuntivo con conjunciones que lo requieren.
- Revisa el borrador varias veces antes de entregárselo a tu profesor(a).

Patria/Nación: Acercamientos

Capítulo 7 Geografía e historia

Fiera patria

Las cláusulas de relativo: restrictivas y no restrictivas

Al igual que en inglés, en español existen dos tipos de cláusulas de relativo: restrictivas y no restrictivas.

A. Las cláusulas restrictivas no van separadas por comas.

> Los empleados que eran eficientes recibieron un aumento de sueldo.
>
> *The employees who were efficient received a pay raise.*

Esta oración indica que sólo los empleados eficientes recibieron un aumento; los otros empleados no. La cláusula de relativo es restrictiva porque limita el significado del antecedente "empleados".

B. Las cláusulas no restrictivas van entre comas.

> Los empleados, quienes eran eficientes, recibieron un aumento de sueldo.
>
> *The employees, who were efficient, received a pay raise.*

La oración indica que todos los empleados eran eficientes y, por tanto, todos recibieron un aumento. La cláusula de relativo no es restrictiva; expresa una cualidad o condición del antecedente "empleados", pero no lo limita.

Los relativos

A. Algunos de los relativos en español son:

que	*who, whom, what, which, that*
quien, quienes	*who, whom*
el que, los que, la que, las que	*who, whom, which, the one who, that*
el cual, los cuales, la cual, las cuales	*who, whom, which*

B. **Que** es el relativo más empleado en español. Su antecedente puede ser una persona o una cosa.

El ayudante **que** contesta el teléfono en la oficina puede echarte una mano.

The assistant who answers the telephone in the office can help you.

Los gráficos **que** hay que preparar son responsabilidad tuya.

The charts that have to be prepared are your responsibility.

C. El antecedente del pronombre **quien(es)** es siempre una persona. Este relativo se emplea

1. después de una preposición.

Los chicos **a quienes** ofrecieron el trabajo son de Uruguay.

The guys to whom they offered the job are from Uruguay.

La mujer **con quien** cené anoche es mi jefa.

The woman with whom I had dinner last night is my boss.

2. en las cláusulas no restrictivas (entre comas). No obstante, en la lengua hablada se prefiere usar **que** en este caso.

Juan Manuel, **quien/que** sufre de migrañas, está hospitalizado.

Juan Manuel, who suffers from migraines, is hospitalized.

D. El antecedente de los pronombres **el (los) que** y **la(s) que** puede ser una persona o una cosa. Estos relativos se utilizan después de una preposición, especialmente **por, para, sin**.

Las abogadas por **las que** preguntó ya no trabajaban aquí.

The lawyers about whom she asked were not working here anymore.

El periódico para **el que** escribe es excelente.

The newspaper for which he writes is excellent.

¡Ojo! **El que/la que** significa también *the one who,* y **los/las que,** *those/the ones who.*

El nuevo ayudante fue **el que** llegó primero esta mañana.

The new assistant was the one who arrived first this morning.

Entre **los que** solicitan el puesto, **los que** más oportunidad tienen son los más jóvenes.

Among those who are applying for the job, the ones who have the best opportunity are the youngest ones.

Ese es el mismo significado que tiene en las cláusulas no restrictivas (entre comas).

Mis tías, **las que** viven en Guadalupe, todavía no conocen a mi esposo.

My aunts, those who live in Guadalupe, don't know my husband yet.

(Tengo otras tías, pero no viven allí.)

El significado de esta oración sería diferente si empleáramos **quienes** o **las cuales**.

Mis tías, **quienes/las cuales** viven en Guadalupe, todavía no conocen a mi esposo.

My aunts, who live in Guadalupe, don't know my husband yet.

(Todas mis tías viven allí.)

E. También el antecedente de **el cual, la cual** y **los (las) cuales** puede ser una persona o una cosa. Estos relativos se emplean cuando hay dos antecedentes posibles, uno masculino y el otro femenino o uno singular y el otro plural, para eliminar la ambigüedad.

El hijo de mi vecina, **el cual** ha terminado la carrera de Arquitectura, todavía no ha encontrado trabajo.

My neighbor's son, who finished his architecture degree, still hasn't found a job.

El hijo de mi vecina, **la cual** mantiene a toda la familia, todavía no ha encontrado trabajo.

The son of my neighbor, who supports her whole family, still hasn't found a job.

El **cual** y sus variantes son obligatorios después de una preposición de más de dos sílabas o de una preposición compuesta.

La iglesia delante de **la cual** me ves en esta foto es del siglo XV.

The church in front of which you see me in this photo dates from the fifteenth century.

Para los relativos **cuyo**, **lo que** y **lo cual**, mira el Repaso gramatical del *Capítulo 10*, *páginas 213–214*.

Práctica escrita

7-1 Escribe en el espacio en blanco el **relativo** que complete la oración correctamente.

1. En la fiesta _____ dio el presidente hubo doscientos invitados.
   (que / la que / la cual)

2. Hay muchas trampas contra _____ hay que estar alertas.
   (que / las cuales / la que)

3. Edna, la gente _____ no te conoce bien cree que eres muy ambiciosa.
   (quien / la cual / que)

4. En el metro, hombres a _____ no conocía me cedían el asiento.
   (quienes / las cuales / que)

5. ¿Para quién son las bandejas _____ están en la mesa del comedor?
   (que / las cuales / la que)

7-2 Escoge la opción que mejor combine las dos oraciones en una.

1. Ese hombre es mi jefe. Te hablé de él ayer.

   a. El hombre de quien te hablé ayer es mi jefe.

   b. Ayer hablé de ti con el hombre que es mi jefe.

2. Algunos de mis amigos (no todos) son muy ricos. Hicieron un viaje a China el año pasado.

   a. Mis amigos, los que son muy ricos, hicieron un viaje a China el año pasado.

   b. Mis amigos, los cuales son muy ricos, hicieron un viaje a China el año pasado.

3. La casa es preciosa. Detrás de la casa hay un jardín extraordinario.

   a. La casa, que es preciosa, tiene un jardín extraordinario.

   b. La casa detrás de la cual hay un jardín extraordinario es preciosa.

4. Soñé con Jorge anoche. Es alto, guapo e inteligente.

   a. Jorge, con quien soñé anoche, es guapo, alto e inteligente.

   b. Jorge, que es guapo, alto e inteligente, soñó conmigo anoche.

5. Consulté a una contadora sobre mis impuestos. Me dio buenos consejos.

   a. La contadora a la que consulté sobre mis impuestos me dio buenos consejos.

   b. Los consejos que me dio la contadora sobre mis impuestos son buenos.

6. El castillo estaba al lado de un lago. Visitamos el castillo ayer.

   a. El lago que visitamos ayer estaba al lado de un castillo.

   b. El castillo que visitamos ayer estaba al lado de un lago.

Práctica oral

7-3 La mejor calificada. Se han presentado dos candidatas para el puesto que su compañía ha anunciado en internet. A continuación tienen sus currículos abreviados. En parejas evalúen a las candidatas, prestando atención al uso de los **pronombres relativos**.

	candidata 1	candidata 2
estudios	escuela secundaria 2000	empresariales, universidad 2000
experiencia	dos años con Microsoft	ocho años con una empresa de exportación internacional
lenguas	francés y español	ruso y alemán
habilidades	toca los tambores (*drums*)	sabe pilotar un avión
premios/méritos	Medalla de oro en natación, Juegos Olímpicos 2004	mejor artista gráfica de 2001

Ejemplo: La candidata **que** sabe español podría ayudarnos con los clientes hispanos.

7-4 Entre nosotros. En parejas, hablen de sus compañeros de clase y otros amigos, prestando atención a los **relativos**.

Ejemplo: Mercedes, **a quien** ya había conocido en otras de mis clases, me parece simpatiquísima.

7-5 Creación

Escribe un breve informe sobre un país hispano para presentar oralmente en clase. Puedes desarrollar cualquier tema del cuadro.

La geografía: las islas Galápagos, los volcanes, el lago Titicaca, las cataratas del Iguazú, etcétera
La historia: la colonización, la independencia, la Revolución nicaragüense, etcétera
Figuras históricas o míticas del pasado o del presente: los Reyes Católicos, Pancho Villa, Che Guevara, la Llorona, la China poblana, Hugo Chávez, etcétera
Miscelánea: La religión, los grupos étnicos, los productos, la economía, etcétera

- Haz la investigación y organiza tu informe según lo que te parezca más significativo o menos conocido.
- Usa pronombres relativos en algunas de las oraciones.
- Ten cuidado con los tiempos del pasado en tu descripción.
- Revisa tu borrador varias veces antes de entregárselo a tu profesor(a).

Formas y usos del imperfecto de subjuntivo

A. El imperfecto de subjuntivo se forma con la tercera persona plural del pretérito, eliminando -**on** y añadiendo las terminaciones siguientes: -**a**, -**as**, -**a**, -**amos**, -**ais**, -**an**.

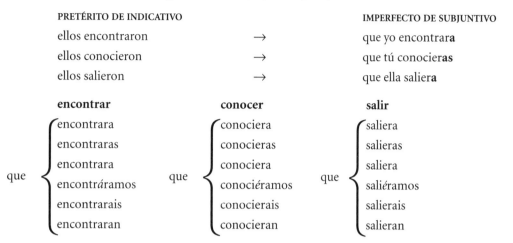

PRETÉRITO DE INDICATIVO		IMPERFECTO DE SUBJUNTIVO
ellos encontraron	→	que yo encontra**ra**
ellos conocieron	→	que tú conocie**ras**
ellos salieron	→	que ella salie**ra**

encontrar

que
- encontrara
- encontraras
- encontrara
- encontráramos
- encontrarais
- encontraran

conocer

que
- conociera
- conocieras
- conociera
- conociéramos
- conocierais
- conocieran

salir

que
- saliera
- salieras
- saliera
- saliéramos
- salierais
- salieran

B. Recuerda que algunos verbos tienen formas irregulares en el pretérito. (Mira el Repaso gramatical del *Capítulo 3, páginas 97–99.*) Estas irregularidades siempre se mantienen en el imperfecto de subjuntivo. Algunos ejemplos son:

	PRETÉRITO		IMPERFECTO DE SUBJUNTIVO
dar	ellos dieron	→	que yo diera
poner	ellos pusieron	→	que yo pusiera
decir	ellos dijeron	→	que yo dijera
venir	ellos vinieron	→	que yo viniera

C. El imperfecto de subjuntivo se usa en la cláusula subordinada cuando el verbo de la cláusula principal está en el pasado y requiere el uso del subjuntivo; es decir, cuando el verbo expresa duda, negación, emoción, deseo, etcétera.

La psicóloga **quería que** yo le **contara** mis sueños.

Varias veces **negó** que **estuviera** descontento con los resultados.

On several occasions he denied he was dissatisfied with the results.

La psicóloga **quería que** yo le **contara** mis sueños.

The psychologist wanted me to tell her my dreams.

También se usa el imperfecto de subjuntivo en las oraciones condicionales. (Mira el Repaso gramatical del *Capítulo 9, páginas 196–197.*)

Si quisiera, lo podría hacer mucho mejor.

If he wanted to, he could do it much better.

D. La correspondencia temporal entre la cláusula principal y la subordinada es la siguiente.

TIEMPOS DEL PASADO

INDICATIVO	SUBJUNTIVO
imperfecto (-ía, -aba)	imperfecto
pretérito (-é, -í)	imperfecto
pluscuamperfecto (había + participio pasado)	imperfecto
condicional (-ría)	imperfecto
condicional perfecto (habría + participio pasado)	imperfecto

Unidad III • Capítulo 7 – REPASO GRAMATICAL

¡Ojo! En ocasiones, y de acuerdo con el significado de la oración, se puede usar el imperfecto de subjuntivo cuando el verbo principal está en presente. Este uso es muy limitado.

Dudo mucho que lo **encontraran** ayer.

I really doubt that they found it yesterday.

Práctica escrita

7-6 Al lado de la forma del presente de subjuntivo escribe la del **imperfecto de subjuntivo**.

1. pidas _____
2. venza _____
3. traigan _____
4. niegues _____
5. sueñe _____

6. venga _____
7. pagues _____
8. dé _____
9. empiecen _____
10. vaya _____

7-7 Vuelve a escribir estas oraciones en el pasado. Utiliza el **imperfecto de indicativo** en la cláusula principal y el **imperfecto de subjuntivo** en la cláusula subordinada.

Ejemplo: Es asombroso que Gaspar no se ponga nervioso nunca.

Era asombroso que Gaspar no se pusiera nervioso nunca.

1. Esperas que Vicente se acuerde de vuestro aniversario.

   _____

2. Es una lástima que Lucía no termine la tesis.

   _____

3. Dudamos que nos hagan este enorme favor.

   _____

4. Es improbable que vivamos en una tienda de campaña.

   _____

5. Lorenzo y Ángela lamentan que los demás no puedan asistir.

   _____

6. No creo que tu tío se acerque por aquí hoy.

   _____

7. Es necesario que alguien resuelva el conflicto laboral.

   _____

8. Graciela y Eduardo quieren que nosotros sigamos una carrera prestigiosa.

   _____

9. Todos mis amigos me aconsejan que no maneje tan rápido.

   _____

10. Me parece admirable que Braulio hable tantas lenguas.

    _____

Práctica oral

7-8 Torneo. Todos los estudiantes escriben en su cuaderno tres infinitivos. Luego se forman grupos de tres estudiantes y empieza uno(a) diciendo un verbo que ha elegido de su lista. Otro(a) tiene que dar las formas del **imperfecto de subjuntivo**. La tercera persona dice una oración que contenga el **imperfecto de subjuntivo**. Se van alternando hasta que todos los miembros hayan participado.

Los verbos de comunicación con el indicativo y el subjuntivo

A. Los verbos de comunicación (**decir, escribir, indicar, repetir...**) cuando <u>transmiten información</u> requieren el indicativo en la cláusula subordinada.

Dile que **nos reuniremos** a las seis de la tarde.

Tell him that we are going to meet at 6:00 p.m.

B. Con los mismos verbos se emplea el subjuntivo en la cláusula subordinada cuando sirven para <u>ordenar algo a alguien</u>. En este caso la oración es un mandato indirecto.

Dile que **se reúna** con nosotras a las seis de la tarde.

Tell him to meet us at 6:00 p.m.

C. Observa que en inglés el verbo *to tell* va seguido de un verbo conjugado cuando transmite información, pero le sigue un infinitivo cuando expresa una orden.

	ESPAÑOL	INGLÉS
informar	decir + indicativo	*to tell or say + (that) + conjugated verb*
ordenar	decir + subjuntivo	*to tell + infinitive*

Práctica escrita

7-9 Escribe en el espacio en blanco la forma del **presente de indicativo** o **de subjuntivo** de los verbos entre paréntesis, según corresponda.

1. Los expertos indican que la economía _____ a tardar en recuperarse. (ir)

2. Nos han dicho que _____ en la bolsa, pero con precaución. (invertir)

3. Hace semanas que los periódicos repiten que el país _____ en una situación magnífica. (encontrarse)

4. Ya te dije que yo todavía no _____ a cuánto está el dólar. Pregúntaselo a Francisco. (saber)

5. Siempre que la directora del colegio te ve, te repite que _____ mejor. (comportarse)

6. Dime que me _____ una vez más. (querer)

Práctica oral

7-10 Consejos, peticiones y respuestas. ¿Qué les dirían a estas personas en las situaciones siguientes? Comenten sus reacciones en parejas.

> **Ejemplo:** Estudiante 1: ¿Qué le dices a un(a) amigo(a) que está pasando un mal momento?
>
> Estudiante 2: Le digo que no **se preocupe**, que todo **pasará**.

a. a tu compañero(a) de cuarto cuando utiliza tus cosas sin pedirte permiso

b. a la gente que te pregunta por tu vida sentimental

c. al policía que te para por manejar demasiado rápido

d. a un dependiente *(clerk)* que no te hace caso

e. a tus padres cuando te quedas sin dinero

f. a alguien que deja la caquita (excrementos) de su perro en la calle

7-11 Revisión médica. En parejas, hablen de la última vez que les hicieron una revisión médica *(checkup)*. Empiecen con las instrucciones que les dieron al entrar y terminen con lo que les dijo el (la) médico(a). Presten atención al tiempo y modo de los verbos.

> **Ejemplos:** Estudiante 1: El enfermero me repitió que **me quitara** los calcetines.
>
> Estudiante 2: La médica me indicó que los resultados de los análisis de sangre me los **enviarían** a casa.

7-12 Experiencias extremas. En parejas, un(a) estudiante le cuenta al (a la) otro(a) una experiencia extrema, real o imaginaria. Presten atención a los verbos de comunicación.

> **Ejemplo:** El invierno pasado estaba con un grupo de amigos cruzando los Andes y hacía un frío atroz. Mis compañeros estaban cansadísimos, no nos quedaba casi nada de comida y la altura nos estaba afectando a todos. Yo les decía que faltaba poco para llegar al otro lado de la cordillera e insistía en que siguiéramos adelante…

7-13 Creación

Todos somos héroes. Escribe una historia (real o inventada) en la que alguien que conoces realizó una acción heroica.

- Describe al héroe o a la heroína. ¿Qué tipo de persona es?
- Relata los hechos en orden cronológico.
- Explica cómo o por qué ocurrió el incidente.
- ¿Quiénes fueron los testigos?
- ¿Qué sucedió al final? ¿Recibió una recompensa *(reward)*?
- Revisa tu borrador varias veces antes de entregárselo a tu profesor(a).

La Malinche

El subjuntivo con verbos de petición y mandato

Se usa el subjuntivo en la cláusula subordinada si la cláusula principal contiene un verbo de petición o mandato y cada cláusula tiene un sujeto diferente. Algunos de estos verbos son:

aconsejar	*to advise*	**ordenar**	*to order*
exigir	*to demand*	**pedir**	*to ask someone to*
impedir	*to prevent*	**prohibir**	*to forbid*
insistir en	*to insist*	**recomendar**	*to recommend*
mandar	*to order*	**rogar**	*to beg*

Nuestro jefe le **ha ordenado** a Diamela **que prepare** la memoria anual.

Our boss has ordered Diamela to prepare the annual report.

No le **permitirán** a su hija **que viva** allí.

They will not allow their daughter to live there.

Me **pidieron que apagara** el móvil.

They asked me to turn off my cell phone.

Algunos de estos verbos (**prohibir** y **permitir**) pueden ir seguidos de una claúsula subordinada o de un infinitivo. Observa:

(A nosotros) no nos **permiten que entremos** en este parque.

(A nosotros) no nos **permiten entrar** en este parque.

We are not permitted to enter this park.

Pero si el sujeto de la cláusula subordinada es un sustantivo, entonces hay que emplear una cláusula de subjuntivo.

No **permiten** que los perros **entren** en este parque.

Dogs are not permitted to enter this park.

En los titulares *(headlines)* de los periódicos es frecuente ver el uso del infinitivo con verbos de petición.

Ciudadanos **piden investigar** la cesión de tierras estatales a una sociedad privada.

Citizens demand investigation of the transfer of state lands to a private corporation.

Práctica escrita

7-14 Llena el espacio en blanco con la forma verbal correspondiente.

1. Todos los meses la directiva nos ruega que no _____ demasiado en cenas de negocios. (gastar)

2. He vuelto a hablar con el pediatra. Insiste en que nosotros no le _____ a Pablito tantos dulces y chucherías. (dar)

3. Con razón Isaías y Fernando nos aconsejaron que _____ otro trabajo. (buscar)

4. ¿Qué profesores te exigen que _____ a todas las clases? (asistir)

5. De vez en cuando su tía le pide a Anita que la _____ a preparar la cena. (ayudar)

6. Una vez más mi papá nos prohibió que _____ con ellos. (salir)

7. Tu antiguo empleo te impedía que _____ ocho horas. (dormir)

8. En el restaurante la mesera nos sugiere que _____ pescado. (pedir)

9. La policía les ordenó a Uds. que _____ la multa. (pagar)

10. A veces el bibliotecario me ruega que no _____ tan alto. (hablar)

7-15 Escoge la opción que mejor complete la oración.

1. Cuando era pequeña, mis maestros me permitían que _____ en clase.

   a. duerma   b. durmiera   c. dormir

2. Amor mío, te pido de todo corazón que me _____ por lo que te voy a decir.

   a. perdones   b. perdonaras   c. hayas perdonado

3. En el hospital donde trabajamos nos han prohibido _____ el celular.

   a. usar   b. que usen   c. que hayamos usado

4. Se ruega a los espectadores que por favor no _____ ruido durante la función de teatro.

   a. hagan   b. hicieran   c. hacer

5. A veces el mal tiempo nos impedía que _____ a la romería.

   a. hayamos ido   b. fuéramos   c. vayamos

6. Cuando era traviesa *(naughty)*, mis padres no me dejaban que _____ postre.

   a. coma   b. comer   c. comiera

Práctica oral

7-16 Prohibido. En parejas, imagínense que Uds. dos son jefes de personal *(personnel directors)* de sus respectivas empresas. Mencionen cinco cosas que no pueden hacer sus empleados.

Ejemplo: Les **prohíbo** a los empleados que **se lleven** materiales de la oficina.

7-17 Consultorio sentimental. En parejas, díganle a su mejor amigo, que tiene problemas con su novia, lo que debe hacer en las siguientes circunstancias.

Ejemplo: Estudiante 1: Julia, mi novia, se niega a ir a los partidos de fútbol conmigo.

Estudiante 2: Pues yo en tu lugar **insistiría** en que **fuera** todos los sábados.

a. No quiere conocer a mi familia.

b. Nunca se ofrece a pagar la cuenta.

c. Baila con otros siempre que vamos a una fiesta.

d. Sus amigas siempre están en su apartamento.

e. Tarda mucho en responder a mis mensajes de texto.

7-18 No, no y no. En parejas, describan los dibujos siguientes. Presten atención al uso del **subjuntivo con los verbos de petición.**

Ejemplo: La policía no **permite** que nadie **estacione** aquí.

© Cengage Learning

1.

2.

3.

4.

Las acciones recíprocas

A. Los pronombres recíprocos coinciden con los pronombres reflexivos plurales: **nos, os, se**. Mientras que en una oración recíproca el sujeto realiza la acción para otra persona y viceversa, en una oración reflexiva el mismo sujeto realiza la acción y la recibe. Observa el dibujo siguiente y los ejemplos.

Se miran mientras caminan.

RECÍPROCA	REFLEXIVA
Nos vimos en la calle.	Nos vimos en el espejo.
We saw each other in the street.	*We saw ourselves in the mirror.*

B. El sujeto y el verbo de una oración recíproca están siempre en plural. (Obviamente se necesitan dos personas, por lo menos, para que una acción sea recíproca.) En inglés se expresa con *each other*.

Nuestros abuelos **se conocieron** durante la Revolución sandinista.

Our grandparents met (each other) during the Sandinista Revolution.

C. A veces se añade a la oración recíproca una de las siguientes expresiones para enfatizar, aclarar o eliminar una ambigüedad.

(el) uno a(l) otro	(los) unos a (los) otros
(la) una a (la) otra	(las) unas a (las) otras
(el) uno a (la) otra	(los) unos a (las) otras

Mis primos se veían **los unos a los otros** todos los fines de semana.

My cousins used to see each other every weekend.

No sabíamos que Fernando y Albertina se detestaban **el uno a la otra**.*

We did not know that Fernando and Albertina hated each other.

D. La expresión **el uno al otro** y sus variantes sirven para diferenciar una acción recíproca de otra reflexiva.

RECÍPROCA	REFLEXIVA
Os engañáis el uno al otro.	Os engañáis a vosotros mismos.
You are deceiving each other.	*You are deceiving yourselves.*
Se peinaron unas a otras.	Se peinaron a sí mismas.
They combed each other's hair.	*They combed their own hair.*

---

*Cuando uno de los sujetos es masculino y el otro femenino, algunas gramáticas recomiendan el uso de "el uno al otro" o "los unos a los otros". No obstante, en la lengua hablada predomina el uso de "el uno a la otra" o "los unos a las otras".

E. La expresión **el uno al otro** indica reciprocidad aunque no haya ningún pronombre recíproco presente.

Cooperaremos **las unas con las otras**.

We will cooperate with each other.

Salían **el uno con la otra** a menudo.

They used to go out with each other often.

Nota que la preposición **a** de **el uno al otro** debe sustituirse por la preposición que corresponda al verbo de la oración o a la idea que se exprese.

Se casaron **el uno con la otra** tres veces.   (casarse con)

Nos hemos enamorado **el uno de la otra**.   (enamorarse de)

No os vais a sentar **unos junto a otros**.   (sentarse junto a)

Práctica escrita

7-19 Escoge la traducción correcta de las palabras subrayadas.

1. Desde hace meses mi vecina y yo <u>no nos hablamos</u>.

   a. *do not talk to each other*   b. *do not talk to ourselves*

2. Son unos maleducados. Se fueron de la fiesta sin <u>despedirse</u>.

   a. *saying goodbye to each other*   b. *saying goodbye*

3. ¡Qué coincidencia! Mi hermana y su novio, y Luisa y yo <u>nos casaremos</u> el próximo verano.

   a. *we will get married*   b. *we will marry each other*

4. Se dice que los buenos amigos nunca <u>se traicionarán</u>.

   a. *will never be betrayed*   b. *will never betray each other*

5. Pero ¿por qué <u>no se llevan bien</u> los perros y los gatos?

   a. *do not get along with each other*   b. *do not get along with them*

7-20 Completa estas oraciones con la expresión **el uno al otro** o una de sus variantes. Presta atención a la preposición que debes usar entre **uno** y **otro**.

1. En estos momentos los políticos liberales y los conservadores no confían

   _____.

2. Se dice que las madres y las hijas se necesitan _____.

3. Esa senadora y su esposo se preocupan mucho _____.

4. Con las nuevas formas de hablar los hombres y las mujeres demostrarán más respeto

   _____.

5. Elena y Sandra se quejan _____ constantemente.

6. Después de la victoria, el candidato ganador y el derrotado se saludaron

   _____.

Práctica oral

7-21 **Eso no se hace.** En parejas, mencionen seis acciones que según el protocolo una figura política y su esposo(a) deben hacer (o no) en público.

Ejemplo: No deben **insultarse** delante de las cámaras de televisión.

   Se deben mostrar cariñosos el uno con la otra.

7-22 **Contradicciones.** En parejas, formen oraciones recíprocas cuyos sujetos sean dos estudiantes de la clase. Luego, lean una de las oraciones en voz alta a toda la clase, y uno(a) de los dos estudiantes mencionados niega la información que ha oído.

Ejemplos: Estudiante 1 (Alex):   Beatriz y Marisa **se conocen** desde la escuela secundaria.

   Estudiante 2 (Marisa): Pero ¿qué dices? Marisa y yo **nos conocimos** hace tan sólo un mes.

Verbos que pueden emplear:

ayudar	entender	llamar por teléfono	visitar a menudo	pelear
admirar	odiar	apoyar en todo	traicionar	estimar

7-23 **Creación**

Te han acusado de algo que no has hecho o bien alguien ha interpretado mal tus acciones o palabras. Escribe una carta para defenderte de esas acusaciones.

- La carta debe tener tres párrafos. En el primero explica cómo te has enterado de lo que te imputan.
- En el segundo, expón la razón de tus actos o palabras, y si eres inocente, presenta una coartada (*alibi*).
- En el tercero, examina las consecuencias que esos rumores pueden tener para tu reputación.
- Revisa tu borrador varias veces antes de entregar la carta a tu profesor(a).

Capítulo 8 **Represiones**

Preso sin nombre, celda sin número

El subjuntivo en cláusulas adjetivales

A. Las cláusulas adjetivales son cláusulas de relativo: van detrás del sustantivo al que se refieren y precedidas de un relativo (**que, quien, cuyo,** etcétera).

> La casa **que** alquilamos tenía una piscina enorme.
>
> *The house that we rented had a huge swimming pool.*

Recuerda que si es necesario el uso de una preposición, esta debe ir delante del relativo.

> La casa **en la que** vivíamos antes tenía una piscina enorme.
>
> *The house in which we lived before had a huge swimming pool.*

B. Se llaman cláusulas adjetivales a estas cláusulas de relativo porque tienen la misma función que un adjetivo. Compara las oraciones siguientes.

> Timerman estuvo encerrado en una cárcel $\begin{cases} \text{clandestina.} \\ \text{que era clandestina.} \end{cases}$

Observa que **clandestina** (adjetivo) y **que era clandestina** (cláusula adjetival) tienen la misma función con respecto al sustantivo "cárcel": lo describen o limitan.

C. El verbo de la cláusula adjetival va en indicativo cuando el sustantivo al cual se refiere (esto es, su antecedente) existe, y se usa el subjuntivo cuando no existe o se duda de su existencia.

> Conocí a alguien que **había estado** en una cárcel clandestina.
>
> *I met someone who had been in a clandestine prison.*

> En mi país no hay cárceles que **sean** clandestinas.
>
> *In my country there are no clandestine prisons.*

D. Para determinar si el antecedente de una cláusula adjetival existe o no, se debe leer cuidadosamente la cláusula principal. En general, verbos como **encontrar**, **tener**, **conocer** y **haber** implican su existencia y, por eso, requieren el indicativo.

> **Tenemos** un amigo que **ha pasado** dos años en Tegucigalpa.
>
> *We have a friend who spent two years in Tegucigalpa.*

No obstante, si estos verbos aparecen en una pregunta o en una oración negativa (**no encontrar, no tener, no conocer** y **no haber**), se suele usar el subjuntivo.

> ¿**Tienen** Uds. algún amigo que **haya estado** en Tegucigalpa?
>
> *Do you have a friend who has been in Tegucigalpa?*

> **No tenemos** ningún amigo que **haya pasado** tiempo en Tegucigalpa.
>
> *We don't have any friends who have spent time in Tegucigalpa.*

Con los verbos como **buscar** y **necesitar** se emplea el subjuntivo porque implican que el antecedente no existe.

E. La presencia de un artículo definido, un adjetivo posesivo o uno demostrativo delante del antecedente sugiere normalmente que existe, mientras que la presencia de un artículo o pronombre indefinido implica que no existe.

> No conozco a **la** mujer con quien **está hablando** Alberto.
>
> *I don't know the woman with whom Alberto is talking.*

No les gustaban **los** hombres que **eran** muy agresivos.

They didn't like men who were very aggressive.

Buscaba a **alguien** que **comprendiera** la química orgánica.

He was looking for someone who understood organic chemistry.

Busco **un** plano de la ciudad que **incluya** las estaciones del metro.

I'm looking for a city map that includes the subway stations.

Observa que en todos los ejemplos anteriores lo que une la cláusula principal con la cláusula adjetival es un relativo: **quien**, **que**, etcétera.

Práctica escrita

8-1 Llena el espacio en blanco con el tiempo y modo correspondiente de los verbos que se encuentran a la derecha.

Timerman no conocía a los hombres que lo _____.	**secuestrar**
En su casa no había joyas que _____ millones, ni	**valer**
libros que _____ de temas subversivos. Los únicos	**tratar**
objetos que _____ a los secuestradores fueron su	**tentar**
reloj y un encendedor que su esposa le _____.	**regalar**

8-2 Escoge la opción que complete la oración correctamente.

1. ¿Hay algo que _____ en estos momentos?

   a. necesites   b. necesitas   c. necesitaras

2. Gaspar tenía una amiga que _____ hablar ruso y chino.

   a. sepa   b. sabe   c. sabía

3. ¿Conoces a alguien que _____ en la plaza mayor de este pueblo?

   a. viviera   b. vive   c. viva

4. Jorge necesitaba un libro que lo _____ con las finanzas.

   a. ayudara   b. ayude   c. ayuda

5. Es una lástima, pero no hay ningún lugar en que _____ estacionar la moto.

   a. pudiera   b. puedo   c. pueda

6. No conocíamos a ningún mecánico que _____ tanto de autos antiguos como Juan Pablo.

   a. sabía   b. supiera   c. sepa

7. Por fin encontré unas zapatillas deportivas que _____ bien.

   a. me quedaran   b. me queden   c. me quedaban

8. Están buscando un billete de avión que no _____ demasiado caro para ir a Cancún.

   a. fuera   b. sea   c. era

Práctica oral

8-3 Protección. En parejas, describan al candidato o a la candidata ideal para un puesto de guardaespaldas *(bodyguard)*. Presten atención a las cláusulas adjetivales.

Ejemplo: Tendría que ser alguien que **fuera** muy fuerte.

8-4 Compañero(a) a la medida. Inevitablemente nuestros gustos y preferencias cambian con el tiempo y la edad. En parejas, describan al (a la) compañero(a) de cuarto que buscaban antes y al (a la) que buscan ahora. Contrasten el pasado con el presente. Presten atención a las cláusulas adjetivales.

Ejemplo: Antes quería tener un(a) compañero(a) de cuarto que **fuera** simpático(a) y ahora prefiero tener uno(a) que **respete** mi intimidad *(privacy)*.

El imperfecto de subjuntivo en *-se*

El imperfecto de subjuntivo tiene dos terminaciones en español: **-ra** y **-se**. Aunque la primera (**-ra**) es la más frecuente, también se utiliza la segunda (**-se**). La terminación en **-se** también se añade a la tercera persona plural del pretérito, eliminando **-ron**. Las terminaciones son: **-se**, **-ses**, **-se**, **-semos**, **-seis**, **-sen**.

traicionar	deber	subir
traiciona**se**	debie**se**	subie**se**
traiciona**ses**	debie**ses**	subie**ses**
traiciona**se**	debie**se**	subie**se**
traiciná**semos**	debié**semos**	subié**semos**
traiciona**seis**	debie**seis**	subie**seis**
traiciona**sen**	debie**sen**	subie**sen**

Práctica escrita

8-5 Escribe las siguientes formas del **imperfecto de subjuntivo**, empleando la otra terminación.

Ejemplo: tuvieran   *tuviesen*

comieses   *comieras*

1. desfiláramos   _____
2. sintieras   _____
3. quedaran   _____
4. afeitara   _____
5. vierais   _____
6. pudiese   _____
7. fuesen   _____
8. jurases   _____
9. siguieseis   _____
10. probásemos   _____

Práctica oral

8-6 Competición. En parejas, un(a) estudiante dice la forma del imperfecto de subjuntivo terminada en **-ra**, y el (la) otro(a) responde con la forma terminada en **-se**. Después, túrnense.

Ejemplo: Estudiante 1: mostráramos

Estudiante 2: mostrásemos

8-7 Así somos. En parejas, hablen de uno de los temas de abajo. Presten atención a las **cláusulas adjetivales**.

las discotecas	los aeropuertos	las tarjetas de crédito
los gimnasios	la comida basura	las fotos familiares

Ejemplo: Tema: los gimnasios

Estudiante 1: Antes iba a un gimnasio que me **quedaba** muy cerca de casa.

Estudiante 2: Nunca me haría socia de un gimnasio que no **tuviese** sauna.

8-8 Creación

Escribe una composición sobre el valor del nombre propio.

- Haz una lista de personas (o grupos) para quienes conservar su nombre es crucial y, luego, otra lista de personas (o grupos) que, al contrario, desean ocultarlo o no tienen más remedio que hacerlo.
- Explica los motivos del primer grupo para querer preservarlo y da ejemplos.
- Explica los motivos del segundo grupo para ocultarlo y da ejemplos.
- Saca algunas conclusiones sobre lo que has escrito.
- Revisa tu borrador varias veces antes de entregárselo a tu profesor(a).

Las expresiones temporales con *hace*

A. Las tres expresiones temporales con **hace** más frecuentes en español son las siguientes. Observa el significado que tienen en inglés.

> **Hace** + período de tiempo + **que** + presente de indicativo

Hace dos días **que** llueve.　　　　　　*It has been raining for two days.*

(PASADO) _____ × llueve (PRESENTE)

La acción de llover llega hasta el momento presente. Se indica la duración de esa acción: dos días.

> **Hacía** + período de tiempo + **que** + imperfecto de indicativo

Hacía dos **días que** llovía.　　　　　　*It had been raining for two days.*

(PASADO) ___ × llovía × _____ (PRESENTE)

La acción de llover tuvo lugar en el pasado. Se indica la duración de esa acción: dos días.

> **Hace** + período de tiempo + **que** + pretérito

Hace un mes **que** llovió.　　　　　　*It rained a month ago.*

llovió

(PASADO) _____ × _____ (PRESENTE)

La acción de llover ocurrió en un momento del pasado, pero no se indica cuánto tiempo duró.

B. Las expresiones temporales admiten también la siguiente estructura gramatical:

Llueve/Está lloviendo **desde hace** dos días.　　　*It has been raining for two days.*

Llovía/Estaba lloviendo **desde hacía** dos días.　　*It had been raining for two days.*

Llovió **hace** un mes.　　　　　　　　　　　　*It rained a month ago.*

Observa que estas estructuras no emplean la conjunción **que** y que en las dos primeras expresiones se ha empleado **desde** delante de **hace** y **hacía**.

C. Cuando la oración en español es negativa, se puede traducir al inglés de dos maneras distintas.

No montaba en bicicleta **desde hacía** dos años. 　 ⎰ *It had been two years since I had ridden a bicycle.*
　　　　　　　　　　　　　　　　　　　　 ⎱ *I hadn't ridden a bicycle in two years.*

Hace una semana **que no** hablo con ella. 　　　 ⎰ *It's been a week since I spoke to her.*
　　　　　　　　　　　　　　　　　　　　 ⎱ *I have not spoken to her in a week.*

D. Para expresar la duración de una acción también se puede emplear el verbo **llevar** + **gerundio** + **tiempo** en lugar de **hace**. Observa que el significado de la oración con **llevar** + **gerundio** es el mismo que con **hace**.

Lleva lloviendo dos días.　　　　　*It has been raining for two days.*

Llevaba lloviendo dos días.　　　　*It had been raining for two days.*

¡Ojo! Ten en cuenta que **hace** es un verbo y puede aparecer conjugado en otros tiempos y modos si la estructura o el significado de la oración así lo requiere. Observa:

¿Tres años dices? No creo que **haga** tanto tiempo que no nos vemos.

Práctica escrita

8-9 Llena el espacio en blanco con la forma correcta del verbo entre paréntesis.

1. Hace dos días que _____ dormir y no puedo. Es por el *jet lag*. (intentar)

2. Todos los miembros del coro _____ hace una hora. (irse)

3. Nosotros _____ la poesía de Pablo Neruda hace veinte años. (descubrir)

4. Este niño _____ desde hace unos veinte minutos. No sé qué tendrá. (llorar)

5. Me comentaron que ella _____ ausente desde hacía una semana. (estar)

6. Llevo _____ a mi novio más de tres horas. (esperar)

7. Debido a un problema eléctrico hacía cinco días que no _____ el ascensor. (funcionar)

8. A causa de la nevada, mis abuelos no _____ de casa desde hacía una semana. (salir)

9. Hace tres años que _____ las pinturas de Velázquez. Fue cuando visité el Prado. (ver)

10. Martirio, ¿cuánto tiempo llevabas _____ solfeo? (estudiar)

8-10 Escoge la traducción correcta de estas oraciones.

1. *How long ago did you study geography?*

   a. ¿Cuánto tiempo hace que estudiaste geografía?

   b. ¿Cuánto tiempo hace que estudias geografía?

2. *It has been several years since we saw them.*

   a. Hacía varios años que los veíamos.

   b. Hace varios años que no los vemos.

3. *How long have they lived next door?*

   a. ¿Cuánto tiempo hace que viven al lado?

   b. ¿Cuánto tiempo hacía que vivían al lado?

4. *I had not been to the movies in ages.*

   a. No voy al cine desde hace muchísimo tiempo.

   b. Hacía muchísimo tiempo que no iba al cine.

5. *Javier received a letter from Alicia three days ago.*

   a. Hace tres días que Javier recibió una carta de Alicia.

   b. Javier recibe cartas de Alicia desde hace tres días.

8-11 Lee el párrafo siguiente y luego indica si son **verdaderas (V)** o **falsas (F)** las siguientes oraciones.

Manolita

Estoy muy contenta porque hoy he hecho muchas cosas. Me levanté a las siete de la mañana para limpiar la casa. A las nueve ya había terminado y entonces fui al supermercado a hacer la compra. Después, alrededor de las doce, pasé por la oficina de correos a recoger un paquete. A las dos preparé una lasaña que me quedó deliciosa. A las tres me senté a hacer un informe para mi oficina, y a las cinco ya lo había terminado. A las seis me fui al gimnasio y estuve en la sauna media hora. A las ocho cené, y luego me puse a ver mi programa de televisión preferido. Ahora son las diez de la noche y estoy metida en la cama. Voy a repasar mentalmente lo que he hecho hoy.

V	F	1. Hace trece horas que me levanté.
V	F	2. Hace diez horas que fui a la oficina de correos.
V	F	3. Preparé una lasaña hace siete horas.
V	F	4. A las doce hacía tres horas que había ido de compras.
V	F	5. Hace cuatro horas que fui al gimnasio.
V	F	6. Estoy en la cama desde hace un rato.

Práctica oral

8-12 **¿Cuánto tiempo hace…?** En parejas, digan lo que estas personas no han hecho en mucho tiempo. Presten atención al uso de **hace** en oraciones negativas.

Ejemplo: Alina no se corta las uñas **desde hace meses**.

a.

b.

c.

d.

Preguntas indiscretas. En parejas, háganse preguntas sobre sus hábitos personales. Presten atención al uso de **hace**.

Ejemplo: Estudiante 1: ¿Cuánto tiempo **hace** que **no te cortas** el pelo?

Estudiante 2: ¡Huyyyyy, **hace** meses que **no me** lo **corto!**

Los artículos definidos e indefinidos (segundo repaso)

Mira los *Preliminares* del Repaso gramatical, *páginas 66–68.*

Práctica escrita

8-14 Llena el espacio en blanco con la forma correcta del **artículo definido**. Escribe una **x** si no se necesita ninguno.

1. _____ belleza es siempre una apreciación subjetiva, ¿no es cierto?

2. ¿Cómo está, _____ señor Maura? ¡Qué gusto verlo!

3. Me encantan _____ gatos de pelo largo. ¿Y a ti?

4. _____ hombre propone y Dios dispone, como dice el refrán.

5. Sí, Luis _____ XIV es _____ rey sol.

6. Que yo sepa, _____ agua es necesaria para mantener _____ vida.

7. ¿Qué te ha enseñado _____ experiencia?

8. Dicen que _____ amor es ciego, pero no sé si creérmelo.

8-15 Llena el espacio en blanco con la forma correcta del **artículo definido**. Escribe una **x** si no se necesita ninguno.

Oye, _____ Tito. ¿Sabes que _____ otro día en la clase de antropología, _____ profesor Robles nos

habló de _____ mitos griegos? Mencionó que todas _____ culturas y civilizaciones los tienen.

Entonces yo levanté _____ mano y le pregunté: "_____ profesor Robles, ¿puede darnos algunos

ejemplos de mitos y leyendas americanos?". Él nos recordó _____ leyenda de Ponce de León y _____

fuente de _____ juventud. En ese instante me acordé de otras leyendas que yo ya conocía, como _____

del dios Quetzalcóatl, quien les dio a _____ aztecas _____ maíz, y se lo comenté. Entonces _____

profesor nos animó a comparar _____ mitos griegos con _____ americanos.

8-16 Decide por qué se ha usado o no el **artículo indefinido** delante de los sustantivos subrayados.

1. Araceli acaba de comerse media <u>naranja</u> y yo medio <u>aguacate</u>.

    a. Es una cantidad determinada.   b. después de **medio(a)**

2. No hay quien lo dude: Maite y Raúl son unos <u>bailarines</u> extraordinarios.

    a. El sustantivo va modificado.   b. Bailarín es **una profesión**.

3. Guido, de ninguna manera te van a dejar entrar sin <u>corbata</u> en ese club.

    a. después de **sin**   b. con una cantidad indeterminada

4. Creo que en el patio antes tenían unas <u>sillas</u> plegables.

    a. con el verbo **tener**   b. El sustantivo va modificado.

5. ¡¿Que Rogelio no era <u>electricista</u> sino <u>carpintero</u>!? ¡Qué sorpresa!

    a. Electricista y carpintero son **profesiones**.   b. en exclamaciones

8-17 Llena el espacio en blanco con la forma correcta del **artículo definido** o **indefinido**. Escribe una **x** si no se necesita ninguno de los dos.

1. Si no eres ni _____ argentino ni _____ colombiano, ¿eres _____ peruano?

2. Ayer, Jorge comió más de _____ cien aceitunas y _____ media docena de ostras.

3. En abril, siempre llevo _____ paraguas conmigo porque llueve cuando menos te lo esperas.

4. ¿Sabías que _____ papa Juan Pablo II visitó Cuba hace _____ años?

5. En algunos países, _____ niños iban a la escuela _____ sábados hasta _____ una de _____ tarde.

6. Después de que te bañes y te seques _____ pelo, ponte _____ botas y _____ sombrero; daremos _____ paseo por los alrededores de la finca.

7. He oído decir que Penélope es _____ excelente cocinera y que _____ repostería es su especialidad.

8. Mis padres viajaron por toda Europa sin _____ carro. Les encantaron _____ trenes de alta velocidad.

Práctica oral

8-18 **¿Por qué sí o por qué no?** En parejas, un(a) estudiante se encarga de traducir estas oraciones al inglés y el (la) otro(a) de explicar por qué se usa el **artículo definido** en español o no.

a. El lunes fuimos al mercado a comprar pescado fresco.

b. El barbero le afeitó la barba con mucho cuidado.

c. Los viejos y las mujeres lloraban la inesperada muerte de Margarita.

d. Hoy es sábado y mañana es la primera comunión de Jazmín.

e. Necesito almendras para hacer esta receta. ¿Puedes ir a la tienda por ellas?

f. En mi pueblo, los hombres se ponen la boina *(beret)* cuando salen de casa.

g. Carlos I de España es más conocido como Carlos V, emperador de Alemania.

h. Muchos de los pueblos de esta comarca sólo tienen unos cien habitantes.

i. La mayoría de los países de la Unión Europea comparte la misma moneda, el euro.

8-19 **¿Con o sin?** En grupos de tres estudiantes, hablen del sistema legal de su país o de las normas y reglamentos universitarios. Presten atención al uso (o no) del **artículo definido** y el **indefinido**.

Ejemplo: Si una persona comete **un** crimen y se descubre, irá a parar a **la** cárcel.

La nominalización de los adjetivos

A. En español un adjetivo puede funcionar como sustantivo. Para que tenga esta función, se omite el sustantivo y se mantiene el artículo definido (**el, la, los, las**) o indefinido (**una, unos, unas**) correspondiente.

¡Ojo! Si el sustantivo va precedido del artículo indefinido singular (**un**), entonces se utiliza **uno** en lugar de **un**.

el idioma español	→	el español	un reloj antiguo	→	uno antiguo
la chaqueta azul	→	la azul	los vuelos internacionales	→	los internacionales

B. Con la nominalización se evita la repetición excesiva del mismo sustantivo. Observa las oraciones siguientes.

¿Prefieres los lugares turísticos o los (lugares) aislados?   →   Prefiero los aislados.

Do you prefer touristy places or isolated ones?   →   *I prefer isolated ones.*

Nota que en inglés se utiliza *one* o *ones* cuando se omite el sustantivo.

Práctica escrita

8-20 Completa el segundo párrafo con los adjetivos nominalizados. Escríbelos en los espacios en blanco.

¡Qué indecisión!

La semana pasada destrocé *(wrecked)* el auto en un accidente y tengo que comprar urgentemente <u>un auto nuevo</u>. El problema es que no me decido. Encontré <u>un auto azul</u> que me gustaba pero yo quería <u>un auto rojo</u> y no tenían ninguno. Luego miré <u>los autos deportivos</u>, entre los que había muchos rojos, pero estaban fuera de mi presupuesto.

¡Qué indecisión!

La semana pasada destrocé el auto en un accidente y tengo que comprar urgentemente

_____. El problema es que no me decido. Encontré

_____ que me gustaba pero yo quería _____

y no tenían ninguno. Luego miré _____, entre los que había muchos rojos,

pero estaban fuera de mi presupuesto.

Práctica oral

8-21 Preferencias. En parejas, háganse preguntas sobre los temas siguientes. Presten atención a la **nominalización**.

Ejemplo: la ropa nueva/la ropa de segunda mano

Estudiante 1: ¿Prefieres la ropa nueva o de segunda mano?

Estudiante 2: Generalmente prefiero **la de segunda mano**.

a. el pescado fresco/el pescado congelado

b. las frutas locales/las frutas importadas

c. la leche entera *(whole milk)*/la leche desnatada (sin grasa)

d. un helado de chocolate/un helado de vainilla

e. unas copas de cristal/unas copas de plástico

8-22 Creación

La directora de una prestigiosa editorial *(publishing house)* te ha propuesto que escribas un libro de texto para presentar la cultura norteamericana a los estudiantes de un país hispano. La única estipulación es que evites los estereotipos culturales y nacionales.

- Escríbele una carta a la directora aceptando el trabajo y las condiciones del contrato.
- Explica cómo vas a organizar el contenido del libro y por qué. ¿Vas a incluir fotos?
- Incluye un párrafo o pasaje del libro para mostrar cómo lo harías.
- Revisa tu borrador varias veces antes de entregar la carta a tu profesor(a).

Capítulo 9 **Denuncias**

El pluscuamperfecto de subjuntivo

A. El pluscuamperfecto de subjuntivo se forma con el imperfecto de subjuntivo del verbo **haber** + el participio pasado.

descubrir

hubiera descubierto	hubiéramos descubierto
hubieras descubierto	hubierais descubierto
hubiera descubierto	hubieran descubierto

B. El pluscuamperfecto de subjuntivo se usa en la cláusula subordinada cuando: a) el verbo de la cláusula principal expresa duda, emoción, deseo, petición, mandato, etcétera, b) la acción expresada por el verbo de la cláusula subordinada es anterior a la expresada por el verbo de la cláusula principal.

No **estaba segura** de que **hubieran arreglado** la lavadora.
I was not sure that they had fixed the washing machine.

Recuerda que con las expresiones impersonales que requieren el subjuntivo, con los verbos de deseo y emoción y los de petición y mandato, para poder emplear el modo subjuntivo el sujeto de la cláusula subordinada debe ser distinto del de la cláusula principal. Compara:

Hortensia **lamentó** que le **hubieran negado** el aumento de sueldo a Carmen.
Hortensia was sorry that they had denied Carmen a pay raise.

Hortensia **lamentó haberle negado** el aumento de sueldo a Carmen.
Hortensia was sorry to have denied Carmen a pay raise.

Observa que en los ejemplos anteriores el verbo de la cláusula principal está en un tiempo del pasado (imperfecto, pretérito). (Para la correspondencia temporal, mira el Repaso gramatical del *Capítulo 12, página 242.*)

C. Con **ojalá (que)** y en las oraciones condicionales, el pluscuamperfecto de subjuntivo indica una acción pasada contraria a la realidad, es decir, a lo que de hecho ocurrió.

¡Ojalá no hubieran derrotado a nuestro equipo! (Implica que **sí** lo derrotaron.)
I wish they had not defeated our team.

¡Ojalá nos hubieran servido camarones en la recepción! (Implica que **no** sirvieron camarones.)
I wish they had served us shrimp at the reception.

Si **hubiera terminado** la tesis doctoral, lo habrían contratado en seguida.
If he had finished his dissertation, he would have been hired right away.

Práctica escrita

9-1 Completa las oraciones siguientes, utilizando el **pluscuamperfecto de subjuntivo**. Sigue el ejemplo.

Ejemplo: Los pescadores no habían pescado nada ese mes.

Era raro que *los pescadores no hubieran pescado nada ese mes.*

1. Habían vuelto cansados de pescar toda la noche.

No nos sorprendió que _____.

2. Los pescadores habían recogido las redes *(nets)*.

   No esperábamos que _____.

3. Debido a un desastre ecológico no había quedado ni un pez vivo.

   Era posible que _____.

4. Se había descubierto la causa del desastre marino.

   Los periódicos negaron que _____.

5. No habían podido evitar la destrucción causada por la marea negra *(oil slick)*.

   Ojalá que _____.

Práctica oral

9-2 Curiosidades. En parejas, uno(a) de los estudiantes cuenta un hecho curioso que le ha pasado o que ha visto en la televisión, y el (la) otro(a) reacciona comentando el hecho. Túrnense. Presten atención al uso del **pluscuamperfecto de subjuntivo**.

Ejemplo: Estudiante 1: En la calle vi a un hombre que, vestido de etiqueta y montado en una bicicleta, llevaba una jaula de pájaros y un enorme animal de peluche.

Estudiante 2: Me sorprendió que hubiera elegido ese medio de transporte.

Las oraciones condicionales

	TIEMPO VERBAL DE LA CLÁUSULA SUBORDINADA CON *SI*	TIEMPO VERBAL DE LA CLÁUSULA PRINCIPAL
INDICATIVO		
acciones presentes	PRESENTE **Si** no **tienes** prisa, *If you are not in a hurry,*	PRESENTE **podemos** tomarnos un café y hablar. *we can have a cup of coffee and talk.*
acciones habituales (**si** equivale a *whenever*)	PRESENTE **Si** no me **llevo** el paraguas, *If I do not take an umbrella with me,*	PRESENTE siempre **llueve**. *it always rains.*
acciones pasadas (**si** equivale a **cuando**)	PASADO **Si** no me **acababa** toda la comida, *If I did not finish all my food,*	PASADO mi madre **se enfadaba**. *my mother used to get angry.*
acciones futuras	PRESENTE **Si puedes**, *If you can,* **Si** el prisionero **puede**, *If the prisoner can,*	MANDATO O FUTURO **llama**. *call.* nos **llamará**. *he will call us.*
SUBJUNTIVO		
acciones improbables en el presente o en el futuro	IMPERFECTO **Si** el prisionero **pudiera**, *If the prisoner could,*	CONDICIONAL **se escaparía**. *he would escape.*
acciones contrarias a la realidad pasada, es decir, a lo que sucedió	PLUSCUAMPERFECTO **Si** el prisionero **hubiera podido**, *If the prisoner had been able (to),*	CONDICIONAL PERFECTO se **habría escapado**. *he would have escaped.*

A. La cláusula subordinada con **si** puede preceder a la cláusula principal o viceversa. Es decir, no importa el orden en que aparecen las cláusulas.

El prisionero **se escaparía** si **pudiera**.
The prisoner would escape if he could.

Si lo **hubiera sabido**, Gloria **habría venido**.
If she had known, Gloria would have come.

B. En ninguna de las cláusulas con **si** se usa el presente de subjuntivo. El único presente que puede ir detrás de **si** es el de indicativo.

Si Ud. no **sabe** dónde está la sauna, se lo preguntaré a otra persona.
If you don't know where the sauna is, I'll ask someone else.

C. Detrás de la expresión **como si** *(as if)*, sólo se pueden emplear el imperfecto o el pluscuamperfecto de subjuntivo porque estas oraciones presentan una situación contraria a la realidad.

Ricardo la trata como si **fuera** su padre.
Ricardo treats her as if he were her father.

Elena siguió caminando como si no **me hubiera visto**.
Elena continued walking as if she had not seen me.

Nota que la acción expesada por el pluscuamperfecto de subjuntivo ("no me hubiera visto") es anterior a la expresada por el verbo principal ("siguió caminando").

Práctica escrita

9-3 Antes de llenar los espacios en blanco, decide si debes emplear el indicativo o el subjuntivo e indícalo. Luego, escribe en el espacio en blanco la forma correcta del verbo que está entre paréntesis.

1. ☐ indicativo   ☐ subjuntivo

   Leire, si _____ tanto frío, ponte un jersey. (tener)

2. ☐ indicativo   ☐ subjuntivo

   Mira, Pilar, te apreciaríamos más si no _____ tanto. (quejarse)

3. ☐ indicativo   ☐ subjuntivo

   Si les _____ miedo las películas de terror, no irían a verlas. (dar)

4. ☐ indicativo   ☐ subjuntivo

   Antonio y Montserrat actúan como si _____ enamorados. (estar)

5. ☐ indicativo   ☐ subjuntivo

   Yo creo que la conoceríamos si (ella) _____ en nuestra compañía. (trabajar)

6. ☐ indicativo   ☐ subjuntivo

   Si Andrea _____, habría estudiado odontología. (poder)

7. ☐ indicativo   ☐ subjuntivo

   Si alguien _____ durante la clase, luego no nos dejaban salir al recreo. (hablar)

8. ☐ indicativo   ☐ subjuntivo

   Magdalena lloraba como si lo _____ todo. (perder)

9. □ indicativo   □ subjuntivo

Si mi madrina _____, mi madre me lo habría dicho. (morirse).

10. □ indicativo   □ subjuntivo

Habríamos contratado a un detective si _____ saber quién lo hizo. (querer)

9-4 Escoge la respuesta correcta. ¡Cuidado con los tiempos verbales!

1. Subiríamos a la cumbre *(top)* del Chimborazo (Ecuador) si _____ buen tiempo.

   a. hiciera   b. hace   c. hacía

2. César subía las escaleras del palacio como si _____ adónde iba.

   a. sabía   b. supiera   c. había sabido

3. Ayunaríamos durante el Ramadán si _____ musulmanes.

   a. habíamos sido   b. éramos   c. fuéramos

4. Yo te habría llamado inmediatamente si _____ tu número de teléfono.

   a. había tenido   b. hubiera tenido   c. tenía

5. Los sábados paseábamos por el Jardín Botánico si _____ ganas.

   a. teníamos   b. tuvimos   c. tuviéramos

6. Te quedabas callado en la escuela si no _____ las respuestas.

   a. supieras   b. sabías   c. sepas

7. A mí siempre me duele la cabeza si no _____.

   a. había desayunado   b. desayuné   c. desayuno

8. La violencia se reduciría muchísimo si no se _____ conseguir armas tan fácilmente.

   a. podían   b. pudieran   c. pudieron

9-5 Escoge la respuesta correcta, prestando atención a la correspondencia temporal.

1. Si yo _____ cien mil dólares, _____ un barco de vela.

   a. hubiera ahorrado / compraba   b. había ahorrado / compraría   c. hubiera ahorrado / habría comprado

2. Tú _____ también si _____ un tiburón mientras nadabas.

   a. habrías gritado / hubieras visto   b. habías gritado / hubieras visto   c. habrías gritado / habías visto

3. Si _____ a las nueve, _____ dar una vuelta por el barrio a las diez.

   a. cenábamos / podríamos   b. cenáramos / pudimos   c. cenáramos / podríamos

4. Si nos _____ más libertad, nos _____ mejor.

   a. dieran / comportamos   b. dieran / comportaríamos   c. darían / comportamos

5. Si yo _____ tú, Anabel, no _____ con mis superiores.

   a. era / discutiría   b. fuera / discute   c. fuera / discutiría

Práctica oral

9-6 Consejos de amigo. Flor, una amiga tuya, va a pasar un mes en un programa del tipo *Outward Bound*. Tú y un(a) compañero(a) de clase ya han participado en esta aventura y quieren darle tres o cuatros consejos cada uno. Presten atención a las **cláusulas condicionales**.

Ejemplo: Flor, si te encuentras con un oso *(bear)*, no se te ocurra correr.

9-7 Una mañana de contratiempos. En parejas, lean el párrafo siguiente y luego digan qué otras cosas podrían haberle ocurrido a Edgardo (o no). Presten atención al uso del subjuntivo en las **oraciones condicionales**.

Ejemplo: Si el despertador **hubiera funcionado**, Edgardo **habría llegado** a tiempo a Mayagüez.

a.

El jueves Edgardo se despertó media hora tarde porque el despertador no sonó.

b.

Por eso perdió el avión de las 9:00 de la mañana y no llegó a Mayagüez hasta las 3:00 de la tarde.

c.

A las 4:00 tenía una entrevista de trabajo en el centro de la ciudad, pero por causa del tráfico no llegó a la oficina donde tenía la entrevista hasta las 4:30.

d.

Durante la entrevista se dio cuenta de que con las prisas se había dejado los documentos más importantes en casa.

e.

Lamentablemente, nunca le ofrecieron el puesto.

9-8 Si hubiera… En parejas, reaccionen a las ilustraciones siguientes. Presten atención a las oraciones condicionales que requieren el uso del subjuntivo.

Ejemplo: Si Lina **ganara** la lotería, no **cambiaría** nada de su vida.

Si Lina **hubiera ganado** la lotería, no **habría cambiado** nada de su vida.

a.

b.

c.

d.

e.

9-9 Podría ser que… En parejas, lean el párrafo siguiente y luego expresen sus conjeturas o sospechas sobre el caso. Presten atención al uso del **pluscuamperfecto de subjuntivo**.

Joaquina, la secretaria, había encontrado el cadáver de su jefe en la oficina. La última persona que lo había visto con vida era Felipe Suárez, pero a la hora del asesinato Felipe estaba cenando con su amante. La policía sabía que no se trataba de un suicidio, porque la bala que le atravesó el corazón al jefe se la habían disparado por la espalda.

Ejemplo: Si yo **hubiera llevado** este caso, **habría sospechado** de Joaquina.

9-10 Creación

Compara la influencia de la religión en la sociedad contemporánea con la de otras épocas o con la de otros países.

- En el primer párrafo compara el pasado con el presente. ¿Dirías que es más o menos importante ahora que en otros siglos? Ofrece ejemplos/evidencia.
- Si sabes algo del papel de la religión en otro país, escribe otro párrafo comparándolo con el que tiene en los Estados Unidos.
- Si crees que es apropiado, incluye un párrafo explicando la importancia de la religión (o no) en tu vida personal.
- Reflexiona sobre lo que has escrito y saca algunas conclusiones.
- Revisa tu borrador varias veces antes de entregárselo a tu profesor(a).

La villa

Ser, estar y haber (segundo repaso)

Mira el Repaso gramatical del *Capítulo 1*, *páginas 71–74*.

Práctica escrita

9-11 Escoge la opción que mejor complete la oración.

1. La crianza de los hijos _____ una tarea difícil. ¿A que sí?

   a. es   b. están   c. está

2. _____ ayudándolos con los deberes escolares cuando hubo un apagón *(blackout)*.

   a. Estábamos   b. Éramos   c. Había

3. —¿Prefieren que su primer bebé _____ niño o niña?

   —La verdad _____ que nos da igual.

   a. esté / está   b. haya / sea   c. sea / es

4. —¿_____ capaz de criarlo sola?

   —Bueno, mis padres me van a ayudar.

   a. Estarás   b. Serás   c. Habrás

5. ¡Qué vergonzosa _____ la menor! Desde luego no ha salido a su madre.

   a. eres   b. es   c. soy

6. _____ padres que cuidan de sus bebés y _____ muy contentos de hacerlo.

   a. Son / son   b. Están / son   c. Hay / están

7. _____ las dos de la madrugada cuando se despertó el pequeño y todavía _____ despierto.

   a. Eran / está   b. Era /es   c. Fueron / estuvo

8. Sí, los padrinos _____ de viaje, pero ya _____ de vuelta para asistir al bautizo.

   a. han sido / son   b. han estado / están   c. han estado / han sido

9. El bautizo _____ en un monasterio; _____ una ceremonia muy íntima.

   a. estaba / había   b. estuvo / era   c. fue / fue

10. Dudo que _____ de acuerdo con los organizadores del banquete.

    a. estemos   b. seamos   c. hayamos

Práctica oral

9-12 **¿Dónde estará?** Quieren poner una fábrica de reciclaje en su ciudad o pueblo. En parejas, un(a) estudiante comenta las posibilidades y el (la) otro(a) reacciona. Presten atención al uso de **ser**, **estar** y **haber**.

     Ejemplo: Estudiante 1: **Hay** un descampado enorme cerca de la calle Ocho.

                           Estudiante 2: Sí, pero **está** muy cerca de la escuela y el olor **sería** insoportable.

La voz pasiva con *ser* (segundo repaso)

Mira el Repaso gramatical del *Capítulo 6*, *página 159*.

Práctica escrita

9-13 Escribe en el espacio en blanco la forma pasiva del verbo subrayado. Presta atención al tiempo verbal de la oración activa y a la concordancia entre el sujeto y el participio pasado.

1. Aviadores alemanes <u>bombardearon</u> la ciudad de Guernica en 1937.

   La ciudad de Guernica _____ por aviadores alemanes en 1937.

2. Todos los estudiantes <u>conocen</u> a Pablo Picasso, pintor de *Guernica*.

   Pablo Picasso, pintor de *Guernica*, _____ por todos los estudiantes.

3. Los turistas que visitan el Museo Reina Sofía <u>admiran</u> esta pintura de Picasso.

   Esta pintura de Picasso _____ por los turistas que visitan el Museo Reina Sofía.

4. Durante su traslado a este museo, <u>protegieron</u> el cuadro para que no se deteriorara.

   Para que no se deteriorara, el cuadro _____ durante su traslado a este museo.

5. Picasso prohibió que <u>llevaran</u> su obra a España antes de la muerte de Franco.

   Picasso prohibió que su obra _____ a España antes de la muerte de Franco.

6. Los expertos <u>han estimado</u> el valor de este cuadro en muchos millones de dólares.

   El valor de este cuadro _____ en muchos millones de dólares por los expertos.

7. Muy pronto <u>van a publicar</u> una colección de ensayos sobre *Guernica*.

   Muy pronto _____ una colección de ensayos sobre *Guernica*.

8. <u>Han expuesto</u> esta obra en museos de todo el mundo.

   Esta obra _____ en museos de todo el mundo.

9-14 Escoge la respuesta que complete la oración correctamente.

1. Según lo que leímos, Adán y Eva _____ del Paraíso por Dios.

   a. fueron expulsados   b. se los expulsó   c. están expulsados

2. Estaban indignados. Eso no _____ nadie.

   a. es hecho a   b. se le hace a   c. se hace

3. El último álbum del grupo *Les Luthiers* _____ en los estudios de Hispavox.

   a. fueron grabados b. fue grabada c. se grabó

4. Los resultados de su investigación _____ en una conferencia internacional.

   a. serán divulgados b. estarán divulgados c. divulgarán

5. ¿Cuándo _____ el extraño objeto volador por última vez?

   a. estaba visto b. fue visto c. se ve

6. Hace siglos que _____ el Castillo del Alcázar.

   a. se construyó b. estaba construido c. ha sido construido

7. Claro que _____ lo que ocurrió, pero no _____ de ello para evitar el escándalo.

   a. se sabe / se habla b. es sabido / es hablado c. se sabe / está hablado

8. Primero _____ aceite en la sartén y cuando está caliente _____ los ajos.

   a. está puesto / están fritos b. es puesto / son fritos c. se pone / se fríen

9. Una vez que los ajos _____ fritos, sácalos de la sartén.

   a. sean b. estén c. hayan

10. Aseguran que _____ le informará primero _____ ganador.

    a. se / al b. se / por el c. se / Ø

9-15 Escribe en el espacio en blanco una de las expresiones del cuadro, prestando atención a la estructura gramatical y al significado de la oración.

fue frecuentado fueron clausuradas fue clausurado se trasladó

El Ateneo ha sido uno de los centros intelectuales y políticos más importantes no sólo de Madrid, sino de toda España. En sus primeros días fue la sede del pensamiento liberal. Durante el reinado de Fernando VII _____, pero abrió posteriormente sus puertas. El Ateneo _____ al lugar actual en 1884, donde _____ por los escritores "fin de siglo", realistas y modernistas. En 1924 de nuevo _____ las actividades literarias, científicas y artísticas. (Madrid: Sociedad Española de Librería, 1984.)

Práctica oral

9-16 Jaquecas administrativas *(Bureaucratic headaches)*. En parejas, hablen de cuestiones como la solicitud de becas o ayudas económicas, servicio a la comunidad, el ingreso en una fraternidad, etcétera. Presten atención a **la voz pasiva con se** y **con ser**.

   Ejemplos: Los formularios para solicitar una ayuda económica **son evaluados por** un comité.

   Los formularios **se entregan** en la oficina principal o por internet.

9-17 Creación

Las figuras políticas suelen ser el blanco *(target)* de muchos de los chistes que se leen en internet y en los periódicos o se escuchan en la calle. ¿Crees que es bueno para la sociedad la crítica despiadada *(merciless)* de sus dirigentes? ¿Por qué sí o por qué no? ¿Debería haber excepciones? ¿Cuáles? Escribe una composición expresando tu opinión.

   • Da un ejemplo de este tipo de humor y comenta si es justo o no.

   • ¿Para qué sirve el humor político?

   • Incluye tu opinión sobre la vida personal de los políticos. ¿Importa? ¿Es apropiado o no dársela a conocer al público?

   • Resume tus conclusiones.

   • Revisa tu borrador varias veces antes de entregárselo a tu profesor(a).

El subjuntivo y el indicativo en cláusulas adverbiales de tiempo

A. Se emplea el subjuntivo en las cláusulas subordinadas con **cuando** si la acción expresada por el verbo de la cláusula principal no ha tenido lugar. Lógicamente los verbos que están en el tiempo futuro o el imperativo indican que la acción aún no se ha realizado.

CLÁUSULA SUBORDINADA	CLÁUSULA PRINCIPAL
Cuando tengan dieciocho años,	podrán votar.
When you are 18 years old,	*you will be able to vote.*

CLÁUSULA SUBORDINADA	CLÁUSULA PRINCIPAL
Cuando atravieses el bosque,	no te detengas a hablar con el lobo.
When you go through the forest,	*do not stop to talk to the wolf.*

B. Si el verbo de la oración principal está en un tiempo del pasado —lo cual significa que la acción ya ha tenido lugar— se usa el modo indicativo en las dos cláusulas.

CLÁUSULA SUBORDINADA	CLÁUSULA PRINCIPAL
Cuando escribió los poemas,	ya había salido de la cárcel.
When he wrote the poems,	*he had already gotten out of prison.*

C. También se usa el modo indicativo en las dos cláusulas si la acción es habitual. En este tipo de oración **cuando** equivale a *whenever*.

CLÁUSULA SUBORDINADA	CLÁUSULA PRINCIPAL
Cuando gana mi equipo,	me pongo muy contenta.
When (Whenever) my team wins,	*I get really happy.*

D. Otras conjunciones adverbiales que funcionan igual que **cuando** son:

después de que	*after*	tan pronto como	*as soon as*
hasta que	*until*	en cuanto	*as soon as*
mientras	*while*	siempre que	*whenever*

¡Ojo! Antes (de) que requiere <u>siempre</u> el uso del subjuntivo.

E. Observa que en los ejemplos anteriores la cláusula subordinada precede a la cláusula principal. Pero también es posible lo contrario.

CLÁUSULA SUBORDINADA	CLÁUSULA PRINCIPAL
Tan pronto como nos lo permitan,	pensamos ir a verlo.
As soon as they allow us,	*we intend to go to see him.*

CLÁUSULA PRINCIPAL	CLÁUSULA SUBORDINADA
Pensamos ir a verlo	**tan pronto como** nos lo permitan.
We intend to go to see him	*as soon as they allow us.*

Práctica escrita

9-18 Escribe la forma correcta del subjuntivo o del indicativo, según corresponda.

1. Mientras Miguel no _____, yo no estaré tranquila. (llegar)

2. Y cuando Miguel _____, yo me tranquilicé. (llegar)

3. Pensamos estudiar para la clase de ciencias políticas hasta que _____ la biblioteca. (cerrar)

Unidad III • Capítulo 9 – REPASO GRAMATICAL

4. En cuanto todos _____ aquí, vamos a empezar la asamblea. (estar)

5. A Jorge lo dejaron libre después de que (ellos) lo _____. (interrogar)

6. A Jorge lo dejarán libre después de que (ellos) lo _____. (interrogar)

7. Te diré lo que cuesta tan pronto como (yo) lo _____. (saber)

8. Me dijo lo que costaba tan pronto como ella lo _____. (saber)

9. Podrás regresar a tu país cuando (ellos) te _____ el pasaporte. (devolver)

10. Pudiste regresar a tu país cuando (ellos) te _____ el pasaporte. (devolver)

11. Siempre nos llaman cuando _____ una oferta especial. (haber)

12. No firmes el testamento antes de que _____ la abogada. (venir)

9-19 Escribe la forma correcta del verbo indicado. ¡Cuidado con los modos verbales!

1. Ayer mi padre comió antes de que yo _____ porque tenía que irse a trabajar. (llegar)

2. Según entiendo, Luis nos va a regalar su coche cuando _____. (jubilarse)

3. Siempre se van a acostar después de que _____ las once de la noche en el reloj de la torre. (dar)

4. Tan pronto como el director _____ en el auditorio, todos los músicos de la orquesta empezaron a afinar sus instrumentos. (entrar)

5. Si te apetece, podemos jugar hasta que _____. (oscurecer)

Práctica oral

9-20 **Expectativas.** En parejas, hagan predicciones sobre el futuro de los siguientes niños y niñas del dibujo. Presten atención a las **cláusulas adverbiales** de tiempo.

Ejemplo: Cuando José **cumpla** dieciséis años, su papá le regalará un carro.

Las preposiciones (segundo repaso)

Mira los *Preliminares* del Repaso gramatical, *páginas 62–63*.

Práctica escrita

9-21 Escribe la preposición que falta en estas oraciones.

1. Cuando hables con Ainhoa, pregúntale _____ su hermano.

2. Dedico esta canción a la gente _____ Sonora.

3. Hemos estado reflexionando _____ lo que pasó.

4. Lo siento pero _____ mañana no estará arreglado el reloj.

5. _____ tú, todavía hay remedio. ¿No es verdad?

6. Nos hemos quejado muchas veces _____ la actitud de Melisa.

7. Supongo que Sara se casaría _____ el novio de toda su vida.

8. Por supuesto, _____ todas nosotras ayudaremos a Guzmán _____ superar esta crisis.

Práctica oral

9-22 **Temas candentes.** Con un(a) compañero(a), hablen de un tema que les interese a los jóvenes de su generación. Presten atención a las **preposiciones**.

> Ejemplo: **Para** mí la incomprensión de nuestros problemas **por** parte de los políticos es lo más preocupante.

Los pronombres preposicionales (segundo repaso)

Mira los *Preliminares* del Repaso gramatical, *páginas 63–65*.

Práctica escrita

9-23 Llena el espacio con el pronombre preposicional adecuado.

1. Entre _____ y _____ no hay secretos, ¿no es verdad? *(you [= tú], I)*

2. Nunca quiero hablar de este asunto ante _____. Se ofendería mucho. *(her)*

3. ¿Por qué no te despediste de _____ antes de irte? *(them)*

4. Cuando estaban a punto de salir con _____, llegaron unos parientes suyos. *(us)*

5. Según _____, no podemos cambiar las reglas vigentes. *(him)*

Práctica oral

9-24 Inolvidables. En parejas, hablen de sus mejores vacaciones. Presten atención a **las preposiciones** y los **pronombres preposicionales**.

Ejemplo: Estudiante 1: Fui a Cancún con el equipo de buceo *(diving)* en 2010.

Estudiante 2: Si vuelves, me encantaría ir contigo. ¿Había corales en el fondo del mar?

9-25 Creación

Escribe una composición de acuerdo con las instrucciones que siguen.

En la conocida comedia de Aristófanes titulada *Lisístrata*, las mujeres se negaron a acostarse con sus maridos hasta que hubiera paz.

- Inventa una estrategia semejante para acabar con una guerra, un conflicto, una pelea o una riña.
- Describe detalladamente la estrategia y explica por qué crees que va a funcionar.
- Di el número de personas necesarias para llevar a cabo tu idea y la naturaleza de su participación.
- Presenta el plan de acción en dos párrafos por lo menos.
- Revisa el borrador varias veces antes de entregárselo a tu profesor(a).

De acá para allá

Capítulo 10 **Desplazamientos**

La santería: una religión sincrética

Los interrogativos

A. Los interrogativos se emplean en preguntas directas. Estas palabras van siempre acentuadas y son las siguientes.

qué	*what, which*
quién(es)	*who, whom*
cuál(es)	*which*
cuánto(s), cuánta(s)	*how much, how many*
cómo	*how*
cuándo	*when*
por qué	*why*
dónde	*where*

B. Los interrogativos también aparecen en preguntas indirectas después de verbos como **saber**, **entender**, **preguntar** y **decir**.

Dime **cómo** hablas y te diré de **dónde** eres.

Tell me how you speak and I will tell you where you are from.

Sabemos **quién** lo hizo.

We know who did it.

No entiendo **por qué** dijo eso Horacio.

I do not understand why Horacio said that.

Tanto en las preguntas directas como en las indirectas la preposición se coloca delante del interrogativo y no al final de la oración como ocurre en el inglés coloquial.

Dime **con** quién estabas.	*Tell me who you were with.*
¿**De** qué se quejan ahora?	*What are they complaining about now?*

C. Observa la diferencia entre el adverbio interrogativo **por qué** *(why)*, compuesto de dos palabras, y la conjunción **porque** *(because)*, de sólo una palabra. Además, el adverbio interrogativo lleva acento gráfico y la conjunción no.

—¿**Por qué** llegas tan temprano a la oficina?

—**Porque** quiero encontrar un buen estacionamiento.

¡Ojo! La expresión *the reason why* se traduce al español como "la razón por la que/la cual".

D. *What* se traduce como **qué**:

1. en preguntas directas

   ¿**Qué** dijiste? *What did you say?*

2. en preguntas indirectas

   Dime **qué** quieres hacer. *Tell me what you want to do.*

E. En cualquier otra circunstancia *what* se traduce al español como **lo que**.

   Lo que tienes que hacer es estudiar más. *What you need to do is study more.*

   Eso fue **lo que** él trajo. *That was what he brought.*

F. Cuál/Qué. Usamos **cuál** cuando queremos que alguien seleccione entre dos cosas o más. Por lo general, el sustantivo al que se refiere **cuál** se omite si ya se ha mencionado anteriormente.

   Hoy ponen dos buenas películas en la televisión. ¿**Cuál** (película) quieres ver tú?

   Alberto tiene tres hermanas. ¿A **cuál** (hermana) conoce Ud.?

Empleamos **qué** cuando queremos preguntar a alguien la definición de un término.

   ¿**Qué** es la amistad? *What is friendship?*

   ¿**Qué** significa "trampa"? *What does "trampa" mean?*

¡**Ojo!** En español, hablado y escrito, se prefiere el uso de **qué** con sustantivos aun cuando se expresa selección.

   ¿**Qué** <u>vino</u> prefieren para la cena? ¿**Qué** <u>libro</u> estabas leyendo cuando llegamos?

Práctica escrita

10-1 Escribe preguntas para las respuestas siguientes, teniendo en cuenta las palabras subrayadas. Emplea los **interrogativos**.

Ejemplo: Mis vecinos compraron un gato <u>*ayer*</u>.

   ¿Cuándo compraron tus vecinos un gato?

1. <u>Mis hermanas</u> lo saben.

   _____

2. Los conocieron <u>en Marbella</u>.

   _____

3. Vinieron <u>en coche</u>.

   _____

4. Hoy es <u>lunes</u>.

   _____

5. No trabajan <u>por la mañana</u>.

   _____

6. Compramos <u>el sombrero azul y el traje verde</u>.

   _____

7. No aceptaron la invitación <u>porque tenían un compromiso previo</u>.

   _____

8. Su reloj es <u>aquél</u>.

_____

9. _Embarrassed_ se dice "avergonzado(a)" en español.

_____

10. Oyeron hablar de <u>Alex de la Iglesia</u>, el famoso director de cine español.

_____

Práctica oral

10-2 Una niña preguntona. Natalia siempre tiene muchas preguntas. Con un(a) compañero(a), inventen el diálogo entre ella y la persona que la está cuidando _(baby-sitting)_. Presten atención a los interrogativos.

Ejemplo: Natalia: **¿Por qué** no puedo jugar con estas cerillas _(matches)_?

Niñero(a): Porque es peligroso. Te puedes quemar y quemar la casa.

Los exclamativos

A. Los pronombres y adverbios exclamativos son iguales a los interrogativos. Lo que diferencia una oración exclamativa de una interrogativa es la entonación. Las interrogativas se terminan elevando la voz y las exclamativas bajándola.

¡Quién lo diría!	**¿Quién** lo diría?
¡Cuánto cuesta!	**¿Cuánto** cuesta?
¡Cómo le gustan las fresas!	**¿Cómo** le gustan las fresas?

B. Cuando al exclamativo **qué** le sigue un adjetivo o un adverbio, se utiliza el modelo siguiente.

> **¡Qué** + adjetivo o adverbio (+ verbo + sujeto)!

¡Qué listos sois vosotros!   _How smart you are!_

¡Qué bien conoce Ud. la geografía   _How well you know the geography of_
de su país!   _your country!_

Nota que en estos casos **qué** se traduce al inglés como _how_.

C. Cuando el exclamativo **qué** va seguido de un sustantivo, hay dos tipos de estructuras posibles. Si el sustantivo no va modificado por un adjetivo, la estructura es igual a la anterior.

> **¡Qué** + sustantivo (+ verbo + sujeto)!

¡Qué lanzamiento de pelota!   _What a throw!_

Si el sustantivo va modificado por un adjetivo, entonces la estructura es la siguiente.

> **¡Qué** + sustantivo + **más** (**tan**) + adjetivo + (verbo + sujeto)!

¡Qué revista **tan** escandalosa!   _What a scandalous magazine!_

¡Qué lugar **más** húmedo!   _What a humid place!_

¡Qué acento **tan** musical (tiene Marisa)!   _What a musical accent (Marisa has)!_

¡Qué dialecto **más** raro (habla Eloy)!   _What an odd dialect (Eloy speaks)!_

Nota que en los dos casos **qué** se traduce al inglés como _what a(n)_.

Práctica escrita

10-3 Ordena las palabras para formar oraciones exclamativas en el presente de indicativo con todos los elementos dados. Añade las palabras que necesites y haz los cambios necesarios.

1. original / llevar / tan / collares / qué / tú

   ¡_____!

2. consumir / cuánto / litros / Uds. / de / gasolina

   ¡_____!

3. Micaela / novela / estar leyendo / qué / más / apasionante

   ¡_____ _____!

4. el saxofón / Jaime / tocar / cómo

   ¡_____!

5. tan / historias / qué / Beltrán / contar / nos / gracioso

   ¡_____!

Práctica oral

10-4 De color rosa. En parejas, imagínense que uno(a) de Uds. se levantó hoy de buen humor y el (la) otro(a) de mal humor. Muestren su buen o mal humor diciendo oraciones exclamativas sobre sus compañeros de clase en general o uno(a) en particular. Presten atención al uso de las palabras exclamativas con adjetivos, adverbios y sustantivos (modificados por adjetivos).

Ejemplos: ¡**Qué** compañeros **tan** simpáticos tengo!

¡**Cuánto** me molesta esta gente!

10-5 Reacciones. En parejas, reaccionen a cada una de las ilustraciones siguientes con una oración interrogativa y otra exclamativa.

Ejemplos: (ilustración *a*) ¿A **quién** le va a servir las empanadas primero la madre?

(ilustración *c*) ¡**Qué** empleados **más** desconsiderados son esos dos!

a.

© Cengage Learning

b.

© Cengage Learning

c.

d.

Los relativos: cuyo, lo que, lo cual

A. El antecedente de **cuyo(s)**, **cuya(s)** puede ser una persona o una cosa. Las cuatro formas concuerdan en género y número con el sustantivo al que acompañan y no con el antecedente. Funcionan como adjetivos. En inglés se traduce como *whose*.

> Ese señor alto, **cuya** hija trabaja para una ONG, es un reputado banquero.
>
> *That tall man, whose daughter works for an NGO, is a well-known banker.*

> La pintora **cuyos** cuadros son abstractos ha expuesto su obra en galerías de arte bastante prestigiosas.
>
> *The artist whose paintings are abstract has shown her work in rather prestigious art galleries.*

> Don Quijote vivía en un lugar de La Mancha de **cuyo** nombre no me acuerdo ahora.
>
> *Don Quixote lived in a place in La Mancha whose name I don't recall right now.*

¡Ojo! *Whose* es también un pronombre interrogativo. Se traduce al español como **de quién**.

> ¿**De quién** son esos geranios tan lindos?
>
> *Whose beautiful geraniums are those?*

B. El antecedente de los pronombres relativos **lo que** y **lo cual** es una idea expresada por la oración anterior o parte de ella. Los dos relativos son intercambiables y en inglés se traducen ambos como *which*.

> Pepa recibió el primer premio del concurso, **lo cual** (**lo que**) nos dio una gran satisfacción.
>
> *Pepa received the highest award in the competition, which gave us great satisfaction.*

> Esos dos estudiantes faltan mucho a clase, **lo cual** (**lo que**) es desastroso.
>
> *Those two students miss class a lot, which is disastrous.*

Observa que **lo cual/lo que** se refieren al hecho de "recibir el primer premio" y "faltar mucho a clase", y no a un sustantivo específico.

C. ¡Ojo! Lo que también significa *what*, y con este significado <u>no</u> es intercambiable con **lo cual**.

> Su actitud es **lo que** más me llama la atención.
>
> *His attitude is what surprises me the most.*

> **Lo que** le interesaba de veras era la música medieval.
>
> *What really interested her was medieval music.*

Para el uso de los otros relativos (**que, quien, el que, el cual,** etcétera), mira el Repaso gramatical del *Capítulo 7, páginas 171–173.*

LOS RELATIVOS

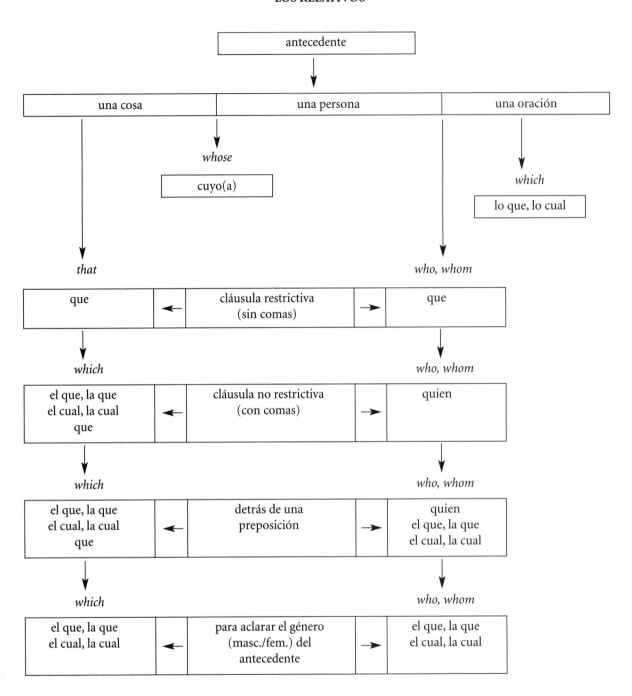

Práctica escrita

10-6 Combina las dos oraciones con el **relativo** que más convenga.

1. Los que reciben una educación tienen más opciones en la vida. Esto es lógico.

   _____

2. María Luisa desea solicitar la ciudadanía norteamericana. Su país de origen es Chile.

   _____

3. Todos los invitados llegaron muy puntuales. Esto sorprendió a la anfitriona.

   _____

4. Javier se negó a hablarnos de sus planes. Esto nos molestó.

   _____

5. Nuestro hijo asiste a una escuela privada. Su inteligencia es extraordinaria.

   _____

10-7 Completa el espacio en blanco con el **relativo** que falte.

1. ¿Piensas asistir a la conferencia _____ se celebrará este fin de semana?

2. _____ llegaron temprano consiguieron los mejores asientos.

3. ¿Es ese el profesor a _____ le dieron el premio?

4. Me dijo Rafael que la joven con _____ soñó anoche eras tú.

5. La pastelería al lado de _____ hay un garaje es de mi tío.

6. Estos animales, la mayoría de _____ no están en jaulas, parecen muy contentos.

7. ¡Qué suerte! Los estudiantes _____ ganaron una beca van a pasar un mes en Guatemala.

8. Siempre está llena la pizzería cerca de _____ hay un centro comercial.

Práctica oral

10-8 Conexiones. En grupos de tres estudiantes, busquen en las lecturas del libro de texto (o en internet) siete oraciones con **relativos** y expliquen por qué el autor o la autora usó ese relativo. Decidan también si podría haber usado otro. Por último, digan qué relativo se usaría en inglés.

Ejemplo: "Hay algunos estudiosos de este fenómeno **que** distinguen entre el *spanglish* formal y el informal".

Ha usado **que** porque es una cláusula restrictiva. Su antecedente es **estudiosos**. En este caso no se puede usar ningún otro relativo. En inglés se utilizaría *who*.

10-9 Creación

Narra alguna experiencia tuya o de otra persona con fenómenos paranormales (por ejemplo, sueños premonitorios, telepatía, supersticiones, predicción del futuro, comunicación con los muertos, intervención de los ángeles, milagros, etcétera).

- Repasa los tiempos verbales del pasado al escribir tu composición.
- Selecciona un incidente que recuerdes bien.
- Empieza tu narración presentando el contexto en que ocurrieron los hechos.
- Nárralo en orden cronológico.
- En el último párrafo, explica tu postura en cuanto a estos fenómenos: ¿Son sólo puras coincidencias o realmente sucesos sobrenaturales?
- Revisa tu borrador varias veces antes de entregárselo a tu profesor(a).

Mujer negra

Repaso de los tiempos del subjuntivo con *ojalá*

Como ya sabes, la expresión **ojalá (que)** requiere **siempre** el uso del subjuntivo porque expresa **deseo**. Observa el significado que tienen las oraciones siguientes con **ojalá** según los tiempos verbales (del subjuntivo) empleados.

presente de subjuntivo ¡**Ojalá (que)** nos toque la lotería! *We hope we'll win the lottery!*	El (La) hablante expresa un deseo sobre algo que puede ocurrir en el futuro. Cree que es posible que ocurra lo que él (ella) desea.
imperfecto de subjuntivo ¡**Ojalá (que)** nos tocara la lotería! *We wish we would win the lottery!*	El (La) hablante expresa un deseo sobre algo que puede ocurrir en el futuro. Cree que es poco probable que ocurra lo que él (ella) desea.
¡**Olalá (que)** tuviera 18 años ahora! *I wish I were 18 years old now!*	El (La) hablante desea algo en el presente que va en contra de la realidad.
presente perfecto de subjuntivo ¡**Ojalá (que)** les haya tocado la lotería! *We hope they won the lottery!*	El (La) hablante expresa un deseo acerca de algo que pasó recientemente pero cuyo resultado ignora.
pluscuamperfecto de subjuntivo ¡**Ojalá (que)** nos hubiera tocado la lotería! *We wish we had won the lottery!*	El (La) hablante lamenta algo que ocurrió o no en el pasado y que no era lo que él (ella) deseaba.

Práctica escrita

10-10 Escribe en el espacio en blanco el tiempo del subjuntivo que corresponda según el significado de la oración. Presta atención a la persona gramatical que debes usar.

1. Mi perrita Maga no soporta el frío. Voy a conectarle su manta eléctrica. ¡Ojalá _____ dormir tranquila! (poder)

2. ¡Ojalá (tú) _____ de la siesta más temprano! Podríamos haber ido al Jardín Botánico. Ya está cerrado. (levantarse)

3. No soportamos tener que esperar. ¡Ojalá _____ más paciencia! (tener)

4. Te envié un paquete por correo hace varios días. ¡Ojalá _____ hoy! (llegar)

5. ¡Ojalá _____ más cerca de la costa! Ahora vivimos a tres horas de distancia. (vivir)

6. Le dije a una compañera del trabajo algo que no debía. ¡Ojalá que yo no se lo _____! (decir)

10-11 Traduce los verbos entre paréntesis y escríbelos en el espacio en blanco.

1. ¡Ojalá mis notas _____ mejores! *(were)*

2. ¡Ojalá (nosotros) _____ una niña en lugar de otro varón! *(have)*

3. ¡Ojalá que Regina _____ la carrera de derecho/abogacía antes de cumplir los treinta años! *(finishes)*

4. ¡Ojalá que tú _____ para cuando sirvan la cena! *(have arrived)*

5. ¡Ojalá que Manuel _____ el premio en lugar de Javier! *(had received)*

6. ¡Ojalá Uds. _____ pronto si el banco les ha concedido el préstamo! *(know)*

Práctica oral

10-12 Soñar despiertos. En grupos de tres estudiantes, expresen sus deseos para el futuro. Presten atención al uso de **ojalá** con el **presente de subjuntivo**.

Ejemplo: ¡Ojalá **volvamos** a vernos algún día!

10-13 Confesiones. Díganle a un(a) compañero(a) algo que desean en el presente que va en contra de la realidad. Digan una oración afirmativa y otra negativa. Presten atención al uso de **ojalá** con el **imperfecto de subjuntivo**.

Ejemplo: ¡Ojalá me **llevara** mejor con mi compañera de cuarto!

¡Ojalá (yo) no **tuviera** que pagar tanto por el seguro médico!

10-14 Lamentos. En parejas, lamenten los hechos ocurridos. Presten atención al uso de **ojalá** con el **pluscuamperfecto de subjuntivo**.

Ejemplo: Se enteró de que íbamos a hacer una barbacoa e invitó a todos sus amigos.

Estudiante 1: ¡Ojalá no **se hubiera enterado**!

Estudiante 2: ¡Ojalá no los **hubiera invitado**!

a. No les dijeron dónde era la manifestación y no fueron.

b. Les robaron las bicicletas y tuvieron que regresar de la sierra andando.

c. Los estudiantes se burlaron de los novatos (los nuevos) y el maestro los castigó.

d. Intentó ayudar a cruzar la calle a un viejo y este le dio una bofetada.

e. El dependiente de la tienda se equivocó y les cobró el doble.

Los posesivos (segundo repaso)

Mira el Repaso gramatical del *Capítulo 5, páginas 146–147.*

Práctica escrita

10-15 Completa el párrafo siguiente, prestando atención al uso de **los posesivos** en contraste con los artículos definidos.

¡Inocentes!*

Los padres estaban dormidos en _____ cuarto una noche cuando oyeron un ruido. Abrieron _____ ojos y levantaron _____ cabeza, alarmados. Había delante de ellos una figura borrosa con una vela en _____ mano. "Levanten _____ manos", dijo. "No les va a pasar nada si mantienen _____ boca cerrada y hacen lo que yo les digo. Les ordeno que me abracen. ¡Buuuu! ¡Inocentes!", gritó _____ hijo adolescente.

---

*April Fools!

10-16 Completa el diálogo siguiente con **pronombres** o **adjetivos posesivos** según corresponda.

Igor Stepovik/Shutterstock.com

Nuevos papás

HÉCTOR: Oye, Gustavo, ¿cuándo empezaron a comer comida sólida _____ gemelos *(twins)*?

GUSTAVO: Pues mira, los nenes_____empezaron a comerla a los seis meses.

HÉCTOR: ¿Y los de tu hermano?

GUSTAVO: Los _____ comenzaron a los ocho. ¿Y _____ hija?

HÉCTOR: La _____ empezó más tarde, a los diez meses. _____ esposa estaba un poco preocupada.

GUSTAVO: ¿Y qué hicieron?

HÉCTOR: Hablamos con _____ pediatra, y nos dijo que no pasaba nada malo, que era bastante normal.

Práctica oral

10-17 Cambalache *(Bartering)*. En grupos de tres estudiantes, busquen en sus mochilas *(backpacks)* cosas que quieran cambiar por otras que tienen sus compañeros. Presten atención al uso de los **posesivos** al negociar el intercambio.

Ejemplo: Te cambio **mi** almuerzo por **tu** agenda electrónica.

10-18 Creación

Escribe una composición sobre el poema de José Fernández de la Sota (n. 1960, España) incluido en la siguiente página.

- En el primer párrafo, resume el contenido del poema. ¿De qué tema trata y desde qué perspectiva? ¿Cuál podría haber sido el contexto histórico en que el poeta lo compuso?
- En el segundo, reflexiona sobre la palabra **ojalá** y su posición en el poema.
- En el tercero, explica la relación del poema con alguna lectura del libro de texto, algún otro poema que conozcas o incluso con alguna canción.
- Por último, en el cuarto párrafo, di si estás de acuerdo con lo que expresa el poeta o no.
- Revisa tu borrador varias veces antes de entregárselo a tu profesor(a).

Ojalá con el tiempo
sólo quede lo bueno, que los años
arrasen° la memoria de los días   echen por tierra, destruyan
de miseria y que el viento,
igual que se llevó nuestras promesas,
se lleve las palabras alevosas°   traicioneras, maliciosas
con que nos golpeamos
hasta hacernos sangrar.
Que el corazón descanse y que la lluvia
borre° la última huella   haga desaparecer
de la última batalla.

José Fernández de la Sota. *Del libro Todos los santos,* Hiperión, Madrid, 1997.
Reimprimido con el permiso del editor.

El Barrio

Las expresiones de comparación (segundo repaso)

Mira el Repaso gramatical del *Capítulo 4*, *páginas 133–134*.

El superlativo absoluto y relativo (segundo repaso)

Mira el Repaso gramatical del *Capítulo 4*, *páginas 135–136*.

Práctica escrita

10-19 Combina las dos oraciones que aparecen en cada número, utilizando oraciones **comparativas de igualdad**.

Ejemplo: Los bolivianos comen bien. Los norteamericanos comen bien también.

Los bolivianos comen *tan bien como los norteamericanos*.

1. El quechua es una lengua bastante compleja. El náhuatl también es una lengua compleja.

   El quechua es una lengua _____.

2. Los incas conocían perfectamente sus territorios. Los gauchos conocían perfectamente sus territorios también.

   Los gauchos conocían sus territorios _____.

3. Él le da mucha importancia a la tradición oral. Yo también le doy mucha importancia a la tradición oral.

   Él le da _____.

4. Han viajado mucho por el Cono Sur. Yo también he viajado mucho por el Cono Sur.

   Ellos han viajado por el Cono Sur _____.

5. Apreciamos el folclore regional. También apreciamos el folclore nacional.

   Apreciamos el folclore regional _____.

6. En las montañas de Colorado hay mucha nieve. En las montañas de Utah hay mucha nieve también.

   En las montañas de Utah hay _____.

10-20 Elige la opción que complete la oración correctamente.

1. La contaminación del aire me preocupa _____ como la contaminación del agua.

   a. tan   b. tanta   c. tanto

2. Me parece que el tema de investigación _____ polémico de todos es el tuyo.

   a. más   b. el más   c. muy

3. Como la cafetería del hospital estaba _____, no pudimos comer allí.

   a. más llena   b. llenísima   c. la más llena

4. Creemos que, a la larga, las drogas resultan _____ perjudiciales como el tabaco.

   a. tan   b. tantas   c. tanto

5. Tengo dos hermanos _____ que yo y uno menor. El menor sólo tiene cinco años.

   a. mayores   b. más grandes   c. mejores

6. Hasta ahora esa campaña publicitaria contra conducir borracho ha sido _____ efectiva.

   a. mejor   b. mayor   c. la más

7. A algunos la atención médica de su país les parece _____ que las de otros países.

    a. mejor   b. tan buena   c. tanta

8. _____ los enfermeros _____ los médicos deben estar preparados.

    a. Tan / como   b. Tanto / que   c. Tanto / como

9. Margarita parecía _____ que yo con los resultados de las pruebas médicas.

    a. tan preocupada   b. más preocupada   c. la más preocupada

10. Estos remedios caseros me parecen _____ de todos. Hay que conservarlos.

    a. más importantes   b. importantísimos   c. los más importantes

10-21 Completa las oraciones siguientes con las dos formas del **superlativo absoluto** (**-ísimo** y **muy**). Utiliza los adjetivos que aparecen entre paréntesis.

1. Algunos lingüistas utilizan una terminología… (complejo)

    _____   _____

2. Admiramos sus explicaciones gramaticales por ser… (simple)

    _____   _____

3. En comparación con el inglés, la conjugación verbal del español me parece… (difícil)

    _____   _____

4. Aprender a poner acentos en español es… (complicado)

    _____   _____

5. Hay expresiones coloquiales… (gracioso)

    _____   _____

Práctica oral

10-22 Medidas. Háganle las siguientes preguntas a un(a) compañero(a), quien debe contestar utilizando una expresión de **comparación**. Altérnense.

a. ¿Quién pesa más: alguien que pesa 100 libras o alguien que pesa 60 kilos?

b. ¿Quién es menos alto: alguien que mide 7 pies o alguien que mide 2 metros?

c. ¿Cuál es más larga: una calle que mide 3 millas o una que mide 6 kilómetros?

d. ¿Qué cuesta menos: un litro de leche o un galón de leche?

e. ¿Cuál es más pequeña: una pulsera *(bracelet)* de 2 pulgadas o una de 5 centímetros?

f. ¿Dónde hace más frío: en un lugar donde el termómetro marca 32 grados Fahrenheit o en otro donde marca 0 Celsius?

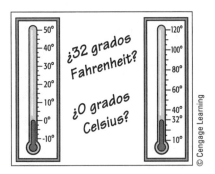

10-23 El mejor de todos. En grupos de tres estudiantes, expliquen por qué compraron los objetos siguientes. Presten atención al superlativo relativo.

Ejemplo: un reloj con diamantes

Compré este reloj porque era **el más** elegante de la tienda.

a. una funda verde para el ordenador portátil

b. un ejemplar de *Poeta en Nueva York*

c. unas zapatillas con luces

d. una cámara digital

e. un carro deportivo

f. las memorias del último presidente norteamericano

10-24 Igualitos que ayer. En parejas, comparen cómo eran en su infancia y adolescencia con cómo son ahora. Presten atención a las **expresiones de comparación** y a los **superlativos (absoluto y relativo).**

Ejemplo: En el octavo grado, yo estudiaba mucho **menos que** ahora.

Cuando estaba en la escuela primaria, yo estaba **flaquísima**.

10-25 Creación

Cuando los seres humanos se desplazan de un país a otro o de un continente a otro, se llevan su lengua materna consigo. ¿Deberían dejar de hablar dicha lengua en el nuevo país o utilizarla exclusivamente en el ámbito doméstico? En una hoja aparte, expresa tu opinión sobre el uso del español (o del *spanglish*) en los Estados Unidos por parte de la población emigrante hispana.

- Busca en internet estadísticas sobre el uso del español en los hogares hispanos en los Estados Unidos.
- En el primer párrafo, resume lo que has averiguado.
- En el segundo, explica tu postura al respecto; incluye dos argumentos que la apoyen.
- En el tercero, menciona algunas ventajas de ser bilingüe.
- Revisa tu borrador varias veces antes de entregárselo a tu profesor(a).

Capítulo 11 Desarraigos

Usos del pretérito y del imperfecto (segundo repaso)

Mira el Repaso gramatical del *Capítulo 3, páginas 100–102.*

Práctica escrita

11-1   Cambia esta narración al pasado. Presta atención al uso del **pretérito** y el **imperfecto**.

A lo largo de los siglos XVI, XVII y XVIII, tanto en el norte como en el sur del continente americano, los exploradores europeos encuentran una población autóctona a la que llaman "indios" (porque Colón cree haber llegado a la India). Los colonos ingleses vienen con sus familias y viven al margen de las tribus indias —con frecuencia nómadas— a las que van expulsando poco a poco de sus tierras. Los conquistadores españoles, en cambio, llegan solos al Nuevo Mundo y se mezclan con mujeres nativas pertenecientes a culturas desarrolladas y muy avanzadas, como son la maya, la inca y la azteca.

A lo largo de los siglos XVI, XVII y XVIII, tanto en el norte como en el sur del continente americano, los exploradores europeos _____ una población autóctona a la que _____ "indios" (porque Colón _____ haber llegado a la Inwdia). Los colonos ingleses _____ con sus familias y _____ al margen de las tribus indias —con frecuencia nómadas— a las que _____ expulsando poco a poco de sus tierras. Los conquistadores españoles, en cambio, _____ solos al Nuevo Mundo y _____ con mujeres nativas pertenecientes a culturas desarrolladas y muy avanzadas, como _____ la maya, la inca y la azteca.

11-2   Lee el siguiente fragmento del cuento infantil **Las aventuras de Garbancito** y escribe en el espacio en blanco la forma del **pretérito**, el **imperfecto** o el **pluscuamperfecto** del verbo indicado, según corresponda.

© Cengage Learning

Como ese día su mamá _____ muy ocupada,   **estar**

Garbancito _____ a hacer la compra. Por el   **ir**

camino, (él) _____ cantando la canción que sus   **ir**

padres le _____: **enseñar**

Tachín, tachón, tachán,
mucho cuidado con lo que hacéis;
tachín, tachón, tachán,
a Garbancito no lo piséis.°   *do not step on him*

Cuando Garbancito _____ a la tienda,   **llegar**

le _____ al tendero que   **decir**

_____ un gramo de sal. Como Garbancito   **querer**

_____ tan pequeño (del tamaño de un garbanzo),   **ser**

el tendero no lo _____ ver. Garbancito   **poder**

_____ a pedir el gramo de sal y otra vez el tendero   **volver**

_____ alrededor sin ver a nadie. Por fin, Garbancito   **mirar**

le _____:"¡Garbancito soy, debajo del mostrador estoy!"   **gritar**

Práctica oral

11-3 Adivina, adivinador. En parejas, cuenten una fábula o un cuento infantil. Cada uno debe decir por lo menos tres oraciones describiendo a los personajes y narrando lo que ocurrió. El otro debe decir de qué cuento se trata. Abajo aparecen los títulos de algunos cuentos. Presten atención al uso del **pretérito**, del **imperfecto** y del **pluscuamperfecto**.

Rapunzel	El gato con botas	Los tres cerditos
Aladino	La sirenita	El patito feo
Blanca Nieves	Cenicienta	Caperucita Roja

Ejemplo: Estudiante 1: **Había** una vez una niña que **iba** por el bosque a visitar a su abuelita…

Estudiante 2: ¿Caperucita Roja?

11-4 Antes de llegar aquí. En parejas, reflexionen sobre su vida antes de empezar la universidad y cuéntense algún episodio gracioso, inesperado o memorable. Presten atención a los usos de los tiempos del pasado: el **pretérito**, el **imperfecto**, el **pluscuamperfecto**.

Ejemplo: En el último año de la escuela yo **aprendí** una lección muy valiosa una noche cuando **fingí** ser otra persona…

Las expresiones temporales con *hace* (segundo repaso)

Mira el Repaso gramatical del *Capítulo 8*, página 189.

Práctica escrita

11-5   Escribe en el espacio en blanco **hace**, **hacía**, **desde hace** o **desde hacía**.

1. No sonaba la alarma contraincendios _____ nueve semanas.

2. _____ años que tengo la misma pesadilla.

3. No escuchamos las noticias _____ dos días.

4. _____ una larga temporada que no discutíamos de esa manera.

5. Rescataron a varios inmigrantes en el mar _____ varias semanas.

11-6 Llena los espacios en blanco usando **hace** o **hacía**.

1. ¿Cuánto tiempo _____ que es el jefe del departamento?

2. _____ más de un año que la policía lo está vigilando.

3. ¿Cuánto tiempo _____ que estabas escondido bajo la escalera?

4. _____ meses que nadie me regañaba.

5. ¿Cuánto tiempo _____ que adivinaron mi secreto?

Práctica oral

11-7 **Hace tanto tiempo…** En parejas formen oraciones con **hace** y **hacía** usando las expresiones sugeridas. Presten atención a los tiempos verbales del **presente**, **pretérito** e **imperfecto**.

a. tomar el autobús

b. conducir a exceso de velocidad

c. mentir

d. prestar el coche

e. llorar

f. enojarse

g. mostrar una identificación

h. viajar al extranjero

11-8 **Lo mejor fue…** En parejas, resuman la última película que vio cada uno(a). Presten atención al uso del **pretérito**, del **imperfecto** y del **pluscuamperfecto**.

11-9   Creación

El poema siguiente de Rubén Darío se lo recitaban las mamás a sus niños pequeños en España y Latinoamérica. Léelo poniendo especial atención a los tiempos verbales. Luego escribe un breve comentario explicando lo indicado a continuación.

- **Dónde, cuándo, quién:** Debes describir el lugar y el tiempo de la acción, y presentar a los personajes principales.
- **Qué y cómo:** Narra lo que pasa.
- Finalmente expresa tu reacción a la historia que se cuenta en el poema.
- Revisa tu comentario varias veces antes de entregárselo a tu profesor(a).

© Cengage Learning

A Margarita Debayle

Margarita, está linda la mar,
y el viento
lleva esencia sutil de azahar:°   *orange blossom*
tu aliento.
Margarita, te voy a contar un cuento.

Este era un rey que tenía
un palacio de diamantes,
una tienda° hecha del día   *tent*
y un rebaño° de elefantes.   *herd*

Un kiosko de malaquita,°   *malachite[1]*
un gran manto de tisú°   *cape of silk and gold*
y una gentil princesita,
tan bonita,
Margarita,
tan bonita como tú.

Una tarde la princesa
vio una estrella aparecer;
la princesa era traviesa°   *mischievous*
y la quiso ir a coger.

La quería para hacerla
decorar un prendedor,°   *brooch*
con un verso y una perla,
y una pluma° y una flor.   *feather*

Las princesas primorosas°   *hermosas*
se parecen mucho a ti:
cortan lirios,° cortan rosas,   *lilies*
cortan astros. Son así.

Pues se fue la niña bella,
bajo el cielo y sobre el mar,
a cortar la blanca estrella
que la hacía suspirar.°   *sigh*

Y siguió camino arriba,
por la luna y más allá;
mas lo malo era que ella iba
sin permiso de papá.

Cuando estuvo ya de vuelta
de los parques del Señor,°   *Lord's fields*
se miraba toda envuelta
en un dulce resplandor.°   *glow*

Y el rey dijo: "¿Qué te has hecho?
Te he buscado y no te hallé;
y ¿qué tienes en el pecho,
que encendido° se te ve?"   *bright*

La princesa no mentía
y así dijo la verdad:
"Fui a cortar la estrella mía
a la azul inmensidad".°   *sky*

Y el rey clama: "¿No te he dicho
que el azul no hay que tocar?
¡Qué locura! ¡Qué capricho!
El Señor se va a enojar".

Y dice ella: "No hubo intento;°   *I didn't mean to do it*
yo me fui no sé por qué;
por las olas y en el viento
fui a la estrella y la corté".

Y el papá dice enojado:
"Un castigo has de tener:
vuelve al cielo y lo robado
vas ahora a devolver".

La princesa se entristece
por su dulce flor de luz,
cuando entonces aparece
sonriendo el Buen Jesús.

Y así dice: "En mis campiñas°   *fields*
esa rosa le ofrecí:
son mis flores de las niñas
que al soñar piensan en mí".

Viste el rey ropas brillantes
y luego hace desfilar°   *parade*
cuatrocientos elefantes
a la orilla de la mar.

La princesa está bella,
pues ya tiene el prendedor
en que lucen, con la estrella,
verso, perla, pluma y flor.

---

[1]mineral verde que se usa en objetos de lujo

Los extranjeros

El estilo indirecto

A. El estilo indirecto *(reported speech)* es la repetición de lo que otra persona ha dicho.

    Estilo directo: "Ya son las dos".

    Estilo indirecto: Dice que ya son las dos.

Además del verbo **decir**, en el estilo indirecto también se pueden usar otros verbos de comunicación como **indicar**, **repetir**, **explicar**, **expresar**, **comentar**, **manifestar**, **añadir**, etcétera.

    Nos anunció que ya eran las dos.

B. Si lo que repetimos es algo que acabamos de oír o algo dicho en el pasado pero que nos parece que tiene validez todavía, utilizaremos los mismos tiempos verbales en el estilo indirecto que en el estilo directo, excepto si es un imperativo.

IMPERATIVO	$\rightarrow$	PRESENTE DE SUBJUNTIVO
"**Sal** ahora mismo".		Te indica que **salgas** ahora mismo.
"Leave right now."		*She/He is telling you to leave right now.*

C. Si queremos reproducir lo que alguien dijo en el pasado, entonces hay que realizar los siguientes cambios verbales.

INDICATIVO		
PRESENTE O IMPERFECTO	$\rightarrow$	**IMPERFECTO O PRETÉRITO**
"La comida no **está** lista".		Dijo que la comida no **estaba** lista.
"The meal is not ready."		*She/He said that the meal was not ready.*
PRETÉRITO O PRESENTE PERFECTO O PLUSCUAMPERFECTO	$\rightarrow$	**PLUSCUAMPERFECTO**
"No **he comido** todavía".		Dijo que no **había comido** todavía.
"I have not eaten yet."		*She/He said that she/he had not eaten yet.*
FUTURO O CONDICIONAL	$\rightarrow$	**CONDICIONAL**
"La comida **estará** lista pronto".		Dijo que la comida **estaría** lista pronto.
"The meal will be ready soon."		*She/He said that the meal would be ready soon.*
FUTURO PERFECTO O CONDICIONAL PERFECTO	$\rightarrow$	**CONDICIONAL PERFECTO**
"Yo **habría pensado** lo mismo".		Dijo que **habría pensado** lo mismo.
"I would have thought the same thing."		*She/He said that she/he would have thought the same thing.*

SUBJUNTIVO		
PRESENTE O PRESENTE PERFECTO	$\rightarrow$	**IMPERFECTO**
"Espero que no **haya** más problemas".		Nos dijo que esperaba que no **hubiera** más problemas.
"I hope there will not be any more problems."		*She told us she hoped there would not be any more problems.*
PRESENTE PERFECTO O PLUSCUAMPERFECTO	$\rightarrow$	**PLUSCUAMPERFECTO**
"Ojalá **hayan suspendido** la conferencia".		Me dijo que ojalá **hubieran suspendido** la conferencia.
"I hope the lecture has been cancelled."		*He told me he hoped the lecture had been cancelled.*
IMPERATIVO	$\rightarrow$	**IMPERFECTO DE SUBJUNTIVO**
"**Siéntese**".		La azafata le dijo que **se sentara**.
"Sit down."		*The flight attendant told him to sit down.*

Práctica escrita

11-10 Leonardo acaba de recibir una llamada urgente de Rogelio. Leonardo le repite todo lo que oye a Ismael, un amigo suyo con quien está en ese momento. Escribe la parte de la conversación que Leonardo repite usando el tiempo y modo verbal que corresponda.

ROGELIO: Aló, Leonardo. Oye, te llamo porque ha habido un accidente espantoso a la vuelta de la esquina.

LEONARDO: Ismael, dice Rogelio que acaba de haber un accidente espantoso aquí cerca.

ROGELIO: Un autobús chocó contra un árbol.

LEONARDO: 1. Rogelio dice que _____.

ROGELIO: Necesitan ayuda porque hay mucha gente herida.

LEONARDO: 2. Me está explicando que _____.

ROGELIO: Llamen a una ambulancia y a la policía.

LEONARDO: 3. Nos indica que _____.

ISMAEL: Ahora mismo.

ROGELIO: Avisen al vecino del sexto piso, que es médico.

LEONARDO: 4. Añade que _____.

ISMAEL: Por supuesto, lo haremos.

ROGELIO: Traigan algunas frazadas para taparlos.

LEONARDO: 5. Dice que _____.

ISMAEL: ¿Dónde están?

LEONARDO: En mi cuarto.

ROGELIO: Dense prisa. Adiós.

LEONARDO: 6. Dice que _____.

ISMAEL: De acuerdo. Vamos en seguida.

11-11 Completa los espacios en blanco con la palabra subrayada en la oraciones en el estilo directo. Utiliza los tiempos del pasado según corresponda.

1. "Múdate al campo si quieres tener una vida más tranquila".

   Mi terapeuta me dijo que _____ al campo si quería tener una vida más tranquila.

2. "Estudié económicas antes de ir a la escuela de derecho".

   Nuestro profesor añadió que _____ económicas antes de ir a la escuela de derecho.

3. "Hace un calor insoportable aquí dentro".

   Los invitados comentaron que _____ un calor insoportable allí dentro.

4. "Los pacientes tendrán que salir del hospital sentados en una silla de ruedas".

   Los enfermeros explicaron que los pacientes _____ que salir del hospital sentados en una silla de ruedas.

5. "Muéstreme su licencia de conducir".

   El agente de tráfico me indicó que _____ la licencia de conducir.

6. "Me dolía muchísimo el pecho (*chest*) durante los entrenamientos".

   El nadador repitió que _____ muchísimo el pecho durante los entrenamientos.

Práctica oral

11-12 Mentalizándonos. En parejas imaginen que acaban de empezar una pasantía *(internship)* de verano. Están leyendo el manual de la firma que especifica las reglas que hay que seguir. Un(a) estudiante lee y le comunica a su compañero(a) lo que dice, y este(a) reacciona. Luego, cambien los papeles.

Ejemplo: Estudiante 1: Aquí indica que **debemos** usar ropa formal todos los días.

Estudiante 2: ¿Cómo? ¿Quieren que llevemos saco y corbata todos los días? ¡Qué horror!

Las oraciones condicionales (segundo repaso)

Mira el Repaso gramatical del *Capítulo 9, páginas 196–197.*

Práctica escrita

11-13 Elige la opción que complete cada oración correctamente. Presta atención al tiempo y modo verbal.

1. Los muchachos no habrían tenido miedo si _____.

   a. pudieran abrir la puerta   b. hubieran estado juntos

2. Te habrías reído tanto como yo si _____.

   a. hubieras estado presente   b. quisieras oír el cuento

3. Romperemos el cristal de emergencia si _____.

   a. pudiéramos   b. hace falta

4. Extenderían el servicio de autobuses públicos si _____.

   a. la gente lo pidiera   b. la gente lo hubiera usado

5. Llévate un reloj despertador si _____.

   a. te acuerdas   b. te habrías acordado

11-14 Completa las oraciones de la columna A con otra de la columna B. Escribe la letra en el espacio en blanco.

_____ 1. Oye, este queso huele…

_____ 2. ¡Mira eso! Mi amiga Estrella va vestida…

_____ 3. La loca de Monserrat conduce…

_____ 4. Para mí que Javier tiene un aspecto…

_____ 5. Es curioso: ellos hablan del asunto…

_____ 6. ¡Hay que ver! Esas chicas se comportan…

_____ 7. Mis jefes prometen grandes cosas para el futuro…

a. como si no supiéramos que son sólo palabras.

b. como si lo hubieran hecho ellas.

c. como si llevara mucho tiempo en el refrigerador.

d. como si a mí no me importara.

e. como si no se hubiera acostado.

f. como si fuera a ir a un club nocturno.

g. como si tuviera que ir a apagar un fuego.

Práctica oral

11-15 Cuántas opciones. En parejas, contesten las preguntas con oraciones completas. Los dos estudiantes deben contestarlas de modo distinto.

    a. Si no estuvieras haciendo este ejercicio, ¿qué estarías haciendo ahora?

    b. Si no bebieras agua, ¿qué otra cosa beberías?

    c. Si no estudiaras en esta universidad, ¿en qué otra universidad estudiarías?

    d. Si pudieras vivir en un país hispanohablante, ¿en cuál vivirías?

    e. Si te permitieran cambiar algo de tu apartamento o cuarto, ¿qué cambiarías?

11-16 ¡Hasta el gorro! *(Up to here!)* Recreen la discusión entre dos compañeros de cuarto que son muy diferentes. Ambos deben expresar sus quejas utilizando **oraciones condicionales** con el **subjuntivo**. Sigan el modelo.

    Ejemplo: ¡Si no lo **dejaras** todo tirado por el suelo, nuestro apartamento no **parecería** una pocilga *(pigsty)*!

Para y por (segundo repaso)

Mira el Repaso gramatical del *Capítulo 6*, *páginas 165–167*.

Práctica escrita

11-17 Llena los espacios en blanco con la preposición **para** o **por**.

1. Yo sufrí mucho cuando niña _____ ser tan tímida.

2. _____ triunfar en la vida, una mujer tiene que ser o muy anticuada o muy moderna.

3. Soy como soy de tradicional _____ mis padres.

4. ¿Va uno al infierno _____ ver películas pornográficas?

5. _____ nuevos ricos, ellos son bastante refinados.

6. El matrimonio ya no es _____ siempre.

7. En la universidad es difícil encontrar estacionamiento _____ el coche.

8. El servicio doméstico es necesario _____ las mujeres que trabajan y tienen hijos.

9. ¿Lucía cambió su coche _____ un modelo más nuevo? Ah, no tenía ni idea.

10. Estoy haciendo un cocido _____ la comida.

11. Sí, recuerdo que María Elena vivía _____ entonces en la calle Recoletos.

12. _____ mí que echaron a Raimundo de la casa _____ no pagar la renta.

13. Una tarde me los encontré _____ el centro y me preguntaron _____ ti.

14. Se negó a viajar en barco _____ la misma razón que yo.

Práctica oral

11-18 ¿Por o para? En parejas, lean el párrafo siguiente y expliquen por qué se ha usado **para** o **por** en cada caso.

Por eso, en aquella época se consideraba normal que las mujeres no trabajasen más que <u>por</u> una causa excepcional. Las chicas de entonces se desmayaban a menudo, lo que reforzaba la idea de su inadecuación <u>para</u> todo trabajo. Pero hoy, en cambio, esta situación se ha invertido <u>por</u> completo. Tanto es así que lo que preocupa es cuántos nuevos puestos de trabajo habrán de crearse <u>para</u> poder satisfacer la insaciable demanda femenina de empleo. (*El País semanal,* 13 de junio, 1993, pág. 18)

11-19 En el aeropuerto. En parejas, contesten las siguientes preguntas incluyendo **para** o **por** en sus respuestas. Después sigan el ejercicio haciendo Uds. más preguntas a su compañero(a).

Ejemplo: ¿Va a salir nuestro vuelo con retraso?

Estudiante 1: Sí, lo anunciaron hace un rato. Esperaba que hubiéramos podido salir **para** las ocho.

Estudiante 2: Sí, y seguro que es **por** la tormenta que se avecina.

a. ¿De veras les apetece arriesgarse a volar con mal tiempo?

b. ¿Vas a visitar a tus primos, los que viven en el extranjero?

c. ¿Facturaron *(Did you check)* todas sus maletas?

d. ¿Le avisaste ya a tu novia de la demora?

e. ¿ ?

f. ¿ ?

11-20 Creación

Escribe un párrafo reflexionando sobre las razones y el impacto de mudarse a una ciudad o un país nuevo. Repasa las estructuras gramaticales revisadas anteriormente.

- ¿Qué punto de vista vas a tomar? ¿El de un estudiante, un emigrante, un empleado o una mujer joven y profesional?

- ¿Cuáles son las razones del cambio? ¿Estudiar en el extranjero, buscar mayor libertad política, traslado de la empresa, condiciones laborales, buena oportunidad o divorcio?

- Enfócalo como un artículo periodístico y expón las razones y condiciones de las mudanzas. Hazlo informativo.

- Deja el final abierto y reta a los lectores a dar su opinión y decir qué habrían hecho ellos.

- Revisa el borrador varias veces antes de entregárselo a tu profesor(a).

Capítulo 12 En primera persona

La historia de mi cuerpo

Resumen de los usos del infinitivo

A. En español, después de una preposición **siempre** se usa el infinitivo (**nunca** el gerundio).

ESPAÑOL	INGLÉS
Estoy cansada de esperar.	*I'm tired of waiting.*

Por esa razón, la expresión *(up)on + gerund* se traduce al español como **al** + infinitivo.

Al examinar el insecto, descubrieron que pertenecía a una especie desconocida.

Upon examining the insect, they discovered that it belonged to an unknown species.

B. Un infinitivo puede ser sujeto o complemento de una oración. Cuando funciona como sujeto se le puede anteponer el artículo **el**. El gerundio **no** es aceptable en español en este caso.

ESPAÑOL	INGLÉS
Caminar sola por el parque de noche es peligroso.	*Walking through the park alone at night is dangerous.*
El correr nos agota mucho.	*Running exhausts us a lot.*
Lo peor es **tener** que soportar tu mal humor.	*The worst thing is having to put up with your bad mood.*

C. Cuando hay dos verbos juntos en una oración, solamente se conjuga el primero. En general, el segundo verbo va en infinitivo.

¿Podemos irnos ya?   *Can we leave now?*

Poder, **saber**, **querer**, **desear**, **lograr**, **preferir**, **merecer**, **decidir**, **soler**, **rehusar**, **deber**, **prometer** y las expresiones **tener que**, **haber que** no requieren preposición entre el verbo conjugado y el infinitivo.

Quiero ver a mi hijo ahora mismo.   *I want to see my son right now.*

Tendremos que recoger los impresos mañana.   *We will have to pick up the forms tomorrow.*

Ir, **venir**, **salir**, **llegar**, **acordarse**, **empezar**, **terminar**, entre otros verbos, van seguidos de su preposición correspondiente cuando les sigue un infinitivo.

Al fin **se acordaron de traernos** los planos.   **acordarse de** + infinitivo

They finally remembered to bring us the plans.

Han salido a cenar y luego **irán a ver** una película.   **salir/ir a** + infinitivo

They have gone out to eat and then they will go to see a movie.

D. Recuerda que después de los verbos de deseo y emoción se usa el infinitivo cuando no hay cambio de sujeto gramatical. Si hay cambio de sujeto, se emplea una cláusula subordinada de subjuntivo. Contrasta:

No querían **volver** después de las tres.

They did not want to return after three.

No querían que **volviéramos** después de las tres.

They did not want us to return after three.

Unidad IV • Capítulo 12 – REPASO GRAMATICAL

Práctica escrita

12-1 Elige la(s) palabra(s) que complete(n) cada oración correctamente.

1. No es muy sensato _____ tan joven hoy en día. Preferimos que _____ unos años.

   a. casándose / esperando   b. casarse / esperen   c. casándose / esperar

2. En vez de _____ una fortuna en la boda, me parece mucho mejor _____ ese dinero en amueblar un apartamento.

   a. gastando / usando   b. gastando / usen   c. gastar / usar

3. Creo que _____ la luna de miel en Kenia será algo estupendo. ¿Cuándo piensan _____ marcharse?

   a. pasar / a   b. pasando / Ø   c. pasar / Ø

4. Desde luego hay que _____ millonario para _____ criar a más de cinco hijos hoy día.

   a. ser / poder   b. siendo / poder   c. ser / pudiendo

5. Tienes que _____ los pañales a menudo para que la piel del bebé no se irrite. ¿Quieres que te _____ hacerlo?

   a. cambiar / enseñe a   b. cambias / enseñar a   c. cambiar / enseño a

6. Es maravilloso _____ el (la) menor de la familia porque todos te miman y te desean _____ complacer.

   a. ser / que   b. ser /Ø   c. que sea / a

7. Pues sí, _____ estar conectado a internet todo el día jugando videojuegos es agotador. Mis padres no nos permiten _____ jugar más de dos horas al día.

   a. el / Ø   b. al / Ø   c. al / el

12-2 Escribe la preposición que falta delante del infinitivo. Si no se necesita ninguna, escribe una **x**.

1. Para las mujeres contemporáneas poder _____ romper el llamado techo de cristal es fundamental _____ conseguir más prestigio y autoridad en las empresas.

2. Desearía _____ no estresarme tanto en el trabajo. ¿Me ayudaría la meditación _____ relajarme?

3. Debéis _____ aprender _____ negociar si queréis _____ triunfar en esta profesión.

4. Esperamos _____ ganar bastante con estas inversiones. Vamos _____ ver si se cumplen las previsiones económicas.

5. Estábamos tan agotados al terminar _____ contar los votos que no nos acordamos _____ apuntar el resultado en la pizarra.

Práctica oral

12-3 **Tantos infinitivos.** En parejas, túrnense para explicar el uso de los **infinitivos** en estos versos de Rubén Darío.

Canción de otoño en primavera
Juventud, divino tesoro,
¡ya te vas para no volver!,
cuando quiero llorar no lloro
y a veces lloro sin querer.

Resumen de los usos del gerundio

A. El gerundio se emplea con los verbos **estar**, **seguir**, **continuar**, **ir**, **venir** y **andar** para formar los tiempos progresivos. (Para la formación del gerundio, mira los *Preliminares* del Repaso gramatical, *págs. 68–69.*)

> **Siguió estudiando** por la noche hasta que acabó la carrera.
>
> *He continued studying (taking courses) at night until he finished his degree.*

B. El gerundio puede acompañar a un verbo o a una cláusula para indicar cómo se realiza la acción. En este caso tiene una función adverbial. En inglés se expresa con *gerund*, *by* o *while* + *gerund*.

> **Jugando** entre las rocas encontraron una caracola.
>
> *(While) Playing among the rocks, they found a conch shell.*

> **Enfadándote** no conseguirás nada.
>
> *By getting mad you won't accomplish anything.*

Nota en los ejemplos anteriores que en español el gerundio **no** va precedido de ninguna preposición.

C. En español el gerundio no se usa nunca:

1. después de una preposición

> Nos castigaron por ser desobedientes.
> *We were punished for being disobedient.*

> Ver para creer.
> *Seeing is believing.*

2. ni como sujeto o complemento (atributo) de una oración

> Se ha comprobado que ver la televisión muchas horas afecta la salud.
> *It has been proven that watching TV for many hours affects one's health.*

Observa que en estos dos casos, 1 y 2, en español se usa el infinitivo y en inglés el gerundio.

3. para describir la posición del cuerpo. En su lugar, se usa el participio pasado: **sentado(a)**, **parado(a)**, **arrodillado(a)**. Estas posiciones corporales son consideradas estados, no acciones. En cambio, en inglés se utiliza *sitting*, *standing*, *kneeling*.

> Melinda **está echada** en el sofá.
> *Melinda is lying down on the sofa.*

> **Parado** en la esquina, Juan Pedro miraba lo que pasaba.
> *Standing on the corner, Juan Pedro watched what was happening.*

4. como adjetivo. En inglés, una palabra que termina en *-ing* puede funcionar, según su posición, como gerundio o adjetivo. En español, en cambio, existen dos formas diferentes para el gerundio y el adjetivo.

GERUNDIO	ADJETIVO
*He is **working** now.*	*He belongs to the **working** class.*
Está **trabajando** ahora.	Pertenece a la clase **trabajadora**.

Los adjetivos que terminan en *-ing* en inglés suelen acabar en español en **-dor(a)**, **-ente**, **-iente**, **-ivo(a)**, **-able** u **-oso(a)**.

conmove**dor**	*moving*	encanta**dor**	*charming*	deci**sivo**	*deciding*
sorprend**ente**	*surprising*	deprim**ente**	*depressing*	agrad**able**	*pleasing*
pend**iente**	*pending*	sobresal**iente**	*outstanding*		
bab**oso**	*driveling*	mentir**oso**	*lying*		

¡Ojo! No todos los adjetivos terminados en **-dor(a)**, **-ente**, **-iente**, **-ivo(a)**, **-able** u **-oso(a)** se pueden traducir al inglés con *-ing*.

alborotador(a)	*rowdy, noisy*	perezoso(a)	*lazy*

Si no existe un adjetivo en español que corresponda al gerundio -*ing* del inglés (con función de adjetivo), se puede emplear una cláusula de relativo/adjetival o **de + sustantivo/infinitivo**, pero nunca un gerundio (-ando, -iendo). Observa:

the crying baby	el niño **que llora**
a wedding dress	un traje **de novia**
a sewing machine	una máquina **de coser**
the never-ending story	la historia **de nunca acabar**

De todos modos, incluso si existe el adjetivo correspondiente en español, el hablante puede preferir la cláusula de relativo/adjetival por razones de expresividad o claridad.

the talking doll	la muñeca **que habla**, **parlante** o **habladora**

5. Tampoco se usa el gerundio en español con función adjetival. Para la traducción de este uso de -*ing* en inglés, en español suele emplearse una cláusula de relativo/adjetival.

Look at the children attending the show. How amused they are!

Mira a los niños **que asisten al espectáculo**. ¡Qué entretenidos están!

The guy holding the torch is my brother.

El joven **que lleva la antorcha** es mi hermano. (o "El portador de la antorcha…" o "El joven de la antorcha…")

Nota que en los ejemplos anteriores la forma terminada en -*ing* (como adjetivo) precedía al sustantivo; en estos ejemplos (con función adjetival), aparece detrás.

Práctica escrita

12-4 Traduce al español las siguientes palabras terminadas en -*ing* en inglés.

	GERUNDIO	ADJETIVO	CLÁUSULA DE RELATIVO
Ejemplo: *smiling* (sonreír)	*sonriendo*	*sonriente*	*que sonríe*
1. *growing* (crecer)	_____	_____	_____
2. *sleeping* (dormir)	_____	_____	_____
3. *alarming* (alarmar)	_____	_____	_____
4. *encouraging* (alentar)	_____	_____	_____
5. *disgusting* (repugnar)	_____	_____	_____
6. *alluring* (seducir)	_____	_____	_____

12-5 Escoge la mejor traducción para la palabra entre paréntesis.

1. Fue una observación _____ la que realizó Alejo durante la visita a la galería de arte. (*fascinating*)

   a. fascinando   b. fascinante   c. que fascina

2. Por favor, escuchemos lo que tienen que decir los colegas _____ en las filas del fondo. (*sitting*)

   a. sentados   b. que se sientan   c. que están sentándose

3. Josefa y Esteban andaban _____ la cubertería de plata. (*polishing*)

   a. pulido   b. puliendo   c. que pulían

4. Después de _____ estos artículos, póngales la etiqueta con el precio. (*arranging*)

   a. ordenar   b. ordenando   c. ordenados

5. La verdad es que esta fragancia tiene un aroma _____. ¿Dónde la conseguiste? (*intoxicating*)

   a. embriagado   b. embriagando   c. embriagador

6. _____ atención durante la charla fue muy difícil por las numerosas interrupciones que hubo. *(Paying)*

    a. Prestando   b. Prestado   c. Prestar

7. _____ con todas nuestras fuerzas, logramos hacernos un hueco entre la multitud. *(By pushing)*

    a. Empujando   b. Por empujar   c. Empujar

8. Que entren primero los pacientes _____ síntomas de intoxicación alimentaria. *(showing)*

    a. mostrando   b. que muestran   c. mostrados

9. Luego lleven a los enfermos _____ en las camillas a la segunda planta del hospital. *(lying down)*

    a. que se echan   b. echados   c. echando

10. Seguiremos _____ datos hasta dar con el origen del envenenamiento. *(gathering)*

    a. recopilados   b. recopilar   c. recopilando

Práctica oral

12-6   **Mi nacimiento.** En parejas, imagínense el día o momento en que nacieron y descríbanselo detalladamente a su compañero(a). Presten atención al uso (o no) de los **tiempos progresivos**.

    Ejemplo: Ese día **había estado lloviendo**.

                   Mi padre **estaba trabajando** en el garaje cuando mi madre le avisó de que iba a dar a luz.

12-7   **Acciones cotidianas.** En parejas, digan cómo hacen las siguientes acciones. Presten atención al uso (o no) del **gerundio**.

© Cengage Learning

    Ejemplo: despertarse

                   Me despierto **cantando**.

salir de clase	entrar al mar	ir al dentista
ver una película de terror	despedirse de alguien	adelgazar *(to lose weight)*
bañarse con agua fría	recibir las notas	picar cebollas *(onions)*

Unidad IV • Capítulo 12 – REPASO GRAMATICAL

12-8 ¿Estados o acciones? En parejas, túrnense para expresar en español lo que muestran las fotografías siguientes. Presten atención al uso del **gerundio** y del **participio pasado**.

Lee con atención el siguiente texto del escritor y periodista mexicano Jorge Ramos, y luego redacta un ensayo siguiendo las indicaciones que aparecen más abajo.

Amelia y San Guivi

Uno de los ejemplos más significativos que tengo sobre el proceso de adaptación me lo dio Amelia, una amiga mexicana, hace ya varios años. El cuento va así. Aquí en los Estados Unidos estaba a punto de celebrarse el Día de Acción de Gracias o *Thanksgiving*. Amelia, recién llegada pero muy interesada en la próxima fiesta, quería saber lo que yo planeaba para el día de San Guivi.

—¿San Guivi?— le pregunté con cara de asombro.

—Sí, San Guivi, el santo ese al que recuerdan aquí— me contestó.

Pues resulta que Amelia, sin saber entonces nada de inglés, había convertido *Thanksgiving* en San Guivi, sólo porque fonéticamente son palabras muy parecidas. Esa fue la manera en que ella adaptó a su mundo — lleno de santos católicos— la más tradicional celebración laica de este país. ("Amelia y San Guivi" en *La otra cara de América: Historias de los inmigrantes latinoamericanos que están cambiando a los Estados Unidos*. México: Mondadori, 2003)

Smirnova Alexandra/Shutterstock.com

- En el primer párrafo, resume en tus propias palabras la anécdota.
- En el segundo párrafo, comenta los contrastes culturales que se encuentran en el relato.
- Menciona otras historias parecidas y analízalas también.
- Saca algunas conclusiones sobre la mezcla de culturas.
- Revisa tu borrador varias veces antes de entregárselo a tu profesor(a).

In between

Repaso del subjuntivo y del indicativo

		USO DEL SUBJUNTIVO EN LA CLÁUSULA SUBORDINADA	USO DEL INDICATIVO EN LA CLÁUSULA SUBORDINADA
1.	Las siete expresiones impersonales que expresan certeza: **es cierto, es verdad, es obvio, es evidente, es seguro, no hay duda, está claro**		siempre
2.	Todas las demás expresiones impersonales que no estén en el apartado anterior: **es bueno, es posible, es estupendo, es dudoso, no es cierto, no es verdad, conviene**, etcétera	siempre	
3.	Verbos que **no** expresan duda ni negación: **no dudar, no negar, creer, estar seguro**		siempre
4.	Verbos que expresan duda y negación: **dudar, negar, no creer, no estar seguro**	siempre	
5.	Verbos que expresan deseo y emoción: **querer, desear, alegrarse, lamentar, temer**, etcétera	siempre	
6.	Conjunciones de propósito, excepción, condición: **para que, a fin de que, de modo/manera que, salvo que, a no ser que, a menos que, a condición de que, con tal (de) que, sin que**	siempre	
7.	Verbos de comunicación: **decir, repetir, indicar**, etcétera	para ordenar o mandar	para informar, relatar o contar
8.	Verbos de petición y mandato: **mandar, ordenar, pedir, exigir, rogar, impedir, prohibir, recomendar**, etcétera	siempre	
9.	Cláusulas adjetivales: **buscar, necesitar, tener, existir, conocer, haber**, etcétera	cuando el antecedente no existe o se duda de su existencia	cuando el antecedente existe
10.	Las oraciones condicionales	acciones improbables en el presente o en el futuro acciones contrarias a la realidad pasada, es decir, a lo que sucedió	acciones presentes, habituales, pasadas o futuras
11.	Cláusulas adverbiales de tiempo: **cuando, tan pronto como, hasta que, después de que, antes de que, mientras**	acción en el futuro (**antes de que** siempre requiere el subjuntivo)	acción habitual o en el pasado
12.	**Ojalá (que)**	siempre	
13.	Verbos con dos significados	**temer** = tener miedo de	**temer(se)** = sospechar, suponer

¡Ojo!

1. En los siguientes casos es necesario que el sujeto de la cláusula principal y el de la subordinada sean diferentes, pues si el sujeto es el mismo, entonces hay que utilizar el infinitivo.

   a. con los verbos de deseo y emoción, los de petición y mandato, y las expresiones impersonales que requieren el subjuntivo

   | No queremos **comer** todavía. | el mismo sujeto |
   | No queremos que (tú) **comas** todavía. | dos sujetos diferentes |

   b. con las siguientes cláusulas adverbiales de tiempo: **hasta que, después de que, antes de que**

   | Saldrán después de **terminar** el trabajo. | el mismo sujeto |
   | Saldrán antes de que **termine** la función. | dos sujetos diferentes |

   c. con las siguientes conjunciones de propósito, excepción y condición: **para que, a fin de que, sin que**

   | Apuntó la cita en el calendario para **acordarse**. | el mismo sujeto |
   | Apuntó la cita en el calendario para que **nos acordáramos**. | dos sujetos diferentes |

2. En los demás casos se utilizan dos cláusulas aunque el sujeto sea el mismo.

   (Yo) Creo que (yo) no voy a encontrar lo que busco en esta tienda.

   Si (él) fuera un poquito mayor, (él) ya podría montar a caballo.

   Cuando (tú) no duermes lo suficiente, (tú) te levantas de mal humor.

3. Observa que en español en las cláusulas adjetivales (con indicativo o subjuntivo) el sujeto normalmente aparece después del verbo.

   No me atreví a decirte la opinión que tenía Néstor de ti.

Práctica escrita

12-10 Escoge la opción que complete mejor las siguientes oraciones.

COLUMNA A	COLUMNA B
_____ 1. Yo iría si…	a. si hubieran podido encontrar un apartamento más grande.
_____ 2. Dudo que Alejandro…	b. que les hacía falta.
_____ 3. Los compañeros se habrían mudado…	c. me sorprendería.
_____ 4. Es imposible…	d. tuviera tiempo libre.
_____ 5. Los chicos fueron en busca de la herramienta…	e. que hubieran pasado veinte años.
_____ 6. Nos parecía improbable…	f. los estudiantes internacionales cenaran con nosotros también.
_____ 7. Desaparecieron los Montero sin que…	g. tenga problemas con la clase de cálculo.
_____ 8. Cuando acabaron con todo lo que tenían que hacer,…	h. terminar todo antes de las seis.
_____ 9. Queríamos que…	i. los otros invitados se dieran cuenta.
_____ 10. Si el jefe me dijera que sí,…	j. se fueron a una discoteca.

Práctica oral

12-11 **¡Qué susto!** En parejas, continúen la siguiente historia de fantasmas. Presten atención al uso del **indicativo** y del **subjuntivo**, y también a los tiempos del pasado.

> Aunque **temíamos** que **llegara** el dueño y nos **descubriera** dentro, aquella casa misteriosa **fue** el único lugar que **encontramos** para refugiarnos durante la noche.

La concordancia de los tiempos verbales

Cuando una oración se compone de dos cláusulas, hay que tener en cuenta la relación temporal que existe entre las acciones expresadas por los verbos.

Los distintos tiempos verbales se pueden dividir en dos grupos:

(**A/a**) que incluye los tiempos del presente y del futuro

(**B/b**) que incluye los tiempos del pasado.

PRESENTE/FUTURO		PASADO	
A	**a**	**B**	**b**
INDICATIVO	SUBJUNTIVO	INDICATIVO	SUBJUNTIVO
presente	presente	pretérito	imperfecto
presente perfecto	presente perfecto	imperfecto	pluscuamperfecto
futuro		pluscuamperfecto	
futuro perfecto		condicional	
imperativo		condicional perfecto	

A. Cuando los dos verbos pertenecen al modo **indicativo**, ambos suelen ser del mismo grupo.

    (**A-A**)   **Dicen** que nos **acompañarán**.   *They say that they will accompany us.*
                presente   futuro

    (**B-B**)   **Dijeron** que nos **acompañarían**.   *They said that they would accompany us.*
                pretérito   condicional

B. El significado del verbo principal puede permitir otras combinaciones con los tiempos del indicativo.

    (**A-A**)   **Sabemos** que **vendrán**.   *We know that they will come.*
                presente   futuro

    (**A-A**)   **Sabemos** que **han venido**.   *We know that they have come.*
                presente   presente perfecto

    (**A-B**)   **Sabemos** que **vinieron** tarde.   *We know that they came late.*
                presente   pretérito

C. Cuando en la cláusula subordinada hay un verbo en subjuntivo, la correspondencia temporal es generalmente la siguiente.

                VERBO PRINCIPAL   VERBO SUBORDINADO
                grupo **A** del indicativo → grupo **a** del subjuntivo
                grupo **B** del indicativo → grupo **b** del subjuntivo

    (**A-a**)   **Tememos** que no **vengan**.   *We are afraid that they may not come.*
                presente   presente

    (**A-a**)   **Tememos** que no **hayan venido**.   *We are afraid that they have not come.*
                presente   presente perfecto

    (**B-b**)   **Temíamos** que no **vinieran**.   *We were afraid that they might not come.*
                imperfecto   imperfecto

    (**B-b**)   **Temíamos** que no **hubieran venido**.   *We were afraid that they had not come.*
                imperfecto   pluscuamperfecto

D. También son posibles otras combinaciones, dependiendo del significado de la oración. Estas combinaciones, sin embargo, son menos frecuentes que las anteriores.

    (**A-b**)   **Dudo** que lo **hiciera** a tiempo.   *I doubt that he did it on time.*
                presente   imperfecto

Práctica escrita

12-12 Escoge la opción que complete cada oración correctamente.

1. Algunas asociaciones quieren que los abortos _____ prohibidos legalmente.

   a. fueran   b. serían   c. sean   d. serán

2. Hacía dos años que _____ por esa causa cuando la oposición ganó.

   a. ha trabajado   b. trabajaba   c. trabajaría   d. trabajara

3. Si se determina quién es el padre, lo _____ responsable del mantenimiento del niño.

   a. harán   b. hayan hecho   c. harían   d. habrán hecho

4. Sí, Cuqui y Poli _____ al bebé cuando nació.

   a. adoptaran   b. adoptarán   c. adopten   d. adoptaron

5. El portavoz había sugerido que las madres solteras _____ a luz en sitios lejos de su lugar de residencia.

   a. dieron   b. diesen   c. hubieran dado   d. habían dado

6. Muchas mujeres no _____ tener hijos aunque estuvieran casadas.

   a. quieren   b. querrán   c. querrían   d. quisieron

7. Ella ha sufrido un gran trauma con el aborto pero se _____.

   a. recuperaba   b. recuperará   c. habrá recuperado   d. recuperaría

8. No es justo que las mujeres solteras tengan que ocultarse para dar a luz, ni que sus hijos _____ en hospicios.

   a. acabaran   b. acabaron   c. acaben   d. acababan

9. ¿Qué preferiría un bebé no querido: _____ o no?

   a. nacer   b. nacería   c. nacía   d. naciera

10. Si los miembros de este grupo hubieran sido menos radicales, _____ mayor apoyo.

   a. tendrían   b. tuvieran   c. tienen   d. habrían tenido

12-13 Completa el siguiente poema de Lourdes Casal (1937–1981) —una escritora cubana que pasó veinte años en Nueva York— con los verbos que aparecen a continuación. Lee con cuidado las oraciones para decidir qué verbo debes escribir en cada espacio en blanco. Presta atención al modo y tiempo verbales que deberás emplear.

estar	ser	cargar *(to carry)*
marcar	regresar	permanecer *(to remain)*

Para Ana Veldford

Nueva York es mi casa.

Soy ferozmente leal a esta adquirida patria chica.

Por Nueva York soy extranjera ya en cualquier otra parte.

Pero Nueva York no _____ la ciudad de mi infancia,

no fue aquí que adquirí las primeras certidumbres,

no _____ aquí el rincón de mi primera caída

ni el silbido lacerante que _____ las noches.

Por eso siempre _____ al margen,

una extraña entre estas piedras,

aun bajo el sol amable de este día de verano,

como ya para siempre permaneceré extranjera,

aun cuando _____ a la ciudad de mi infancia.

_____ esta marginalidad inmune a todos los retornos,

demasiado habanera para ser neoyorkina,

demasiado neoyorkina para ser,

aun volver a ser,

cualquier otra cosa.

Práctica oral

12-14 Cifras. Comenta los gráficos siguientes sobre la población de origen hispano en los Estados Unidos en 2010 con cinco oraciones que contengan dos cláusulas.

Ejemplo: No **me sorprendería** que más de la mitad de la población de California **fuera** de origen hispano para el año 2025.

Población hispana por nacionalidad

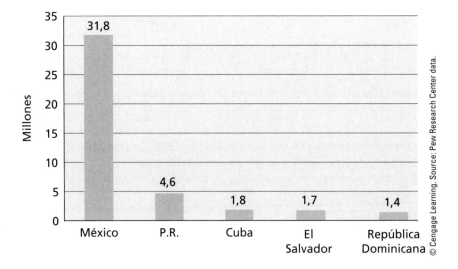

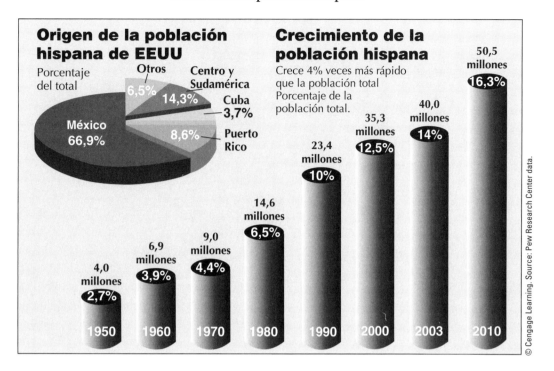

12-15 **Correspondencias.** En parejas, busquen en una de las lecturas del libro, o en cualquier otro texto escrito en español, oraciones que contengan **dos cláusulas** y expliquen la correspondencia temporal.

Ejemplo: La fiesta de fin de curso fue la culminación de todas las celebraciones que habíamos tenido a lo largo del semestre.

Fue: una vez en particular.

Habíamos tenido: acción en el pasado anterior a otra también pasada.

12-16 **Creación**

Narra una historia (real o inventada) en que te hayas sentido entre la espada y la pared (*between a rock and a hard place*).

- En dos párrafos presenta la situación detalladamente.
- En otro párrafo explica cómo se resolvió.
- Por último, dale consejos a alguien que pueda encontrarse en una situación semejante basándote en lo que aprendiste con esa experiencia.
- Revisa tu borrador varias veces antes de entregárselo a tu profesor(a).

Unidad IV • Capítulo 12 – REPASO GRAMATICAL

NOTAS

NOTAS

NOTAS

NOTAS

NOTAS